Jonas Cohn

Allgemeine Ästhetik

Verlag
der
Wissenschaften

Jonas Cohn

Allgemeine Ästhetik

ISBN/EAN: 9783957006141

Auflage: 1

Erscheinungsjahr: 2015

Erscheinungsort: Norderstedt, Deutschland

© Verlag der Wissenschaften in Vero Verlag GmbH & Co. KG. Alle Rechte beim Verlag und bei den jeweiligen Lizenzgebern.

Webseite: http://www.vdw-verlag.de

Cover: Sandro Botticelli "die Geburt der Venus"

ALLGEMEINE ÄSTHETIK

VON

Dr. phil. JONAS COHN
PRIVATDOCENTEN AN DER UNIVERSITÄT FREIBURG I. B.

LEIPZIG
VERLAG VON WILHELM ENGELMANN
1901.

Vorwort.

Es ist die Absicht dieses Buches, das System der Ästhetik als kritischer Wertwissenschaft in seinen allgemeinen Umrissen zu entwerfen. Damit stellt sich der vorliegende Versuch von vornherein auf den Boden, den Kant der ästhetischen Wissenschaft bereitet hat. Kant vermochte dem ästhetischen Gebiete endgültig seine Selbständigkeit zu geben und seine Grenzen abzustecken, aber die wahre Bestimmung seines Inhaltes und seiner Bedeutung blieb er trotz einiger unschätzbarer Anregungen schuldig. Hier hat dann die grosse Bemühung der späteren deutschen Ästhetik von Schiller bis Hegel und F. Th. Vischer eingesetzt; aber freilich ging dabei die kritische Besonnenheit mehr und mehr verloren, und als nach dem Zusammenbruche des Hegelschen Systems grössere Vorsicht eintrat, da begann leider zugleich eine merkwürdige Anarchie des Denkens. Vischer selbst konnte, als er mit bewunderungswerter, männlicher Entsagung das System, das er mit so vieler Mühe gebaut hatte, umstiess, nicht mehr zu methodischer Klarheit kommen. Sehr vieles ist seither im einzelnen geleistet worden, der innere Zusammenhang der Wissenschaft aber droht verloren zu gehen. Unter diesen Umständen ist es wohl an der Zeit, sich an die Aufgabe zu erinnern, welche R. Haym vor bald 45 Jahren der Philosophie unserer Zeit stellte: „Es handelt sich darum, die dogmatische Metaphysik des letzten Systems ins Transzendentale umzuschreiben." (Hegel und seine Zeit. Berlin 1857. S. 468.) Dieses

Programm hat sich weniger schnell erfüllen lassen, als Haym damals vermutete. Es kostete die ernste Arbeit einer Generation von Forschern, nur einmal den kritischen Kern aus Kants Lebenswerk rein herauszuarbeiten. Erst jetzt kann man daran gehen, die notwendige inhaltliche Ergänzung des Kritizismus vorzunehmen, ohne dass man fürchten muss, die strenge Festigkeit der kritischen Grundlage zu verlieren.

Diese Bemerkungen zeigen, dass die vorliegende Arbeit als eine systematisch-philosophische angesehen sein will. Das lebendige Interesse aber und die Freude an meinem Gegenstande giebt mir die Hoffnung, dass ich möglicher Weise auch solchen etwas nützen kann, die von der Kunst, nicht von der Philosophie her an die Ästhetik herantreten, den Kunstkritikern und Kunsthistorikern — vielleicht sogar einem Künstler, der aus der Verwirrung des landläufigen Kunstgeredes zu theoretischer Klarheit herausstrebt. Gerade im Gedanken an solche Leser habe ich mich bemüht, meine Darstellung so einfach und verständlich zu halten, wie es mit wissenschaftlicher Strenge irgend verträglich schien. Freilich manche Auseinandersetzungen mit fremden Ansichten wird der philosophisch nicht vorbereitete Leser überschlagen müssen, wie denn auch die Anmerkungen zum grössten Teile nicht für ihn geschrieben sind.

Bei einem systematisch-philosophischen Buche macht die Behandlung der Litteratur stets besondere Schwierigkeiten. Alle Vorgänger gründlich zu behandeln, ist schon deshalb unmöglich, weil die Kritik dann das Buch zu einer unförmigen Masse aufblähen würde. Eine kurze Erwähnung aber thut philosophischen Gedanken oft unrecht, da sie nur aus ihrem Zusammenhange heraus recht gewürdigt werden können. Zudem ist bei einer so unübersehbaren Litteratur, wie sie auf ästhetischem Gebiete vorliegt, eine auch nur annähernde Vollständigkeit nicht erreichbar. Einige Autoren haben diese Schwierigkeiten dadurch überwunden, dass sie überhaupt nicht citieren. Diese in manchen Fällen gewiss berechtigte Übung konnte ich mich doch nicht entschliessen anzunehmen. Denn Auseinandersetzung mit anderen Meinungen schien mir ein zu bedeutendes Mittel der Verständigung, Erwähnung wichtiger Vorgänger eine Pflicht litterarischer Dankbarkeit zu sein. Der mit dem Gebiete weniger bekannte Leser endlich ist auch für fragmentarische Litteraturnachweise dankbar. Meine litterarischen Anmerkungen geben daher wenigstens eine subjektive Auswahl aus der Litteratur: die Arbeiten, aus denen ich Wichtiges gelernt habe, diejenigen, mit denen mich kritisch auseinanderzusetzen, wünschenswert schien, endlich manches, worauf aufmerksam gemacht zu werden, vielleicht manchem Leser angenehm sein könnte. Auf Vollständigkeit und Objektivität verzichtete ich von vorne herein, ich weiss, dass jeder, der auf ästhetischem Gebiete gearbeitet hat, sich über Fehlendes und über Erwähntes wundern wird. Auf die vorkantische Litteratur bin ich nur selten zurückgegangen.

Da ich einmal beim Bekennen notwendiger subjektiver Mängel meiner Arbeit bin, sei noch ein anderer eingestanden. Kaum wird es einem Leser entgehen, dass die Musik weit seltener zu Beispielen herangezogen ist, als die übrigen Künste. Das hat seinen Grund darin, dass ich völlig unmusikalisch bin. Ich habe mich daher begnügt, nur diejenigen allgemeinen Verhältnisse dieser Kunst zu erwähnen, die auch einem rein theoretischen Verständnis zugänglich sind. Da ich nur eine allgemeine Ästhetik, kein System aller Kunsttheorien schrieb, war das möglich.

Freiburg im Breisgau, Juni 1901.

Jonas Cohn.

Addenda.

Das Manuskript dieses Buches wurde im Februar 1901 abgeschlossen. Während des Druckes erschienene Arbeiten konnten nicht berücksichtigt werden. Ich bedauere dies, weil es mir dadurch unmöglich wurde, auf Lothar von Kunowskis Werk: Gesetz, Freiheit und Sittlichkeit des künstlerischen Schaffens. (Durch Kunst zum Leben VI) Leipzig 1901, einzugehen.

Durch ein Versehen sind zwei Hinweise ausgefallen und zu ergänzen: Auf S. 18 zu Anm. 1: Zu Kants Ästhetik vgl. stets: H. Cohen: Kants Begründung der Ästhetik. Berlin 1889.

Auf S. 86 zu „Rhythmus" Zeile 7 v. u. eine Anmerkung: Vgl. Ernst Meumann: Beiträge zur Psychologie und Ästhetik des Rhythmus. Ph. St. X, 249—322, 393—430. 1894. In dieser Arbeit auch eine Übersicht der wichtigsten Litteratur.

Erläuterung abgekürzter Citate.

A. f. s. Ph. = Archiv für systematische Philosophie.
B. z. Ä. = Beiträge zur Ästhetik, herausgeg. v. Th. Lipps u. R. M. Werner.
Fechner: V. d. Ä. = G. Th. Fechner: Vorschule der Ästhetik. Leipzig 1876.
Fiedler = Conrad Fiedler: Schriften über Kunst, herausgeg. v. Hans Marbach. Leipzig 1896.
Goethes Werke — citiert nach der Hempelschen Ausgabe.
Hartmann I, II. = Eduard v. Hartmann: Ästhetik. I = Erster, historisch-kritischer Teil: Die deutsche Ästhetik seit Kant. Berlin 1886. II = Zweiter, systematischer Teil: Philosophie des Schönen. Berlin 1889. (Ausgewählte Werke, Band III u. IV.) Die „zweite wohlfeile Ausgabe", Leipzig o. J. ist ganz unverändert.
Hegel: Ä. = Vorlesungen über Ästhetik, herausgeg. v. Hotho. 2. Aufl. Berlin 1842/43. (Werke X. Die drei Abteilungen als I, II, III citiert.)
Herders Werke citiert nach der Ausgabe der sämtlichen Werke von Suphan. Berlin 1877 ff.
Kant: K. d. U. = Kritik der Urteilskraft — die Seitenzahlen beziehen sich auf die Ausgabe von K. Kehrbach. Leipzig (Reclam) o. J.
Kant: Werke, citiert nach der zweiten Hartensteinschen Ausgabe. Leipzig 1867/68.
Lipps: K. u. H. = Theodor Lipps: Komik und Humor. Hamburg 1898. (B. z. Ä. VI.)
Lotze: G. d. Ä. = H. Lotze: Geschichte der Ästhetik in Deutschland. München 1868. (Geschichte der Wissenschaften in Deutschland, herausgeg. durch d. histor. Kommission VII.)
Müller: Th. d. K. = Eduard Müller: Geschichte der Theorie der Kunst bei den Alten. Breslau I, 1834, II, 1837.
Ph. St. = Philosophische Studien, herausgeg. v. W. Wundt.
Schillers Werke citiert nach der historisch-kritischen Ausgabe von Karl Goedeke, die Briefe nach der kritischen Gesamtausgabe von Fritz Jonas.

Erläuterung abgekürzter Citate.

Solger: Vorles. ü. Ä. = K. W. F. Solgers Vorlesungen über Ästhetik. Herausgeg. v. K. W. L. Heyse. Leipzig 1829.

Stein: Ästhetik. = Heinrich v. Stein: Vorlesungen über Ästhetik. Nach vorhandenen Aufzeichnungen bearbeitet. Stuttgart 1897.

Stein: Entstehung. = Heinrich v. Stein: Die Entstehung der neueren Ästhetik. Stuttgart 1886.

V. f. w. Ph. = Vierteljahrsschrift für wissenschaftliche Philosophie.

Vischer = Friedrich Theodor Vischer: Ästhetik oder Wissenschaft des Schönen. Reutlingen (spätere Bände Stuttgart) 1846—1857.

Weisse: Ä. = Christian Hermann Weisse: System der Ästhetik. Leipzig 1830.

Z. f. Ph. = Zeitschrift für Philosophie u. philosophische Kritik. (Fichte-Ulricische Zeitschrift.)

Z. f. Ps. = Zeitschrift für Psychologie und Physiologie der Sinnesorgane.

Zimmermann: Ä. = Robert Zimmermann: Allgemeine Ästhetik als Formwissenschaft (Ästhetik, zweiter systematischer Teil). Wien 1865.

Inhalt.

	Seite
Vorwort	III
Addenda	VI
Erläuterung abgekürzter Citate	VII
Inhalt	IX

Einleitung 1
I. Teil: Die Abgrenzung des ästhetischen Wertgebietes . 15
   I. Kapitel: Das ästhetisch Bewertete ist Anschauung 18
   II. Kapitel: Der ästhetische Wert ist rein intensiv 23
   III. Kapitel: Der ästhetische Wert hat Forderungscharakter . . 37
II. Teil: Der Inhalt des ästhetischen Wertgebietes 47
   I. Kapitel: Ausdruck 48
      § 1: Das Verstehen des Ausdrucks 48
      § 2: Nachweis des Ausdrucks im Ästhetischen 60
      § 3: Die Besonderheit des Ausdrucks im Ästhetischen . . . 65
      § 4: Künstlerische Wahrheit 69
   II. Kapitel: Gestaltung 74
      § 1: Nachweis der Gestaltung 74
      § 2: Objektivierung und Formung 79
      § 3: Die Prinzipien der Formung 80
      § 4: Das Material der Objektivierung als Prinzip der Unterscheidung der Künste 90
      § 5: Zurückweisung der Nachahmungstheorie 104
      § 6: Stil 114
   III. Kapitel: Die Einheit des Ausdrucks und der Gestaltung . . 123
      § 1: Begriffliche Erörterung 123
      § 2: Erläuterung durch Beispiele 128
      § 3: Anwendung auf das Schaffen des Künstlers 135
      § 4: Erläuterung des Prinzips aus seiner Geschichte 155

IV. Kapitel: Die wichtigsten Arten des Ästhetischen . 166
§ 1: Allgemeines 166
§ 2: Das Schöne im engeren Sinne. (Das rein Schöne) . . . 168
§ 3: Das Erhabene 179
§ 4: Das Tragische 189
§ 5: Das Komische in seiner ästhetischen Bedeutung 206

III. Teil: Die Bedeutung des ästhetischen Wertgebiets . . 224
  I. Kapitel: Das Ästhetische als rein intensive Mitteilung . . . 228
  II. Kapitel: Die Bedeutung der rein intensiven Mitteilung . . . 233
  III. Kapitel: Die Beziehungen des Ästhetischen zum Logischen und Ethischen 246
  IV. Kapitel: Der Streit des Ästhetischen mit dem Ethischen und Logischen 266
  V. Kapitel: Der Ausgleich der Wertgebiete im Ideal. (Das Ästhetische und das Religiöse) 282

Sachregister . . 291

Einleitung.

Für die Behandlung einer philosophischen Einzelwissenschaft sind stets zwei Möglichkeiten vorhanden. Entweder man geht von den Grundwahrheiten eines Systems der Philosophie aus, bestimmt die Stellung der zu behandelnden Einzelwissenschaft in diesem System und leitet ihre Grundbegriffe aus seinen allgemeinen Prinzipien ab, oder man sucht die besondere Disziplin von ihrer eigentümlichen Aufgabe aus zu begründen und bemüht sich, schliesslich von hier aus auch die allgemeinere philosophische Bedeutung derselben festzustellen. Den zweiten dieser Wege will ich in Bezug auf die Ästhetik einschlagen[1]). Es geschieht dies, damit die Voraussetzungen im Verlaufe der Untersuchung selbst entwickelt und gerechtfertigt werden können. Dadurch ist die Möglichkeit gegeben, dass der Leser jeden Schritt des Gedankenganges nachprüfen kann, nirgends gezwungen wird, Voraussetzungen zunächst einfach hinzunehmen. Es wird dabei nicht verkannt, wieviel Vorteil derjenige hat, der der Kunst und dem Schönen von Anfang an einen bestimmten Platz in einem System der mensch-

---

[1]) Nur scheinbar deckt sich diese Unterscheidung mit der von Schleiermacher (Vorlesungen über die Ästhetik, herausgeg. v. Lommatzsch. Berlin 1842. S. 21 ff.) und besonders von Fechner (V. d. Ä. I, 1) gegebenen einer Ästhetik von oben und von unten. Diese nämlich kommt wesentlich auf den Gegensatz von Deduktion und Induktion heraus. Meine zweite Methode aber ist keineswegs rein induktiv, nur sucht sie die Prinzipien ihrer Deduktionen aus dem ästhetischen Gebiete selbst zu gewinnen.

lichen Bethätigungen oder gar in einer vollendeten Weltanschauung[1]) anzuweisen vermag. Ihm ergeben sich wie von selbst die Richtlinien der Betrachtung, schon die elementaren Bestimmungen werden geweiht durch den grossen Zusammenhang, in den sie eintreten. Viel nüchterner muss der andere anfangen, der einen solchen Zusammenhang nicht sogleich zu bieten vermag; aber vielleicht entschädigt es einigermassen für diesen Mangel, dass bei ihm klarer hervortritt, was das ästhetische Gebiet und seine Betrachtung ihrerseits zur Lösung jener höchsten philosophischen Aufgaben beizutragen vermögen.

Nun setzt freilich auch diese Aufgabenstellung schon etwas voraus: nämlich, dass ein Gebiet als das ästhetische irgendwie abgegrenzt ist. In der That bringt ein jeder eine solche Abgrenzung, wenn auch nur undeutlich und in verschwommenen Linien, zur wissenschaftlichen Betrachtung mit. Nicht nur wir, die Erben einer ungeheuren Gedankenarbeit, gehen mit irgendwie bestimmten Begriffen des Schönen und der Kunst an die wissenschaftliche Orientierung heran, nein, schon die Ersten, die sich bemühten, hier schärfere Rechenschaft abzulegen, gingen dabei von Unterscheidungen des gewöhnlichen Sprachgebrauchs, d. h. des damals noch im vollen Sinne des Wortes vorwissenschaftlichen Denkens aus. Zwei verschiedene Begriffsbildungen waren es, die hier den Sophisten und Sokrates vorlagen; denn diese Generation war wohl die erste, bei welcher von wissenschaftlicher Reflexion über ästhetische Gegenstände zu reden ist. Einerseits wurden gewisse Dinge, Personen und Handlungen durch das Beiwort „schön" ehrend ausgezeichnet, andererseits gab es einige

---

[1]) Ein solches System ist nicht notwendig metaphysisch; Schleiermacher z. B. (a. a. O. S. 50) sieht es in dem, was er Ethik nennt, d. h. in der Wissenschaft, welche für die freie Thätigkeit des menschlichen Geistes Gesetze aufstellt. Dagegen verbietet bei dem hier gewählten Plane natürlich schon die Methode, metaphysische Voraussetzungen offen oder versteckt zur Untersuchung mitzubringen.

Berufsarten, die es sich zur Aufgabe stellten, Dinge hervorzubringen, die ohne praktischen Zweck nur erfreuten und erhoben, die nichts als schön sein sollten. Diese beiden Unterscheidungen wurden aber von der Sprache in sehr verschiedener Art dem wissenschaftlichen Denken entgegengebracht. Das Wort „schön" hatte zwar eine Kernbedeutung, die es von halbverwandten Begriffen unterschied, es wurde aber, wie es solchen allgemeinen Wörtern stets zu gehen pflegt, über diesen Kern hinaus angewendet, so dass andere Bezeichnungen wie gut, angenehm oder nützlich mit ihm zusammentrafen[1]). So bot es dem Bemühen klarer begrifflicher Scheidung Schwierigkeiten, kam aber dem Bestreben entgegen, die Einheit aller Wertprädikate festzuhalten. Die Bezeichnungen besonderer menschlicher Thätigkeiten sind im Gegenteil thatsächlich vorhandenen Unterschieden entnommen. Dass der Bildhauer nebenan und der Schuster gegenüber etwas verschiedenes treiben, ist so einleuchtend, wie dass der Hund keine Katze ist. Viel ferner lag es dagegen, eine Gruppe von Berufsständen, die praktisch nichts gemein hatten, näher zusammenzufügen und den Allgemeinbegriff des Künstlers zu bilden, welcher so gut den Dichter wie den Maler, den Baumeister wie den Bildhauer, den Musiker wie den Schauspieler umfasst. Hier also liegt das Trennende, Besondere näher als das Verbindende. Diese einander gleichsam entgegenkommenden Anregungen des vorwissenschaftlichen Sprachgebrauchs zur Einheit zu verarbeiten, war die Aufgabe des wissenschaftlichen Denkens; und in der That hat die Betrachtung des Schönen den Gesamtbegriff der schönen Kunst erst hervorgebracht, das Bedürfnis, der Kunst gerecht zu werden, umgekehrt den Begriff des Schönen stets von neuem aus drohenden Vermischungen gelöst.

Wenn wir heute von denjenigen Begriffsbildungen ausgehen,

---

[1]) Man vergleiche das reiche sprachliche Material, das Walter: Die Geschichte der Ästhetik im Altertum. Leipzig 1893, aus Homer, den Tragikern u. s. w. zusammenstellt.

die das gewöhnliche Denken unserer Zeit beherrschen, so befinden wir uns in einer von der des Sokrates sehr verschiedenen Situation. Denn es wäre wenig zutreffend, wollte man das, was die landläufige Erziehung uns als selbstverständlichen Schatz von Begriffen mitgiebt, als vorwissenschaftlich bezeichnen. Durch hunderte von Kanälen sind die Resultate wissenschaftlichen Forschens und philosophischen Nachdenkens in den Strom des allgemeinen Sprachgebrauches geleitet worden. Sie haben das gewöhnliche Denken bereichert und sehr viel mehr, als man meist ahnt, von seiner Ursprünglichkeit abgelenkt; sie sind dabei selbst abgeschliffen und vielfach ihrer ursprünglichen Bestimmtheit beraubt worden. Was sie heute sind, ist Resultat eines langen und verwickelten historischen Prozesses. Nehmen wir dieses Resultat zum Ausgangspunkt einer wissenschaftlichen Betrachtung, so bekennen wir uns damit als Erben dieser Geschichte. Wir gehen von der Vermutung aus, dass der historische Verlauf nicht wertlose und unberechtigte begriffliche Scheidungen aufbehalten und gefestigt haben wird; aber wir treten diese Erbschaft nur mit Vorbehalt an. Ob unser guter Glaube an die Vernünftigkeit der überkommenen Unterscheidungen sich bewähren wird, ob und wo wir genötigt sein werden, ändernd einzugreifen, das soll uns die unabhängige Untersuchung lehren, der wir die überkommene Begriffswelt als Leitfaden, aber nicht als Autorität darreichen. Nur vorläufige Bedeutung also kann es haben, wenn wir das Schöne und die Kunst als Gegenstand der Ästhetik bezeichnen[1]. Dies spricht sich auch in der blossen Nebeneinanderstellung der beiden Begriffe aus. Es soll eben nur eine allgemeine Zusammengehörigkeit, nicht schon irgend ein näheres Verhältnis von ihnen ausgesagt werden. Eine Inkongruenz beider Begriffe macht sich jedoch schon beim ersten Überblick geltend. Wir schätzen viele Erzeugnisse der Künste, die wir uns doch —

---

[1] Diese vorläufige Definition der Ästhetik stimmt mit der von Schasler: Ästhetik, Leipzig u. Prag 1886 I, 1 gegebenen überein.

wenigstens nach dem Sprachgebrauche des gewöhnlichen Lebens — bedenken würden „schön" zu nennen. Die barocken Launen des Humors, das liebevolle Eingehen in die Eigentümlichkeiten des Unscheinbaren, die furchtbar erhabene Grösse — das alles gehört mit zum künstlerisch Dargestellten. Der wissenschaftliche Sprachgebrauch hat sich dieser Schwierigkeit gegenüber dadurch geholfen, dass er dem Worte „schön" eine erweiterte Bedeutung gab. „Schön" wurde dabei gleichbedeutend mit „ästhetisch wertvoll" überhaupt, und man nannte das Erhabene, Komische etc. „Modifikationen des Schönen" oder ähnlich[1]). Das Wort „schön" erhält bei diesem Vorgehen einen Doppelsinn; es bedeutet erstens den Inbegriff alles ästhetisch Bedeutsamen, zweitens jene besondere Art des ästhetischen Wertes, die der gewöhnliche Sprachgebrauch mit „schön" bezeichnet. Es entsteht dadurch die Gefahr von Verwechslungen und Fehlschlüssen. Indessen ist eine solche Gefahr überwunden, wenn sie bemerkt ist. Daher wird es nicht nötig sein, im folgenden auf die eingeführte Bezeichnung Verzicht zu leisten, wenn nur durch Zusätze in zweifelhaften Fällen angegeben wird, welche Bedeutung gemeint ist. Man hat in neuerer Zeit[2]) aus verwandten Gründen für den weiteren Begriff das Wort „ästhetisch" vorgeschlagen. Ich werde mich diesem Sprachgebrauche, so oft es zweckmässig erscheint, anschliessen.

Indessen auch als erste Abgrenzung bedarf die Definition „Wissenschaft vom Schönen und der Kunst" noch einer Erläuterung. Eine Wissenschaft ist nie durch ihren Gegenstand allein bezeichnet, vielmehr gehört zu ihrer Begriffsbestimmung notwendig die

---

[1]) Ausdrücklich rechtfertigt z. B. F. Th. Vischer: Das Schöne und die Kunst. 2. Aufl. Stuttgart 1898. S. 26 diesen Sprachgebrauch.

[2]) Karl Groos: Einleitung in die Ästhetik, Giessen 1892, S. 46—50. Derselbe: Ästhetisch und schön. Philos. Monatshefte XXIX, 531—581. 1893. Längst vor Groos hat aus denselben Gründen Bürger: Lehrbuch der Ästhetik, herausgeg. v. K. v. Reinhard, Berlin, 1825. I, 16, 33, 70 denselben Vorschlag gemacht. Auch Schiller klagt über den Terminus „Schönheit" in dem Briefe an Goethe vom 7. Juli 1797.

Angabe des Gesichtspunktes der Behandlung. Denn von jedem Gegenstande ist es möglich, unendlich vieles auszusagen und zu erkennen. So kann die Kunst Gegenstand historischer Schilderung sein, ihre Werke können als Dokumente menschlicher Kenntnisse betrachtet werden, die Aufmerksamkeit kann sich auf die technischen Vorgänge ihrer Herstellung richten, ihr Material kann naturwissenschaftlich analysiert werden u. s. w.[1]). Einer solchen Mannigfaltigkeit möglicher Behandlungsweisen gegenüber soll die Ästhetik die Erkenntnis der allgemein wesentlichen Elemente sein. Damit ist zunächst nur eine Forderung aufgestellt, zu deren Erfüllung wenig Aussicht vorhanden zu sein scheint. Indessen führt uns eine einfache Betrachtung unsrer populären Ausgangsbegriffe noch einen Schritt weiter. Was ist es, so können wir fragen, für eine Art von Unterscheidung, der das Wort „schön" dient? Sicherlich doch nicht die Heraushebung einer durch gemeinsame Merkmale verbundenen Klasse von Gegenständen, wie wir sie durch die Bezeichnungen Tier, Pflanze u. s. w. abgrenzen. Denn welche gemeinsamen Merkmale hätte wohl ein Gebäude, ein menschliches Antlitz, eine Melodie? Auch um die gesonderte Betrachtung einer Merkmalgruppe, die vielen Dingen anhaftet, kann es sich aus demselben Grunde nicht handeln. Weder räumliche, noch zahlenmässige, noch irgend einem Empfindungsverhältnis angehörige Besonderheiten sind allem als schön Bezeichneten gemeinsam. Nicht mit Wörtern wie ausgedehnt, hörbar oder farbig gehört „schön" in eine Bedeutungsklasse. Vielmehr sind seine begrifflichen Nachbarn, mit denen es sich in Grenzstreitigkeiten verwickeln könnte, Begriffe wie gut, wahr, nützlich, angenehm. Dies alles aber sind Prädikate, durch die wir einen Wert beilegen. Dasselbe ergiebt sich, wenn wir von den Künsten ausgehen. Nicht eine gemeinsame Art der Arbeit, eine Ähnlichkeit der Erziehung verbindet Maler und Dichter,

---

[1]) Fiedler 7—29 giebt unter anderm Gesichtspunkte eine höchst instruktive Übersicht über die verschiedenen Betrachtungsweisen der Kunst.

Musiker und Baumeister; sondern wenn der gemeinsame Oberbegriff für alle diese Bethätigungen überhaupt ein Recht hat, so kann dies nur aus einer Gemeinsamkeit der Ziele, aus einer Ähnlichkeit der Beurteilung, welcher die Produkte jener Berufsarten unterliegen, herfliessen. Soll nun die Abgrenzung des ästhetischen Gebietes eine wesentlich berechtigte sein, so muss der Grund dieser Berechtigung mit dem Grunde der Abgrenzung zusammenfallen. Wir können also unsere Begriffsbestimmung dahin präzisieren, dass die Ästhetik die besondere Art von Werten zu untersuchen hat, die im Schönen und der Kunst herrschen.

Eine besondere Art von Werten wird stets auf eine gewisse Gruppe von Gegenständen oder Ereignissen entweder ausschliesslich oder in Konkurrenz mit anderen Wertungsweisen angewendet. Im Dienste einer bestimmten Art von Werten stehen ferner gewisse menschliche Thätigkeiten. Dieser Umkreis von Gegenständen, Ereignissen und Thätigkeiten, insoweit er unter dem Gesichtspunkt der gemeinsamen Wertungsart betrachtet wird, heisse ein Wertgebiet. In diesem Sinne werde ich im folgenden von einem ästhetischen, logischen u. s. w. Wertgebiete reden.

Eine jede Art von Wertschätzung drückt gleichzeitig einen gewissen Anspruch aus, den wir an die Beschaffenheit des Gewerteten machen. Aus der Art der Wertschätzung folgen ferner Vorschriften zur Erreichung des Gewerteten. Jene Ansprüche wie diese Vorschriften kann man in imperativer Form darstellen. Sie heissen dann Normen. Man hat daher die Wertwissenschaften vielfach Normwissenschaften genannt. Ich ziehe die erste Bezeichnung vor; denn einerseits betont sie das primäre Moment, da die Normen aus den Werten hervorgehen, wenn man die Bedingungen ihrer Verwirklichung hinzunimmt, andrerseits hat die Bezeichnung „Norm" in der Ästhetik leicht den störenden Nebensinn einer Vorschrift für den schaffenden Künstler, einer Regel gewissermassen, nach der Kunstwerke erzeugt werden können. Nun ist aber, wie sich aus der Bestimmung des ästhetischen Inhalts von selbst ergeben wird, künstlerisches Schaffen kein Arbeiten nach Regeln. Die Werte wirken hier vielmehr als immanente Gesetzlichkeit des schaffenden Genies.

Die Aufgabe der **allgemeinen** Ästhetik beschränkt sich darauf, das dem ganzen Wertgebiet Gemeinsame zu bestimmen und die wichtigsten Gliederungen innerhalb des Gebietes abzuleiten. Als allgemeine Ästhetik verzichtet dies Buch sowohl auf die Erörterung der Theorien der einzelnen Künste, als auch auf eine Phänomenologie des Schönen, wie sie z. B. F. Th. Vischer und E. v. Hartmann geliefert haben. Ebenso liegt eine philosophische Betrachtung der Geschichte des Schönen und der Kunst ausserhalb meines Planes. Was aus allen diesen Gebieten hier und da aufgenommen wird, dient dem Beweis oder der Erläuterung allgemeiner Sätze.

Die hier gegebene Bestimmung der Aufgabe der Ästhetik widerspricht anderen weit verbreiteten Anschauungen. Viele ziehen es vor, nach dem Wesen des Schönen zu forschen. Sie meinen, dass in allem Schönen — ganz unabhängig von unserer Wertschätzung desselben — eine gemeinsame Realität verborgen liege. Aber auch diese Metaphysiker werden uns zugeben müssen, dass wir zuerst und zunächst das Ästhetische als ein nach besonderer Art Gewertetes kennen; sie werden also unseren Ausgangspunkt anerkennen müssen, auch wenn sie sich mit unseren Resultaten nicht zufrieden geben. Gäbe es ein als wahr erwiesenes metaphysisches System, so müsste es freilich auch möglich sein, von ihm aus das Ästhetische abzuleiten. Aber alle Metaphysik hat die Einwände der Erkenntniskritik zu fürchten. Es wird sich weiterhin die Notwendigkeit ergeben, die Grenzen unseres Erkennens festzustellen, und damit wird sich von selbst zeigen, warum man den kühnen Versuchen metaphysischer Ästhetiker nicht folgen darf. Es werden ferner die Grundfehler der wichtigsten unter diesen Systemen bei Gelegenheit angedeutet werden.

Im übrigen werden Liebhaber vielleicht die gewohnten heftigen Ausfälle und höhnischen Randglossen gegen die grossen Metaphysiker in diesem Buche vermissen. Aber es scheint zur Zeit in der That wichtiger, von ihnen zu lernen, was sie an tiefen und gründlichen Einsichten in das Wertgebiet des Ästhetischen gewonnen haben, als sich an ihren Irrtümern zu reiben. Denn indem die Metaphysik den Wert aus dem „Wesen" ableiten will, fasst sie, wo sie das Wesen zu ergreifen meint, oft entscheidende Merkmale des Wertes.

Aber noch von verschiedenen anderen Seiten wird meine Definition angefochten werden. Die Psychologie nimmt häufig die Ästhetik als ein Teilgebiet in Anspruch; neuerdings hat auch die Sociologie behauptet, nur sie könne der Kunstwissenschaft die rechte Grundlage geben. Endlich kann man zuweilen ausdrücklich, häufiger als unausgesprochene Voraussetzung die Behauptung antreffen, dass in der Kunstgeschichte[1]) alles über die Kunst gesagt werde, was überhaupt wissenschaftlicher Behandlung fähig sei.

Was zunächst die **Psychologie** betrifft, so ist es ihre Aufgabe, den nicht körperlichen Teil der Wirklichkeit in seine Elemente zu zerlegen und die Verbindungsformen und Verbindungsgesetze zwischen diesen Elementen festzustellen. Auch die Erlebnisse beim ästhetischen Anschauen und Schaffen fallen zweifellos in ihr Gebiet. Aber da die Psychologie Wertunterschiede so wenig kennt, wie die Körperwissenschaft, so hat sie an sich kein Interesse daran, das ästhetische Gebiet als ein besonderes abzugrenzen und etwa von dem des Angenehmen zu unterscheiden. Der Gefühlsverlauf ist in beiden Fällen ähnlich, die Verhältnisse der Association, das Einwirken der Gewöhnung, die Bedeutung der Aufmerksamkeit bietet verwandte Bilder. Und in der That

---

[1]) Ich gebrauche hier und später dieses Wort im Sinne der Geschichte aller Künste, nicht in dem eingebürgerten engeren einer Geschichte nur der bildenden Künste.

würde die Psychologie ebensowenig ein ästhetisches wie ein ethisches Gebiet kennen, wenn ihr diese Unterscheidungen nicht von anderswoher gegeben wären. Da dem so ist, kann die Psychologie unmöglich den wesentlichen Wert feststellen, und eine rein psychologische Ästhetik wird daher, so verdienstvoll ihre Untersuchungen auch sonst sein mögen, stets an dem Fehler der Prinziplosigkeit leiden. Sie würde noch hilfloser erscheinen, wenn nicht Wertunterschiede sich stets unbemerkt einschlichen [1]). Man wird uns hier vielleicht einwerfen, dass der Vorgang des Wertens selbst doch ein seelisches Geschehen sei und daher in der Psychologie behandelt werden müsse. Das ist auch durchaus zuzugeben, nur beweist es hier ebensowenig, wie etwa der

---

[1]) In Fechners V. d. Ä., diesem sonst so überaus anregenden Werke, in welchem die Herrschaft der Psychologie nur durch Einführung des eudämonistischen Prinzips I, 38 ff. durchbrochen wird, kann man interessante Beispiele der erwähnten Prinziplosigkeit finden. So tragen für Fechner alle lustgebenden Associationen, auch die äusserlichsten, zur Schönheit eines Gegenstandes bei. Mindestens kann er keinen Grund finden, sie auszuschliessen. Er zieht z. B. II, 47 selbst unsere Freude und unser Interesse am Wiedersehen eines für uns bedeutenden Gegenstandes in die Ästhetik hinein. Bei Lipps wird man ähnliche Dinge kaum finden, indessen bleibt bei ihm der Psychologismus ein unausgeführtes Programm. Seine Bestimmung der Begriffe Kunst und Künstler (cf. bes. K. u. H. 208 f.) ist ganz von Wertgesichtspunkten beherrscht. Dies normative Element in seiner Ästhetik erkennt Lipps auch ausdrücklich als solches an (A. f. s. Ph. V, 94 f.), ohne indessen über die blosse Behauptung, dass psychologische Analyse und Normation zusammenfallen, irgend hinauszukommen. In ähnlichem Widerstreit steht bei Külpe die Behauptung, rein psychologische Ästhetik zu treiben (V. f. w. Ph. XXIII, 183), mit seiner von diesem Standpunkte aus unmotivierten Einführung der „edelsten Kunstwerke" (ebenda 167). Man könnte solchen Arbeiten gegenüber meinen, dass die ganze Differenz mit ihnen auf einen Streit um die Wortbedeutung von „Psychologie" hinauslaufe. Indessen handelt es sich doch darum: 1) die herrschenden Gesichtspunkte als solche kenntlich zu machen, sie nicht nur nebenher einzuführen, 2) den prinzipiellen Unterschied zweier auseinander gehender wissenschaftlicher Interessen hervorzuheben. Sehr streng hat neuerdings Münsterberg: Grundzüge der Psychologie I, Leipzig 1900, 145—152 die Trennung von Psychologie und Ästhetik durchgeführt, dabei aber die sekundären Hilfsleistungen der Psychologie — wohl nicht ohne Absicht — vernachlässigt.

Einwand beweisen würde, die Töne seien doch physikalische Vorgänge, die Musiktheorie müsse also ein Teil der Physik sein. Denn die Physik untersucht das Zustandekommen der Töne als körperlicher Bewegungen ohne Rücksicht auf ihre Wirkung auf den Menschen, und ganz analog betrachtet die Psychologie die vorgefundenen Wertungen als Thatsachen, die beschrieben und causal erklärt werden sollen, ohne sich um den Grund ihrer Berechtigung zu kümmern. Die Unterscheidung eines guten und schlechten Geschmackes hat für den Psychologen gar keine Bedeutung. Daher können die Grundbegriffe der Ästhetik unmöglich der Psychologie entstammen. Als Hilfswissenschaft freilich ist die Psychologie der Ästhetik unentbehrlich, da sie die allgemeinen Gesetze des Seelenlebens kennen lehrt, deren sich auch die ästhetische Wirkung bedient. Auch hier besteht die oben gegebene Analogie mit dem Verhältnis der Musiktheorie zur physikalischen Akustik zu Recht. Die Kenntnis der Schwingungsgesetze leistet Hilfe für die Theorie der Technik, ohne dass sie das Wesentliche der Musik berührt[1]).

Mit der psychologischen Begründung der Ästhetik teilt die sociologische die Verkennung des Wertgesichtspunktes. Sie sieht nicht, dass dieser schon bei der Entscheidung der Frage, welche socialen Erscheinungen denn eigentlich ästhetischen Zwecken dienen, notwendig angewendet werden muss. Diese Frage wird besonders für die primitiven Völker, deren Verhältnisse als die einfachsten besonders aufschlussreich sein sollen, durchaus nicht leicht zu beantworten sein. Der Hauptvertreter der sociologischen Ästhetik in Deutschland, Ernst Grosse, hat die Schwierigkeit dieser Frage auch anerkannt, ohne aber die notwendigen Folge-

---

[1]) Wie die hier entwickelte Aufgabenstellung überhaupt, so entspricht insbesondere die Auseinandersetzung mit der Psychologie der Methode der kritischen Philosophie, die vielleicht am klarsten von Windelband: Präludien. Freiburg i. B. 1884 dargestellt worden ist.

rungen daraus zu ziehen¹). Es soll dabei nicht im geringsten geleugnet werden, dass ethnologische Forschungen uns auch kunstgeschichtlich interessante Aufschlüsse geben können. Aber für die Grundfragen der Ästhetik wird daraus nie etwas gewonnen werden, so wenig wie die Erkenntnistheorie aus dem Bekanntwerden mit dem Denken der Kinder und Wilden Anregungen schöpfen kann.

Die Einmischung von Wertgesichtspunkten, die in psychologischen und sociologischen Untersuchungen unberechtigt ist, hat in der Kunstgeschichte ihr notwendiges Recht. Denn die Geschichte kann ihren Stoff stets nur nach Wertprinzipien auswählen²). Allerdings rühmen sich die Historiker der Litteratur und bildenden Kunst oft ihrer Unabhängigkeit von allen Wertmassstäben, sie sagen, sie wollen nur verstehen, ihnen sei, wie dem Naturforscher, der Gegenstand an sich gleichgültig; ob er schön oder hässlich sei, mache für ihre Forschung keinen Unterschied. Solche Äusserungen haben zwar ein gewisses Recht engen Beurteilern gegenüber, die die grosse Geschichte nur aus dem Gesichtspunkte ihres zufälligen individuellen Geschmackes anzusehen vermögen; an sich aber behaupten sie etwas Unmögliches. Wenn der Kunsthistoriker gar keine Wertunterschiede voraussetzte, so könnte er nicht einmal sein Material abgrenzen. Würde man rein äusserliche Momente, etwa die Einteilung in rhythmische Zeilen, den

---

¹) Ernst Grosse: Anfänge der Kunst, Freiburg i. B. 1894, vgl. bes. 21 ff. In seinem neuesten Buche: Kunstwissenschaftliche Studien, Tübingen 1900, scheint G. den exklusiv sociologischen Standpunkt verlassen zu haben und einer Verbindung von psychologischer und sociologischer Ästhetik das Wort zu reden. Den Wertgesichtspunkt führt er hier S. 7 dadurch ein, dass er sagt, wissenschaftliche Erkenntnis der Kunst müsse aus einem wirklichen lebendigen Gefühle für Kunst erwachsen. Gewiss ist das richtig — aber sollte es dann nicht das wichtigste sein, die immanenten Prinzipien dieses Gefühls sich klar zu machen?

²) cf. H. Rickert: Kulturwissenschaft und Naturwissenschaft. Freiburg i. B. 1899, bes. 44 ff.

kurzen Umfang und das Fehlen einer objektiven Erzählung für den Begriff „Lyrik" massgebend sein lassen, so hätte ein beliebiger Dichterling denselben Anspruch auf gründliche Berücksichtigung wie Goethe[1]). Und wenn man etwa den „objektiven" Massstab des Einflusses auf die Zeitgenossen, der Verbreitung u. s. w. anlegen wollte, so müsste immer das Kapitel „Kotzebue" mit dem Kapitel „Schiller" in unsern Litteraturgeschichten an Umfang wetteifern. Wenn für manche Zweige der Kunstgeschichte in der That jedes, auch das geringste Überbleibsel von höchster Bedeutung ist, so liegt das nur daran, dass die unerbittliche Zeit eine uns unliebsame Auswahl vorgenommen hat, und nun das Unbedeutende interessant wird, weil es einen Nachhall eines verlorenen Bedeutenden giebt oder doch geben könnte. Aber nicht nur für die Auswahl des Materials setzt die Kunstgeschichte das Vorhandensein gültiger Werte voraus, sondern auch für die Auswahl dessen, was ihr an den Kunstwerken bedeutend ist. Kein Kunsthistoriker wird den Kubikinhalt von Statuen berechnen oder die Feststellung der Buchstabenzahl von Dichtwerken für seine wesentliche Aufgabe halten, vielmehr hebt er zunächst stets das ästhetisch Bedeutende hervor, anderes nur insoweit, als es damit in Beziehung steht (Technisches u. s. w.), oder als sich daraus über die historische Stellung des Werkes etwas schliessen lässt.

Der Kunsthistoriker hat vielfach von diesen seine Arbeit beherrschenden Wertgesichtspunkten kein Bewusstsein. Es ist hier nicht des Ortes, zu untersuchen, ob und inwiefern ihm Klarheit über diese Grundlagen nötig und nützlich ist. Bedeutende Vertreter dieser Wissenschaften haben sich hierin verschieden verhalten. Jedenfalls aber ist es an sich eine notwendige Aufgabe, die Voraussetzungen nachzuprüfen und klarzulegen, die hier gemacht werden. Die Ästhetik steht zur Kunstgeschichte in

---

[1]) Ähnlich Elster: Prinzipien der Litteraturwissenschaft I, Halle 1897, 52. — Freilich kann E. bei seiner Vermischung der psychologischen Analyse mit der Normation nirgends zu wirklicher Klarheit gelangen.

demselben Verhältnis, in dem philosophische Disziplinen überall zu Einzelwissenschaften stehen.

Was die Gliederung der Darstellung betrifft, so ergiebt sich sehr ungezwungen eine Dreiteilung. Um zunächst das Recht der Aufgabestellung überhaupt zu beweisen, muss festgestellt werden, ob und wie sich das ästhetische Wertgebiet gegen andere Wertgebiete abgrenzen lässt. Die so gewonnenen Merkmale des ästhetischen Wertes geben zugleich eine formale Charakteristik des Gebietes. Es wird sich dabei zeigen, dass so noch nicht der eigentliche Inhalt der ästhetischen Werte gefunden ist. Die Aufsuchung und Feststellung dieses Inhalts wird die Aufgabe des zweiten Teiles bilden. Endlich wird dann drittens zu fragen sein, welche Bedeutung das Schöne und die Kunst in dem Zusammenhange unseres Seins und Wirkens in Anspruch zu nehmen haben. Dieser dritte Teil führt über das rein ästhetische Gebiet hinaus und weist auf einen tieferen Zusammenhang aller philosophischen Wissenschaften hin.

I. Teil.
Die Abgrenzung des ästhetischen Wertgebietes.

Die Konsequenz und Gültigkeit der weiteren Untersuchung hängt davon ab, dass wir die charakteristischen Merkmale des ästhetischen Wertes zutreffend bestimmen. Es wird daher alles darauf ankommen, hier den richtigen Weg der Untersuchung einzuschlagen. Nun sind für die Gewinnung solcher Merkmale verschiedene Ausgangspunkte denkbar. Zunächst möchte es nahe liegen, von dem Begriffe „schön" auszugehen und seine Definition zu versuchen. Indessen haben wir bereits gesehen, dass sich der populäre Sinn dieses Wortes nicht mit dem ganzen Umfange des ästhetischen Gebietes deckt. Erweitert man aber seine Bedeutung, wie das in der neueren Philosophie üblich geworden ist, so, dass es zum Inbegriff alles ästhetisch Bedeutsamen wird, so hat man eine Begriffsbildung vollzogen, deren Berechtigung erst zu erweisen ist. Denn zunächst ist noch nicht klar, ob überhaupt gemeinsame Merkmale des Gebietes sich finden lassen. Das Wort „schön" im weiteren Sinne genommen drückt also bei Beginn der Untersuchung nur einen problematischen, keinen bestimmten Begriff aus. Wie zweckmässig daher auch immer von anderen Gesichtspunkten aus diese Erweiterung sein mag, keinesfalls kann ein so unbestimmter Begriff Stützpunkt einer Untersuchung sein. Es wird daher nötig sein, ein genauer bestimmtes Ausgangsmaterial zu wählen. Nun tritt uns das ästhetisch Wertvolle als Resultat menschlicher Thätigkeit entgegen, und sein Auffassen, sein Entgegennehmen ist gleichfalls ein Thun des menschlichen Geistes. Man könnte daher denken, dass durch eine vergleichende Betrachtung dieser Thätigkeiten die wesentlichen Merkmale zu finden wären. Indessen ist es durchaus nicht von vornherein klar, welche unter den mannigfaltigen Thätigkeiten des Künstlers die ästhetisch wesentlichen sind, und noch viel weniger, wie sich der Betrachter zum Schönen zu verhalten hat, um in der ästhetisch berechtigten Stellung dazu zu sein. Will man hier vollständige Beschreibungen geben, so wird leicht allerlei Fremdartiges unterlaufen, man wird keine gemeinsamen Merkmale mehr finden und die innere Einheit des ästhetischen Gebietes leugnen, weil man es sich selbst unmöglich gemacht hat, sie zu ermitteln. Hält man umgekehrt einiges aus dieser verwirrenden Mannigfaltigkeit von vornherein als wesentlich fest, so wird man gerade das voraussetzen, was eigentlich begründet werden soll.

Nun giebt es aber dem Ästhetischen gegenüber noch ein Verhalten. Wir fällen über Dinge, die einen Eindruck auf uns machen, Urteile ästhetischer Art, wenn wir von ihnen sagen, sie seien schön, erhaben, wirken humoristisch u. s. w. Wir wollen damit gerade das an ihnen hervorheben, was ihren ästhetischen Wert ausmacht. Wenn es uns daher gelänge, die wesentlichen Merkmale der ästhetischen Beurteilung festzustellen, so würden wir sicher sein, das gefunden zu haben, was dem ästhetischen Wertgebiete und nur ihm zugehört. Da diese Feststellung lediglich die Eigentümlichkeiten des Urteils als eines Aktes betrifft, ist sie auch von dem besonderen Inhalte des einzelnen Urteils, seiner Richtigkeit oder Unrichtigkeit unabhängig. Es ist die geniale That Kants, diesen Ausgangspunkt gewählt zu haben; seine Untersuchung des Geschmacksurteils hat die Ästhetik als Wissenschaft eigentlich erst begründet. Indessen zog Kant inhaltlich besondernde Elemente in diese Untersuchung dadurch hinein, dass er die Urteile über das Schöne, welches Wort er in der engeren Bedeutung gebrauchte, von denen über das Erhabene trennte. Es wird einer exakten Feststellung des Allgemeinen förderlicher sein, nach dem zu fragen, was allen ästhetischen Urteilen gemeinsam ist. In diesem erweiterten Sinne soll die Frage im folgenden gestellt werden [1]).

Kant gewann einen Leitfaden für die Untersuchung des „Geschmacksurteils" durch Anknüpfung an die notwendigen Bestandteile des Urteils überhaupt. Abgesehen von der Frage, ob diese Bestandteile bei Kant in der besten Weise bestimmt sind, ist dieses Schema jedenfalls insofern hier nicht zutreffend, als es sich beim sogenannten ästhetischen Urteil eigentlich um eine Beurteilung handelt. Wir legen ja darin einen Wert bei, sagen nicht etwa eine objektiv feststellbare Eigenschaft aus. Darum wird die weitere Untersuchung von den notwendigen Bestandteilen einer Beurteilung, eines Werturteils auszugehen haben und bei jedem dieser Bestandteile feststellen müssen, welche Eigenschaften ihn in der ästhetischen Beurteilung auszeichnen. Nun enthält jedes Werturteil drei notwendige Bestimmungen. Zunächst muss ein Bewertetes da sein, welches also logisches Subjekt des Urteils ist. Es wäre zu fragen, ob dieses Bewertete im ästhetischen Urteil notwendig einer der Hauptklassen des Denkbaren angehört. Zweitens wird ein Wert beigelegt. Dieser Wert kann von ver-

---

[1]) Indem Herbart und Zimmermann (Ä. § 43, S. 17 f.) die Möglichkeit der Ästhetik als Wissenschaft vom ästhetischen Urteil abhängig machen, knüpfen sie an Kants grossen methodischen Gedanken an. Aber das ästhetische Urteil wird von ihnen zugleich als der wesentliche Vorgang des ästhetischen Gebietes dargestellt. Darum dient hier die Untersuchung des ästhetischen Urteils nicht etwa einer richtigen Abgrenzung des ästhetischen Gebietes, sondern diese wird bei Zimmermann durch wenig klare und vielfach vage Begriffe („objektive" Gefühle und besonders „Form" — cf. dazu F. Th. Vischer: Kritik meiner Ästhetik, Fortsetzung und Schluss. Kritische Gänge. N.F.VI. 1873) mehr postuliert als untersucht. Vielmehr wird mit Hilfe des Urteils — wenigstens bei Zimmermann — eine ganz ungehörige Intellektualisierung des ästhetisch Wertvollen unternommen. Gegen eine solche Verwendung des Urteils streitet mit vollem Recht Lotze: G. d. Ä. 235 ff.; cf. auch Bergmann: Über das Schöne 54—61.

Cohn, Ästhetik.

schiedener Art sein: was zeichnet das ästhetische Wertprädikat vor andern Wertprädikaten aus? Drittens wird für das Urteil eine bestimmte Art der Geltung in Anspruch genommen. Wenn ich sage: Das gefällt mir, so beschränkt sich diese Geltung zunächst auf eine Person; wenn ich sage, diese Handlung ist sittlich gut, so erhebt das Urteil Anspruch auf allgemeine Zustimmung. Wie steht es mit dem Geltungsanspruch des ästhetischen Urteils? Dass diese drei Bestimmungen eine Klasse von Werturteilen notwendig und hinreichend begrenzen, ist leicht einzusehen. Zum Begriff des Wertens gehört nichts anderes als ein Bewertetes, eine bestimmte Wertungsart und ein bestimmtes Geltungsbereich des Wertes. Es soll also versucht werden, das Eigentümliche nach diesen drei Richtungen hin zu bestimmen.

I. Kapitel.
Das ästhetisch Bewertete ist Anschauung.

Mit einem ästhetischen Wertprädikate wie schön, lieblich oder erhaben kann man nur ein unmittelbares Erlebnis auszeichnen. Es hat keinen Sinn, von dem Begriff des Dreiecks zu sagen, dass er schön sei. Auch die Rose als Gattung ist nicht schön, sondern nur jede einzelne Rose als einzelne[1]. Wenn wir von schönen Handlungen reden und dabei nicht eine unzulässige Vermischung der Bezeichnungen „gut" und „schön" vornehmen, so meinen wir damit, dass die Handlung sich uns unmittelbar als schön darstellt, wir bewerten die Handlung, sofern sie erscheint, nicht ihre Motive, wie im ethischen Urteil. Wollen wir das unmittelbare Erlebnis, wie es sich uns darbietet, im Gegensatze zu allen seinen Umformungen bezeichnen, so gebrauchen wir das Wort „Anschauung". In diesem allgemeinen Sinne soll der Ausdruck auch im folgenden verstanden werden. Danach ist eine Melodie, sind die Phantasiebilder, die beim Anhören eines

---

[1] cf. Kant: Kr. d. U. § 8. 58 f.

Gedichtes in uns aufsteigen, eben so gut Anschauung, wie eine sichtbare Gestalt¹).

Gegen diese Behauptung könnten sich einige Einwände erheben. Zunächst wird vielleicht entgegnet werden, dass zwar von dem Begriffe des Dreiecks niemand Schönheit aussagen werde, wohl aber vielleicht ein Mathematiker eine Formel oder einen Beweisgang schön nennen könne. Auch von Schönheit einer Maschine werde geredet, und man meine damit nicht ihren Anblick, wie er sich auch dem Auge des Laien darbietet, sondern etwas, was nur der Kenner ihrer Konstruktion an ihr sehen kann. Wenn diesem nämlich bei ihrem Anblicke sofort das einfache und zweckmässige Ineinandergreifen aller Teile, die Ausnutzung der Kraft und die Erreichung eines schwierigen Resultates durch die denkbar einfachsten Mittel ins Auge fallen, spricht er von einer schönen Maschine. Die mathematische und mechanische Schönheit scheinen also zu beweisen, dass unsere Begriffsbestimmung des Ästhetischen zu eng ist. Prüft man indessen die Bedingungen jener Schönheitsarten näher, so erkennt man, dass sie vielmehr eine Bestätigung unserer Behauptung liefern. Denn nicht durch ihre blosse Wahrheit und Fruchtbarkeit erscheint eine mathematische Formel dem Verstehenden schön, es muss vielmehr noch ein anderes Moment hinzutreten. Eine grosse Anzahl von Folgerungen müssen sich dem erfahrenen Blick beim blossen Ansehen der Formel offenbaren, die Fülle ihres Inhalts muss in überraschend einfacher und übersichtlicher Form sich darbieten, damit von ihrer Schönheit gesprochen werden kann. Dass es sich bei der Maschine ähnlich verhält, geht schon aus der oben gegebenen Beschreibung hervor. Das Begriffliche muss also zu einem unmittelbaren Erlebnis gewissermassen zurückgeführt werden;

---

¹) Dieser Sprachgebrauch ist seit Kant so allgemein üblich, dass Hartmanns Einwände dagegen (II, 22 f.) kaum mehr berechtigt erscheinen. Vgl. übrigens zu dem Terminus „Anschauung" Vaihinger: Kommentar zu Kants Kritik der reinen Vernunft II, 5, Stuttgart 1892.

eine Ahnung dessen, was man intuitives Denken nennt, muss die zerlegende Begriffsthätigkeit vereinen und verlebendigen, damit man von der Schönheit abstrakter Dinge reden darf [1]). Man kann sagen, es handle sich hier um einen Grenzfall der Anschaulichkeit, wie es sich unzweifelhaft um einen Grenzfall des Schönen handelt. Aber ein solcher Ausdruck erregt neue Zweifel. Es erscheint zunächst unzulässig, der Anschaulichkeit Grade zuzuschreiben. Die Grenzen von Anschauung und begrifflichem Denken scheinen dadurch fliessende zu werden, während doch, sollte man meinen, ein radikaler Gegensatz zwischen beiden besteht. Die Antwort auf dieses Bedenken wird sich aus der Erörterung eines zweiten umfassenderen Einwandes von selbst ergeben.

Wenn man behauptet, die Schönheit komme der Anschauung als unmittelbarem Erlebnis zu, so scheint man zu übersehen, dass doch zum Erkennen des Schönen häufig ein besonderes Wissen notwendig ist. Bei vielen grossen Kunstwerken kann nur derjenige die Schönheit empfinden, welcher einen Schatz von Erlebnissen, oft sogar nur wer eine gewisse Bildung und bestimmte Kenntnisse mitbringt. Das scheint aber der „Unmittelbarkeit" des Ästhetischen zu widersprechen. Denn das unmittelbar Anschauliche müsste doch jedem Menschen, der seine gesunden Sinne hat, gleich zugänglich sein. Indessen beruht dieser ganze Einwurf auf einer Verkennung der Natur der Anschauung. In das Gesehene, Gehörte gehen ja stets ganz unbemerkt der sinnlichen Empfindung nicht zugehörige Bestandteile ein und erst diese machen eine wirkliche Anschauung aus der ungeordneten

---

[1]) Feine Schilderungen mechanischer Schönheit bei E. du Bois-Reymond: Naturwissenschaft und bildende Kunst. Deutsche Rundschau Bd. 65, S. 199 f. 1890, und bei Guyau: Problèmes de l'esthétique contemporaine, Paris 1884, Livre II chap. 3. Eingehend behandelt das Problem auch E. v. Hartmann II, 113 ff. Weisse: Ä. I, 105 will mathematische Formeln etc. als „Gespenster" d. h. als voller Wirklichkeit entbehrend von der Sphäre des Schönen ausschliessen, denn er strebt danach, das Ästhetische prinzipiell über das Logische zu erheben. Dabei verkennt er die Existenz jener Übergangsformen.

Masse der Eindrücke. Schon dass wir aus dieser Masse einzelne Gruppen als besondere Gegenstände auffassen, ist teilweise ein Resultat solcher hinzukommender Faktoren. Wir wissen, dass sich der Krug vom Tische abheben lässt, der Fleck im Holze aber untrennbar mit ihm verbunden ist. Darum gehört der Fleck zum Tische, während der Krug ein Ding für sich ist. Weiterhin, wenn wir einen Tisch sehen, ergänzen wir unwillkürlich die zufällig sich darbietende perspectivische Ansicht zum richtigen körperlichen Bilde. Sätze unserer Muttersprache verstehen wir, auch wenn sie undeutlich ausgesprochen werden. Wieviel bei solchem Verständnis aus der Ahnung des Zusammenhangs ergänzt wird, zeigt sich, wenn unbekannte Eigennamen oder Zahlen in der Rede vorkommen, und dann das Verständnis sofort aufhört. Ist so schon jeder einfache Erkennungsakt, jede Auffassung eines Gegenstandes ein aus direkten Eindrücken und hinzutretenden Erinnerungen unlösbar Zusammengesetztes, so gilt dasselbe in noch weit höherem Grade, wenn der Gegenstand als ein uns interessierender genauer angeschaut wird. Es ist fast schon zum trivialen psychologischen Schulbeispiel geworden, wie verschieden verschiedene Menschen, z. B. ein Holzhändler, ein müder Wanderer, ein Botaniker und ein Maler einen Baum anschauen[1]). Wollte man also alles zum blossen sinnlichen Eindruck Hinzugebrachte als einen Gegenbeweis gegen die Anschaulichkeit eines Vorganges anführen, so würde man die reine Anschauung zu einer nirgend verwirklichten Abstraktion machen. Wenn man alles Ästhetische als Anschauung bezeichnet, kann man das Wort unmöglich in diesem Sinne anwenden. Wir verstanden vielmehr unter Anschauung das Erlebnis, wie es sich uns unmittelbar darbietet. Zu dieser Unmittelbarkeit gehört das, was wir aus dem Schatze unseres Inneren heranbringen, ebenso gut wie das, was die Empfindung uns darbietet. Beides ist überhaupt nur durch die Abstraktion der Wissenschaft

---

[1]) In etwas anderer (anekdotischer) Form bei Steinthal: Einleitung in die Psychologie und Sprachwissenschaft. 2. Aufl. Berlin 1881. S. 225.

von einander zu trennen, für den anschauenden Menschen bildet es eine Einheit. Damit ist schon gesagt, dass ein scheinbar gleicher Eindruck bei verschieden vorbereiteten Menschen nicht die gleiche Anschauung hervorbringen wird. Aus dem besprochenen Einwand lässt sich aber sogar ein Beweis für die Anschaulichkeit alles Ästhetischen gewinnen, wenn wir die naheliegende Frage stellen, unter welchen Umständen denn vorhandene Erfahrungen, Kenntnisse u. s. w. das ästhetische Erleben ermöglichen. Denn alles, was wir an Erfahrungen und Kenntnissen besitzen, hilft uns zu einer ästhetischen Auffassung erst dann, wenn wir es als etwas Besonderes im Anschauen vergessen können. An eine fremde Kunstwelt suchen wir vielleicht zunächst historisch heranzukommen, wir machen uns ihre Entstehung klar, werden mit den sie beherrschenden Vorstellungen vertraut, suchen dann etwa auch in der Natur die Vorbilder zu finden, von denen sie ausging. Aber alle diese Bemühungen sind noch kein ästhetisches Verhalten, sondern lediglich Vorbereitungen dazu. Erst wenn wir beim Anblick der Werke über diese Dinge nicht mehr zu reflektieren brauchen, wenn die Gedichte oder Gemälde unmittelbar zu uns sprechen und sich uns erschliessen, haben wir einen wahren Genuss von ihnen [1]). Man sieht nun auch, dass diese Unmittelbarkeit, mit der unsere Kenntnisse und Erfahrungen in die Anschauung eingehen, erworben ist. Damit ist zugleich gesagt, dass es Zwischenfälle zwischen abstrakter Erkenntnis und

---

[1]) Dass Kant diese Konstitution der Anschauung, die ihm sonst vertraut war, hier vernachlässigte, führte ihn bes. K. d. U. § 16 S. 76 zu falschen Consequenzen aus seiner sonst so treffenden Formulierung „ohne Begriff". Nur gegen solche Mängel Kants, nicht gegen seine Prinzipien haben Kritiken wie die Bergmanns (Über das Schöne, Berlin 1887, 46—54) Berechtigung. Auf die Bedeutung, welche die Intellektualität der Anschauung für die Ästhetik hat, wies bes. Oersted: Geist in der Natur III, 129 ff. Lpzg. 1851, hin; cf. Hartmann I, 202 f. Auch Stein: Ästhetik S. 13 giebt eine vortreffliche Darstellung davon. Eine eingehende psychologische Analyse des hier nur angedeuteten Thatbestandes giebt O. Külpe: Über den associativen Faktor des ästhetischen Eindrucks, V. f. w. Ph. XXIII, 145—183. 1899.

anschaulicher Erfahrung giebt, und es zeigt sich, in welchem Sinne man von Graden und Grenzfällen der Anschaulichkeit reden kann. Der Gegenstand des ästhetischen Urteils ist also stets ein unmittelbar anschauliches Erlebnis.

II. Kapitel.
Der ästhetische Wert ist rein intensiv[1]).

Alle Wertprädikate können in zwei Klassen eingeteilt werden. Entweder schätzen wir etwas, weil es uns dazu verhilft, etwas Anderes zu erreichen, oder wir werten es nach seiner eigenen inneren Bedeutung. Im ersten Falle sagen wir, es sei Mittel zu einem Zwecke. Der Grad der Wertschätzung hängt dabei sowohl von der Bedeutung des Zweckes als auch von der Tauglichkeit des Mittels ab. Im zweiten Falle schätzen wir etwas um seiner selbst willen, daher liegt dann Grad und Mass des Wertes rein in diesem Dinge selbst. Wir können im ersten Falle von einem consecutiven, im zweiten Falle von einem intensiven Werte reden. Es ist klar, dass es sich bei allen ästhetischen Wertungen um intensiven Wert handelt. Es hat keinen Sinn, zu sagen, etwas sei zu einem Zwecke schön oder erhaben. Wohl kann ein Ding, z. B. ein Bauwerk zugleich schön und zweckmässig sein, aber dann handelt es sich um ein Zusammentreffen zweier Wertungen, und der Gegenstand ist nicht insofern schön, als er zweckmässig ist. Man hat wohl davon geredet, dass die Zweckmässigkeit zur Schönheit beitrage; sieht man aber näher zu, so ist sie schön, nur sofern sie

---

[1]) Einen Teil der in diesem Kap niedergelegten Gedanken habe ich schon früher (Beiträge zur Theorie der Wertungen II. Teil, Z. f. Ph. CX. S. 246—262) veröffentlicht. Indessen sind die Gedanken hier nicht nur nach einer besonderen Richtung hin näher ausgeführt, sondern auch vielfach umgestaltet und exakter formuliert worden, wozu Einwürfe der Herren Prof. H. Rickert und Dr. E. Lask wesentlich beitrugen. Die Begründung meiner Termini „intensiv" und „consecutiv" und der Hinweis auf einige Vorgänger ist in jener älteren Arbeit zu finden.

selbst unmittelbar erscheint und wahrgenommen wird und sich dadurch in einen intensiven Wert verwandelt. Es ist ja überhaupt eine menschliche Eigentümlichkeit, dass dasjenige, was zunächst um eines Andern willen erstrebt wurde, dann auch für sich selbst Wert erlangt. In manchen Fällen erfolgt eine solche Wertverschiebung eben dadurch, dass die Zweckmässigkeit gewissermassen in die Anschauung aufgenommen wird und ästhetisch unmittelbar erlebt werden kann. Übrigens trifft ein solcher Einwand, der von Verhältnissen des Zusammenbestehens zweier Wertungsarten, ihrer gegenseitigen Hilfe u. s. w. hergenommen ist, gar nicht das, um was es sich hier handelt. Hier haben wir es mit der begrifflichen Scheidung der Wertungsarten zu thun, die realen Verhältnisse ihrer Objekte zu einander werden uns später (im dritten Teile) beschäftigen.

Man könnte meinen, diese zweite Bestimmung bringe der ersten gegenüber nichts Neues. Denn die unmittelbare Anschauung könne garnicht anders gewertet werden, als intensiv. In der That wird man hier einen inneren Zusammenhang nicht verkennen. Aber innerer Zusammenhang ist nicht Identität. Eine Anschauung kann sehr wohl consecutiv gewertet werden, wenn z. B. der Mediziner die bestimmteste individuelle Anschauung eines kranken Menschen erstrebt, um die Natur des Leidens und den Weg der Heilung festzustellen, oder wenn sich der Strafrichter die eingehendste Anschauung von dem Beschuldigten, seinem Vorleben und seinem Verhalten vor Gericht zu verschaffen sucht, um nachfühlend prüfen zu können, ob einem solchen Menschen eine solche That zuzutrauen ist. Umgekehrt kann natürlich auch nicht Anschauliches, wie eine rein abstrakte wissenschaftliche Erkenntnis oder die immer nur indirekt erkennbare Reinheit des sittlichen Wollens intensiv gewertet werden.

So grenzt sich durch das Merkmal der Intensität der ästhetische Wert zwar gegen das Nützliche, nicht aber gegen das Wahre und Gute ab. Denn auch die Wahrheit und der sittliche Wille werden nicht nach ihrem Nutzen für etwas, sondern an sich selbst geschätzt. Trotzdem scheinen beide nicht die eigentümliche Selbstgenügsamkeit des Ästhetischen zu haben. Es muss versucht werden, diesen Unterschied begrifflich zu fassen. Dabei werde mit einer Vergleichung des ästhetischen und des logischen Wertes begonnen. Der logische Wert ist der Wert der Wahrheit. Er wird ausgesagt von Urteilen — wenigstens lässt sich alles, wovon Wahrheit ausgesagt werden kann, sehr leicht in die Form eines Urteils bringen. Der Wert, den das Wort „wahr" aussagt, ist intensiv. Es ist sinnlos zu sagen: das ist zu dem oder jenem Zwecke wahr[1]). Anders ist es, wenn wir nach der Bedeutung eines wahren Urteils fragen. Nicht jede Wahrheit wird ja von uns festgestellt. Wenn wir im gewöhnlichen Leben ein Urteil aussprechen, so thun wir das stets zu einem gewissen Zwecke. Wir wollen etwa einen anderen auf etwas aufmerksam machen, d. h. ihn zum Erleben einer gewissen Anschauung (etwa eines vorbeifliegenden Vogels) auffordern, oder wir wollen für uns selbst einen der unendlich vielen Bestandteile des Erlebten auszeichnen und so gewissermassen für unser Gedächtnis fixieren. Schon mit diesem nächsten Zwecke tritt das

---

[1]) Eher könnte man geneigt sein, das Wesen des Wahrheitswertes in die Beziehung des Urteils auf einen ausserhalb des Urteils (wiewohl nicht ausserhalb des Bewusstseins) existierenden Zusammenhang zu setzen. Wenn wir einem Satze, wie „dieser Hund ist braun" Wahrheit zuschreiben, könnte man sagen, so meinen wir, dass in einem bestimmten Zusammenhange mit anderen Wahrnehmungskomplexen die Farbe „braun" sich erleben lässt. Dieser Zusammenhang weist über das Urteil hinaus. Indessen lässt sich gegen eine solche Formulierung ein Einwand von Standpunkte Rickerts aus (Gegenstand d. Erkenntnis, bes. Kap. XIV S. 63—66) erheben. Die Existenz ist danach garnichts anderes, als die Urteilsnotwendigkeit. Die Trennung des wahren Urteils „dieser Hund ist braun" von dem Erleben der braunen Farbe am Hunde beruht nur darauf, dass man der logisch wesentlichen Zustimmung zu der wahren Thatsache die logisch unwesentliche sprachliche Formulierung unterschiebt. Ohne hier in eine Diskussion von Rickerts Theorie eingehen zu wollen, sei nur darauf hingewiesen, dass die im Text gewählte Formulierung auch mit dieser Theorie bestehen kann.

Urteil in einen Zusammenhang ein, weist über sich selbst hinaus. Noch mehr ist das der Fall, wenn sich an den nächsten Zweck weitere praktische Zwecke, etwa Abwehrung von Gefahren durch Ergreifung gewisser Vorsichtsmassregeln knüpfen. Aber auch dort, wo solche äusseren Zwecke mit der Feststellung der Wahrheit nicht verbunden sind, in der Erzählung von Thatsachen um ihrer selbst willen und vor allem in der Wissenschaft, wird doch jede einzelne Wahrheit erst durch ihre Bedeutung für das Gesamtwissen wertvoll. Wir fragen gegenüber einer neuen Thatsache der Experimentalphysik, was sie für unsre theoretische Anschauung vom Wesen des Körperlichen leistet. Eine historische Einzelheit sehen wir darauf hin an, was sie uns an neuer Einsicht in den Zusammenhang des geschichtlichen Verlaufes gewährt. So schwebt bei jedem Einzelnen hier das Ganze vor. Zwar nicht als Mittel, wohl aber als Glied gehört jedes Einzelne in einen Zusammenhang. Wie ganz anders steht es mit der einzelnen ästhetischen Schöpfung oder Anschauung! Ein lyrisches Gedicht, ein Gemälde oder eine Symphonie treten nicht in irgend einen Zusammenhang ein. Jedes von ihnen bietet sich als für sich bestehendes, in sich ruhendes Ganzes dar; ihr Wert liegt rein in ihnen selbst, nicht in dem Beitrag, den sie zu einem Ganzen leisten. Wir können uns freilich bemühen, zu wissenschaftlichen Zwecken das Kunstwerk in einen historischen Zusammenhang einzuordnen oder dem einzelnen ästhetischen Erlebnis seinen Platz in einem Systeme der Ästhetik anzuweisen; aber nur, wer die Wissenschaft parodistisch verspotten will, wird sagen, dass in dieser Einordnung der eigentliche Wert des Kunstwerkes ruhe. Man kann den Grundunterschied von Wissenschaft und Kunst auch so ausdrücken: Dem Forscher schwebt bei all seinem Thun der Zusammenhang der Wissenschaft vor, die Wissenschaft als Ganzes ist ihm eine Realität, ja die Realität; sein eigenes Thun dient dieser Realität, geht in ihr auf. Der schaffende Künstler hat nur sein Werk im Auge. Dies ist das Ganze, welches er erstrebt, für das er sich opfert.

Die Kunst als Ganzes ist ihm nur ein Allgemeinbegriff. Und ebenso verhält sich der, welcher ein Kunstwerk geniesst. Auch er denkt dabei nicht an eine Gesamtheit anderer Kunstwerke; oder wenn er an diese denkt, hat er die ästhetische Haltung des Geniessenden und Aufnehmenden bereits mit der des Kritikers vertauscht.

Um für diesen Gegensatz eine feste Bezeichnung zu gewinnen, kann man sagen: der intensive Wert des Schönen ruht ganz in dem einzelnen Schönen, ist immanent, der intensive Wert des Wahren weist in seiner Bedeutung stets über das einzelne Wahre hinaus, ist transgredient[1]). Dieser Gegensatz ist mit dem vorher betrachteten von „intensiv" und „consecutiv" verwandt, aber nicht identisch. Dort handelte es sich um die Frage, ob der Wert selbst nur als Mittel oder an sich wertvoll sei, hier um die Frage, ob der Wert seiner Natur nach auf einen weiteren Zusammenhang hinweise. Da die Immanenz gewissermassen die Ergänzung und Vollendung der Intensität darstellt, wird es erlaubt sein, den immanent-intensiven Wert auch als rein intensiven zu bezeichnen. Schon die Vermeidung des schwerfälligen Doppelwortes wird es rechtfertigen, dass diese Terminologie im folgenden bevorzugt wird.

Aus dem hier dargelegten Unterschiede von Wissenschaft und Kunst lässt sich eine für die Geschichtsschreibung der Künste wichtige Folgerung ziehen. Da jedes Kunstwerk als Ganzes in sich ruht, so kann ein Werk, das hier wirklich sein Ziel erreicht, als solches nicht übertroffen werden. Damit wird dem Begriffe des Fortschritts in der geschichtlichen Darstellung der Kunst ein weit geringerer Raum angewiesen, als in der Geschichte der Wissenschaft. Die Wissenschaft schreitet mit jeder, an sich noch so unbedeutenden Entdeckung, Berichtigung, Begriffsbildung fort. Wer die physikalische Wissenschaft der Gegenwart beherrscht, ist

---

[1]) Den Ausdruck „transgredient" bevorzuge ich vor dem naheliegenden „transcendent", weil die erkenntnistheoretische Verwendung dieses Wortes zu Missverständnissen führen könnte.

fortgeschrittener als Galilei oder Newton. In den geschichtlichen Wissenschaften könnte etwas Ähnliches zweifelhafter sein, doch wird mindestens in der Beurteilung der grossen universalgeschichtlichen Zusammenhänge und im Umfange der Thatsachenkenntnis ein moderner Historiker selbst einem Thucydides überlegen sein. Ganz anders in der Kunst: über Homer hinaus giebt es an sich keinen Fortschritt. Es giebt Anderes, Neues in der Kunst, Formen und Inhalte, deren Möglichkeit auf der Stufe der homerischen Epik nicht einmal geahnt werden konnte; aber wie das Kunstwerk in seiner Einzelheit etwas für sich Wertvolles ist, so bleibt es auch unüberwindbar in seinem Einzelwerte bestehen. Es kann geschehen, dass die Voraussetzungen seines Verständnisses dem unmittelbaren Bewusstsein verloren gehen, dass es dann gelehrter Vermittelung bedarf. So ergeht es uns heute mit Dante. Aber darin liegt kein Überwundensein oder Übertroffenwerden. In der technischen Beherrschung des Materials allerdings, in der Entdeckung der Ausdrucksmittel, die einer bestimmten Stufe des künstlerischen Geistes entsprechen, giebt es einen Fortschritt. Aber dieser hat seine Grenzen, führt nur bis zu einem vollendeten Höhepunkt. Raffael oder Tizian sind von Rembrandt auch technisch nicht übertroffen worden, sondern der grosse Niederländer hat einen anderen Höhepunkt erreicht. Man kann den Umfang des ästhetisch Erlebbaren in verschiedenen Zeiten vergleichen und da möglicherweise auch von Fortschritt reden, aber das ist dann etwas ganz Anderes, als wenn man behauptete, ein bedeutendes Kunstwerk könne als solches übertroffen werden[1]).

Intensiv wie die Wahrheit und Schönheit ist auch die Sittlichkeit. Kant sagt, es ist überall nichts in der Welt, ja überhaupt auch ausser derselben zu denken möglich, was ohne Einschränkung für gut könnte gehalten werden, als allein ein guter

---

[1]) Der hier dargelegte Unterschied zwischen Wissenschaft und Kunst ist schon von Schiller erkannt worden. Vergl. dessen Brief an Fichte vom 3/4. August 1795 (Briefe IV, 222 f., 226, 230).

II. Kapitel. Der ästhetische Wert ist rein intensiv.

Wille[1]). Aber der Wille als solcher schliesst etwas in sich, was über ihn hinaus weist. Als Wille strebt er nach einem Ziele. Besteht nun auch seine Sittlichkeit lediglich darin, dass er sich zum Ziel setzt, was er als seine Pflicht erkennt, so liegt doch in dieser Zielstrebigkeit selbst ein transgredientes Moment. Die Transgredienz liegt hier primär an einer anderen Stelle als beim logischen Wert, nämlich nicht in einer hinzutretenden zweiten Wertung („Bedeutung"), sondern in der Eigenart des Gewerteten. Sekundär aber ergiebt sich aus dieser Eigenart des Gewerteten auch eine zweite Art von sittlicher Wertschätzung, deren Vermischung mit der ersten, im strengsten Sinne sittlichen, zu vielen Schwierigkeiten in der Ethik geführt hat. Sittlich gut ist der Wille, der seiner Pflicht gemäss und durch die Erkenntnis seiner Pflicht bewegt handelt. Die Erkenntnis seiner Pflicht ist aber von seiner Einsicht abhängig, und es ist nicht nur denkbar, sondern auch Thatsache, dass über den Pflichtinhalt in einem gegebenen Falle Uneinigkeit herrscht. Diese Uneinigkeit ist zum grossen Teile hervorgerufen durch eine verschiedene Auffassung der Ziele und Aufgaben des menschlichen Lebens. Neben die innere Sittlichkeit des Willens tritt die objektive Sittlichkeit des Zieles. Es ist hier nicht meine Aufgabe, diese Doppelheit des Wertens weiter zu verfolgen; an dieser Stelle ist sie nur wichtig, sofern sie den transgredienten Zusammenhang des ethischen Gebietes zum Ausdrucke bringt. Ein solcher Zusammenhang fehlt bei dem Thun des ästhetisch Aufnehmenden. Er ruht völlig in dem Akte des Aufnehmens; der ästhetische Eindruck greift in die Welt des Handelns nicht hinein, sofern er ästhetisch ist. Sein etwa vorkommendes Eingreifen, z. B. durch Veränderung der Sinnesart des Aufnehmenden, hat zunächst mit seiner ästhetischen Bedeutung nichts zu thun. Anders allerdings verhält es sich beim ästhetisch Schaffenden. Dem Künstler schwebt das vollendete Werk als Ziel vor

---

[1]) Grundlegung zur Metaphysik der Sitten 1. Abschnitt, Werke IV, 241.

Augen, und die Mannigfaltigkeit seines Thuns steht unter dem Einflusse dieses Zieles. Als Schaffender ist er ein Handelnder, und für den Erfolg seines Handelns kommt es gar sehr auf Richtung und Reinheit seines Willens an. Hier haben wir eine Durchdringung beider Wertungsarten vor uns. Aber im vollendeten Kunstwerk gilt wiederum nicht mehr das Wollen, sondern nur das Erreichte.

Durch seine reine Intensität ist das Ästhetische aus der Verflechtung unserer Interessen herausgelöst. Man sieht, wie unmittelbar sich meine Formulierung in Kants Ausdruck, dass das Schöne „ohne alles Interesse" wohlgefalle, zurückübersetzen lässt. Ich habe an einem Gegenstand Interesse, heisst für Kant, mir ist an seiner Existenz etwas gelegen. In welchem Sinne er ein solches Interesse vom Schönen ausschliessen will, beweist das Beispiel, das er zur Erläuterung folgen lässt. Die Schönheit eines Palastes bleibt dieselbe für mich, auch wenn ich seine Existenz mit Rousseau als Produkt der Eitelkeit der Grossen verurteile[1]. Viele Gegner, die Kants Formulierung angegriffen haben, verstehen Kant dahin, dass er dem Inhalte des Schönen jede Beziehung auf unsere Interessen, auf das, was wir sonst lieben und hassen, habe absprechen wollen. Bei solcher Auffassung genügt freilich der Hinweis auf irgend ein Gemälde oder Gedicht, um Kant zu widerlegen. Es ist zuzugeben, dass er eine derartige Auslegung zuweilen nahe legt; den Kern seines Gedankens aber trifft sie nicht. Alle Interessen treten in das Schöne hinein, aber sie hören damit auf, „Interesse" im Sinne Kants zu sein, sie verflüchtigen sich zu dem reinen Genusse der Anschauung. Die Möglichkeit der angedeuteten Misverständnisse

---

[1] K. d. U. § 2, 44—45. Kant hat den Begriff des uninteressierten Wohlgefallens nicht geschaffen. Vor ihm hatte ihn u. a. Crousaz (Stein: Entstehung 99) und Hutcheson (Stein a. a. O. 189 ff.), in Deutschland z. B. Riedel: Theorie der schönen Künste und Wissenschaften, Jena 1767. Vergl. Herder: Werke IV, 46 Anm.

II. Kapitel. Der ästhetische Wert ist rein intensiv.

bewegt mich neben allgemeineren systematischen Gründen dazu, hier von Kants Terminologie abzuweichen. Mit dem Gedanken der Interesselosigkeit des Schönen hängt seine Bestimmung als „Spiel" sehr innig zusammen. Nach früheren Andeutungen[1]) hat Schiller den Trieb zum Ästhetischen als Spieltrieb bestimmt. Er will durch diese Bezeichnung eben jene Freiheit vom Zwange des Bedürfnisses und der Pflicht andeuten. Durch sein bekanntes Wort: „der Mensch ist nur da ganz Mensch, wo er spielt"[2]) wehrt er jeden Gedanken, als liege hier eine Herabsetzung des Wertes des Ästhetischen vor, ab. Übrigens wäre es falsch, in jeder spielenden Thätigkeit eine Art des ästhetischen Verhaltens zu sehen. Spielen kann man auch mit Begriffen oder mit Handlungen; ästhetisches Erleben ist stets Auffassen eines anschaulich Gegebenen. Ästhetische Produktion ferner hat mit dem Spiele meist überhaupt nichts mehr gemein, denn „nur des Meissels schwerem Schlag erweichet sich des Marmors sprödes Korn". Ebenso wenig kann das Spiel im allgemeinen den Anspruch auf notwendige Geltung erheben, der, wie im nächsten Kapitel gezeigt werden soll, das Ästhetische auszeichnet. Aus allem dem folgt, dass man aus der Betrachtung aller möglichen Spiele die charakteristischen Eigentümlichkeiten des Ästhetischen niemals wird herleiten können[3]).

---

[1]) Solche — ausser bei Kant K. d. U. §§ 9, 35, 54 S. 61, 149, 203 f. (vgl. Schlapp: Kants Lehre vom Genie. Göttingen 1901, die im Register unter „Spiel" angegebenen Stellen) auch bei manchen Engländern z. B. Hogarth: Zergliederung der Schönheit, übersetzt v. Mylius, zweiter Abdruck, Berlin u. Potsdam 1754, S. 8. Vgl. Solger: Vorles. ü. Ä. 25.

[2]) Briefe über ästhetische Erziehung. 15. Brief. Werke X, 327.

[3]) Solche Hoffnungen scheinen einigen biologisch interessierten Denkern neuerer Zeit nahe zu liegen, so bes. H. Spencer: Prinzipien der Psychologie, übers. von Vetter, Stuttgart 1886. II. Band. IX. Teil, IX. Kap. §§ 533—535 S. 706 ff. und, obwohl er sich behutsamer ausdrückt, Groos: Die Spiele der Tiere, Jena 1896; Die Spiele der Menschen, Jena 1899. Besonders bedenklich ist es, wenn das Spiel als Vorübung zu dem „Ernst des Lebens" gefasst wird. Eine solche Betrachtungsart ist biologisch gewiss gerechtfertigt — dem Eigen-

Die reine Intensität des Ästhetischen hat auch Schopenhauer in seiner Art ausgedrückt, indem er schrieb, dass das ästhetisch anschauende Subjekt „nicht mehr dem Satz vom Grunde gemäss den Relationen nachgeht; sondern in fester Kontemplation des dargebotenen Objekts, ausser seinem Zusammenhange mit irgend andern, ruht und darin aufgeht"[1]). Man sieht, die Lösung vom Satze vom Grunde betrifft die äusseren Beziehungen des ästhetisch Angeschauten zu anderen Dingen und besonders zum Willen des Betrachters. Es wäre falsch und hiesse auch Schopenhauer Unrecht thun, wollte man sie dahin deuten, dass die inneren Beziehungen im Kunstwerk dem Satze vom Grunde nicht folgen. Der Dichter mag andere Verbindungen von Ursache und Wirkung einführen, als die Natur sie kennt; aber, wie die Hölle selbst ihre Rechte hat, so steht sogar das Märchen unter der Herrschaft ihm eigentümlicher Kausalgesetze. Aber als Ganzes wird das ästhetisch Angeschaute vom Beschauer aus dem Zusammenhang der Dinge herausgelöst. Man kann diesen Gedanken bei Schopenhauer anerkennen, ohne die metaphysisch-mystische Erklärung, die er ihm giebt, zu billigen.

Soll das ästhetische Objekt rein intensiv genossen werden, so muss es losgelöst erscheinen aus der Verflechtung der Interessen, in deren Kampfe unser Leben verläuft. Wir fragen nicht mehr,

---

wert des Ästhetischen thut sie in schlimmster Weise unrecht. Herders Polemik gegen Kant und Schiller verfehlt ihr Ziel, da sie Spiel als Tändelei, nichtige Beschäftigung nimmt. (Kalligone. Werke XXII, 130, 143 ff.) Seine Entrüstung wäre begreiflicher, wenn er jene Neueren vor sich gehabt hätte. Gegen die Spencerisch aufgefasste Theorie Schillers hat eine an Herder gemahnende Opposition erhoben Guyau: Problèmes de l'esthétique contemporaine, Paris 1884. Livre premier. — Eher als über das Wesen könnte durch Untersuchung der Spiele über den Ursprung der Kunst Licht verbreitet werden. In dieser Beziehung sind Groos' reichhaltige Materialsammlungen gewiss beachtenswert. Nur muss man auch hier neben dem Spiel noch anderes berücksichtigen, vgl. z. B. Bücher: Arbeit und Rhythmus. 2. Aufl.

[1]) Welt als Wille und Vorstellung. Bd. I. Buch 3. § 34. Werke herausgeg. v. Grisebach I, 243.

II. Kapitel. Der ästhetische Wert ist rein intensiv.

was es nützt oder schadet, wie lange es dauert, und wohin es geht. Rein für sich wird das Schöne genommen, ohne Rücksicht auf seine sonstige Bedeutung. Da nun im Treiben unseres Lebens sonst alle Dinge darauf hin angesehen werden, was sie wirken, erscheint uns ein Ding als wirklich, nur sofern es Folgen hat. Schon unsere Sprache drückt das aus, wenn sie Wirklichkeit von Wirken ableitet. Was nicht wirkt, was ausserhalb der Verflechtung der Ursachen und Wirkungen steht, von dem meint man, es fehle ihm die eigentliche Wirklichkeit, es sei Schein. Hier liegt die wahre Bedeutung des Begriffes „ästhetischer Schein". Dieser Begriff ist auf das Schöne der Natur ebenso anwendbar, als auf das Kunstschöne, wenn auch, wie sogleich noch näher zn zeigen sein wird, die objektive Losgelöstheit des Kunstwerkes ihm zu Hilfe kommt. Gar nichts zu thun hat dieser Begriff mit der erkenntnistheoretischen Frage, inwiefern wir in den Dingen überhaupt ihr wahres Wesen erfassen. Mit dieser Frage ist der Begriff des ästhetischen Scheines schon durch die Bezeichnung in Gefahr, vermengt zu werden. Daher ziehe ich andere Ausdrucksweisen vor. Wesentlich beigetragen aber hat zu solcher Verwirrung der in seinem wahren Werte weiterhin noch zu betrachtende Gedanke der Hegelschen Philosophie, dass im Schönen die Idee, d. h. das wahre Wesen der Dinge, anschaulich hervortrete. Diese Veranschaulichung kann nie als vollkommen gedacht werden, ihre Vollkommenheit ist Schein, aber ein Schein, der die Wahrheit hindurchleuchten lässt, ein echter, schöner Schein. Dieser Begriff des Scheins hat sich mit dem oben entwickelten, mit welchem er in Wahrheit kaum mehr als das Wort gemein hat, vermischt und dadurch zu Unklarheiten Veranlassung gegeben [1]).

---

[1]) Vgl. Hegel Ä. I, 11 ff. Schon Schiller lag Ähnliches nahe, als er in „Ideal und Leben" den schönen Schein mit der platonischen Idee gleichsetzte. Ähnliche Problemverschlingungen bei Vischer I, 148 ff., 170 f., wo noch die Bedeutung: Schein = Oberfläche im Gegensatz zum Inneren des Körpers

Da unser Leben in einer fortwährend zusammenhängenden Kette von Pflichten, Interessen und Handlungen besteht, da alles, was uns entgegentritt, in diesen Kreis hineingezogen wird, so ist es nicht leicht, den Dingen der Natur gegenüber in der reinen Intensität des ästhetischen Betrachtens zu verharren. Am ehesten wird das bei solchen Dingen und Vorgängen möglich sein, die keine grosse Bedeutung für unser Leben haben. Eine Blume, eine Landschaft wird man leichter rein ästhetisch beschauen als einen Menschen, ein spielendes Kind leichter als einen kämpfenden Helden. Soll nun ein rein intensives Sichversenken auch dem Wertvollsten gegenüber möglich sein, soll diese Versenkung nicht fortwährend durch hineinspielende praktische Interessen gestört werden, so müssen Dinge hervorgebracht werden, deren Bedeutung lediglich ästhetisch ist. Hiermit haben wir den ersten Gesichtspunkt für die besondere Stellung der Kunst im ästhetischen Gebiete gewonnen. Wir haben gesehen, wie sie, vorläufig noch ganz abgesehen von dem Verhältnisse ihres Inhaltes und ihrer besonderen

---

hinzutritt; eine neue Verwickelung, die wohl von K. Ph. Moritz: Über die bildende Nachahmung des Schönen 1788 im Neudruck (Deutsche Litt.-Denkmale 31. Heilbronn 1888) S. 15 und von Solger: Erwin I, 62 herstammt. Ähnlich bei Weisse, der Ä. I, 118 sagt, „dass die Erscheinung und Form der Dinge als schöne unter der Gestalt der Ewigkeit auftritt, während das Ding selbst oder sein Inneres ein endliches und zeitliches bleibt". Carriere (Ästhetik I. 3. Aufl. 1885) und Hartmann benutzen dann — gleich zu Anfang ihrer Ästhetiken — den Begriff „Schein", um den Sitz des Schönen zu bestimmen, und gehen dabei von erkenntnistheoretischen Reflexionen aus, deren Zusammenhang mit der Ästhetik nur durch das Wort „Schein" vermittelt ist. — Schärfer trennt schon Zimmermann Ä. 63 ff. „metaphysischen" und „ästhetischen" Schein, braucht aber das Wort „Schein" S. 158 ff. in ganz anderem Sinne und vermischt S. 81 (§ 189) auch wieder die von ihm auseinander gehaltenen Bedeutungen. — Sehr gut sagt Lipps A. f. s. Ph. V, 102 „Wir „glauben" nicht, die Scheinwelt sei eine wirkliche, sondern wir glauben an die Scheinwelt als solche, ohne dass uns auch nur der Gedanke kommt, sie könne eine wirkliche sein." Vgl. auch Lipps in Z. f. Ps. XXII, 228 ff. Gegen die Lehre vom Schein kämpft auch Külpe V. f. w. Ph. XXIII, 160.

Form zur Natur, schon rein dadurch, dass sie nicht Natur ist, dem ästhetischen Erleben günstigere Bedingungen darbietet [1]).

Der ästhetische Wert ist rein intensiv; dem entspricht ein Objekt, das auch seinerseits in sich geschlossen dasteht. So kann man sagen, dass die Isolation des ästhetischen Objekts ein Correlatbegriff zu der reinen Intensität des ästhetischen Wertes ist. Schon in der Natur bevorzugen wir deshalb begrenzte Durchblicke, sofern es sich nicht um den eigentümlichen Eindruck einer unbegrenzten Fläche, einer erhabenen Ausdehnung handelt. Ja sogar der ästhetische Genuss der Unbegrenztheit verlangt eine gewisse Isolation: nicht eine wechselnde Fülle mannigfaltiger Gegenstände gewährt ihn, sondern nur ein einziger, gleichartiger Inhalt des ganzen übersehbaren Raumes, eine weite, baumlose Ebene oder die Wasserwüste des Meeres. Die Kunst nun bringt schon dadurch, dass sie Kunst ist, eine gewisse Isolation hervor, sie fördert diese Isolation aber noch durch besondere Mittel. Dahin gehört zunächst die deutlich hervorgehobene Umgrenzung des Kunstwerkes in Raum oder Zeit. „Der Rahmen", sagt Gottfried Semper [2]), „ist eine der wichtigsten Grundformen der Kunst. Kein geschlossenes Bild ohne Rahmen, kein Massstab der Grösse ohne ihn." Auf ähnlichen Gründen beruht die Neigung vieler Novellisten, ihre Erzählung durch eine Rahmenerfindung einzuschliessen und dadurch dem Leben noch eine Stufe ferner zu rücken. Wir wollen das Kunstwerk so sehen, dass nichts anderes seine Besonderheit stört. Statuen heben sich von einem abweichend doch einförmig gefärbten Hintergrund

---

[1]) Wenn ich sage „Die Thatsache des Nicht-Natur-seins ist begünstigend für den Kunstgenuss", so bedeutet das nicht „das Bewusstsein dieser Thatsache ist der Kunstgenuss selbst". Nähere Erläuterung der hier nur angedeuteten Verhältnisse von Schein und Kunst wird im 2. Teil Kap. II, § 5 gegeben werden. Dort werden auch einige neuere Schein-Theorien (Groos, K. Lange) Besprechung finden.

[2]) Der Stil in den technischen uud tektonischen Künsten. I. 2. Aufl. München 1878. S. XXVII.

z. B. von grünen Hecken am wohlgefälligsten ab. Jede Abbildung gewinnt, wenn man sie für sich auf ein gelbliches Blatt Papier klebt. Ähnlich wirken die erwartungsvolle Pause vor dem Steigen des Vorhanges, der besondere Raum, die abweichende Beleuchtung in einer Theateraufführung. Auch Richard Wagners Gedanke eines Festspiels, dessen Beschauer ganz von den gewöhnlichen Interessen und Umgebungen ihres Lebens losgelöst sein sollten, gehört teilweise hierher. Ausser durch diese Abschliessung fördern die Künste die Isolation auch dadurch, dass ihre besonderen Darstellungsmittel nicht den vollen Anschein der Natürlichkeit herbeiführen und teilweise eine von der Natur abweichende Stilisierung notwendig machen. So erscheint die Statue farblos oder mindestens nicht naturalistisch gefärbt. Bei Statuetten ertragen wir naturalistische Färbung eher, weil hier schon der Massstab vor einer Verwechslung mit der Natur schützt. Ähnlich wirkt in der Poesie der Vers und die gehobene Prosa. Es soll nicht etwa behauptet werden, dass die Bedeutung solcher Darstellungsmittel mit der Isolation erschöpft ist, aber zweifellos liegt hier ein Teil ihrer Bedeutung. Darum kann man ein in Versen geschriebenes Epos eher in einer abweichenden Versart übersetzen, als in Prosa. Man wird diese Auseinandersetzung vielleicht einseitig schelten und darauf aufmerksam machen, dass mächtige Bewegungen in der Kunst stets nach einer Durchbrechung der isolierenden Momente gerufen haben. Das innere Recht solcher Bestrebungen wird noch weiterhin zur Sprache kommen. Hier dürfen sie uns nicht behindern, eine Seite der Sache ins Licht zu setzen. Übrigens verzichtet auch der consequenteste Naturalist niemals ganz auf die Mittel der Isolation, sonst würde er statt seines Kunstwerkes wohl eher die Natur selbst geben [1]).

---

[1]) Münsterberg: Psychology and Life, Boston 1899, 200 ff. und: Grundzüge der Psychologie I, Leipzig 1900, bes. 121—124, hat den Unterschied von Wissenschaft und Kunst ganz auf den Gegensatz

III. Kapitel.
Der ästhetische Wert hat Forderungscharakter.[1])

Das ästhetische Wertgebiet wurde bisher vom Nützlichen und von den Gebieten der Logik und Ethik unterschieden. Aber noch ist nicht klar, wie es sich gegen das nur Angenehme abgrenzen lässt. Auch angenehm ist ein Wertprädikat, das wir dem Erlebnis in seiner unmittelbaren Anschaulichkeit zuerteilen, auch die Annehmlichkeit ist eine rein intensive Wertung. Man hat darauf hingewiesen, dass der Genuss der bloss sinnlichen Annehmlichkeit das Objekt verändert, während das reine Anschauen des Schönen es unverändert lässt. Aber das trifft nicht durchweg zu. Wenn wir die Kühlung eines Sommerabends als Erquickung fühlen, so kann dabei von einer Veränderung des Objekts nicht die Rede sein. Und doch wird niemand diese Erfrischung dem ästhetischen Gebiete zurechnen. Ähnlich ist es beim Anschauen einer einzelnen satten und wohlthuenden Farbe, indessen wird hier mancher eher geneigt sein, von einer untersten Stufe ästhetischen Genusses zu reden. Das wesentlichste Motiv der Unterscheidung des Schönen vom Angenehmen liegt jedenfalls nicht in dieser Bestimmung. Vielmehr ist es in der dritten Eigenschaft, durch welche ein Werturteil charakterisiert werden kann, in der Art der Geltung zu suchen.

Alle Werte lassen sich nach ihrer Geltungsart in zwei grosse Gruppen einteilen. Es giebt solche, die nur eine thatsächliche Wertschätzung einschliessen, und solche, deren Wertung als ein Sollen auftritt. In diesem zweiten Falle empfindet das Individuum,

---

der Begriffe „Zusammenhang" und „Isolation" aufgebaut. Dass er diesem Gegensatz den andern des „Allgemeinen" und „Besonderen" unterlegt, ist nur aus dem Zusammenhange seines Systems der Wissenschaften heraus begründet. Nur ein Misverständnis von Münsterbergs Ausführungen wäre es wohl, wenn man annähme, er wolle den ganzen Inhalt des Ästhetischen aus diesem Unterscheidungsmerkmal ableiten.

[1]) Vgl. den ersten Teil meines Aufsatzes: Beiträge zur Theorie der Wertungen, Z. f. Ph. CX, 219.

dass eine über seinem Belieben stehende Forderung es zur Anerkennung des Wertes treibt. Ein solche Macht ist die Wahrheit. Ein wahrer Satz fragt nicht danach, ob er mir gefällt oder nicht; als wahr muss ich ihn anerkennen, wofern ich nicht in mir selbst zu schanden werden soll. Eine Pflicht tritt mit dem Anspruche auf, befolgt zu werden, und wenn ich, trotzdem ich meine Pflicht kenne, ihr zuwider handle, so weiss ich, dass ich gegen mein Sollen gehandelt habe. So tritt das Schöne, das grosse Kunstwerk an mich heran, mit dem Anspruche, von mir nachgefühlt zu werden.

Absichtlich habe ich den hier in Betracht kommenden Gegensatz als den der geforderten und der nicht geforderten Werte bezeichnet, anstatt wie das üblich ist, von der Geltung für ein oder für alle Individuen auszugehen. Denn jene erste Bezeichnung ist die umfassendere und trifft das Wesentliche des Verhältnisses. Es giebt (mindestens auf ethischem Gebiete) Forderungen, die als solche ihrer Natur nach für wenige oder selbst nur für ein einziges Individuum gelten. Der interessanteste Grenzfall ist hier das Bewusstsein eines religiösen Erlösers. Die Wahrheit freilich verlangt stets von jedem Individuum Anerkennung; es ist begrifflich falsch, zu sagen, dies ist für mich wahr. Der wirkliche Inhalt eines solchen Ausspruchs könnte nur etwa sein, dieser Satz hat durch seine Gründe einen gewissen Grad von Wahrscheinlichkeit, dem zu voller Sicherheit etwas fehlt, was ich persönlich aber nicht für wesentlich halte. In den meisten Fällen werden auch ethische Werte mindestens einer ganzen Gruppe von Personen gemeinsam sein. Denn es handelt sich bei ihnen meist um Herstellung einer wesentlichen Kulturgemeinschaft. Solche kulturell vereinigende Bedeutung haben nun in ganz hervorragendem Masse die ästhetischen Werte. Ihr Forderungscharakter ist also auch in dem Sinne überindividuell, dass er sich an eine ganze Gruppe von Individuen richtet.

Eine Forderung und deren Anerkennung ist zweierlei.

III. Kapitel. Der ästhetische Wert hat Forderungscharakter. 39

Auf allen Gebieten geforderter Werte treten sehr viele Ansprüche auf, die einander widerstreiten. Es ist also gar kein Einwand gegen die hier gegebene Charakteristik des Schönen, wenn man sagt, dass doch verschiedene Menschen sehr Verschiedenes schön finden. Dieser Streit der Meinungen ist unzweifelhaft Thatsache, und selbst das wird man zugestehen können, dass über die elementare sinnliche Annehmlichkeit die Meinungen mehr übereinstimmen, als über die verwickelteren Inhalte des ästhetischen Gebietes. Hauptsächlich um solche Einwände abzuschneiden, ist hier der eingebürgerte Kantische Ausdruck „Allgemeinheit" vermieden worden. Denn obwohl Kant das Misverständnis dieses Wortes als empirischer Allgemeinheit abzuweisen bemüht ist, hat man ihn doch immer wieder mit dem Nachweise der thatsächlichen Verschiedenheit des Geschmackes widerlegen zu können geglaubt[1]).

Wir haben bis jetzt den Umstand, dass das ästhetische Werturteil mit Forderungscharakter auftritt, als eine Thatsache betrachtet. Wer unter „schön" noch etwas anderes versteht als angenehm, muss diese Thatsache zugeben. Nun fragt es sich aber, ob diese thatsächlich erhobene Forderung auch ein Recht hat, erhoben zu werden, und wie sie dies Recht erweisen kann. Diese Frage wird von um so grösserer Wichtigkeit sein, als ja, wie wir bereits gesehen haben, im einzelnen Falle hier

---

[1]) Ausser in der Bestimmung „allgemein" steckt der Forderungscharakter auch in der Kantischen Bezeichnung „notwendig". Auch bei dieser ist eine ähnliche Verwechslung mit empirischer Notwendigkeit trotz aller Warnungen Kants aufgetreten. Der deutsche Idealismus setzt den Forderungscharakter — wie manche anderen Ergebnisse Kants — mehr voraus, als dass er ihn ausdrücklich hervorhebt. Schiller freilich sagt (an Körner 25. Okt. 1794. Briefe IV, 44) in seiner energisch antithetischen Art: „Das Schöne ist kein Erfahrungsbegriff, sondern vielmehr ein Imperativ". Bei Schelling und Hegel aber steckt der Forderungscharakter in der Ableitung der Kunst aus dem Absoluten, resp. dem absoluten Geist. Ist doch der Begriff des absoluten Geistes mindestens zum Teil aus der Vereinigung der allgemeinen und notwendigen Urteile Kants in dem überindividuellen Ich Fichtes entstanden.

nichts weniger als Übereinstimmung herrscht. Um nun diese Frage gründlich erörtern zu können, müssen wir sie in zwei Unterfragen zerlegen. Erstlich wird gefragt werden müssen, mit welchem Rechte das ästhetische Gebiet überhaupt Forderungscharakter in Anspruch nimmt. Es sind ja Meinungen denkbar, welche die Unterscheidung des Schönen und des Angenehmen für unberechtigt halten. Weiter wird sich aber, wenn man diese erste Frage bejaht, die neue Schwierigkeit zeigen, wie einzelne ästhetische Beurteilungen ihr Recht aufzuweisen vermögen.

Die erste Frage ist wiederum ein Teil eines viel umfassenderen Problemes, eines Problemes von solcher Bedeutung, dass seine Lösung eine der Hauptaufgaben der Philosophie ausmacht: Wie lässt sich das Recht von Forderungswerten überhaupt nachweisen? Man wird die volle Bedeutung dieser Frage ermessen, wenn man bedenkt, dass auch Wahrheit ein Forderungswert ist. Eine Frage pflegt in der Geschichte der Wissenschaft sich stets dann einzustellen, wenn die gewohnte Auffassung einer Sache irgendwo auf den Kopf gestellt wird. So hat in Bezug auf unser Problem die radikale Skepsis der sogenannten Sophisten gewirkt. Schon Plato hat[1]) ihrer Behauptung, dass es keine Wahrheit gebe, oder was dasselbe ist, dass man nichts Falsches sagen könne, da alles immer so sei, wie es jedem in jedem Momente scheine, entgegengehalten, dass sie sich selbst aufhebe. Denn wer sie vertrete, könne ernsthaft nicht einmal an ihre eigene Wahrheit glauben. Und ganz unsinnig werde dann das Thun der Sophisten, die behaupten, etwas Wertvolles lehren zu können, während es doch nach ihrer eigenen Ansicht nichts Lehrbares gebe. Da der sogenannte Relativismus immer wieder auftaucht, darf man sich nicht schämen, diese uralten Argumente ebenfalls immer wieder ins Feld zu führen. Die logischen Grundwerte garantieren sich also selbst, das Denken würde sich selbst aufheben, wenn es sie beanstandete. Es ist hier nicht des Ortes, zu

---

[1]) z. B. im Theaitetos Steph. 170 f., im Euthydemos Steph. 286 ff.

III. Kapitel. Der ästhetische Wert hat Forderungscharakter. 41

untersuchen, wieviel die Selbstgarantie der Logik gewährt. Jedenfalls ist es klar, dass damit die Möglichkeit einer Entscheidung über logische Werte im Prinzip gesichert ist. Denn die Waffen, mit denen hier gekämpft wird, eben die obersten Grundsätze des logischen Wertes, sind in ihrer Gesetzlichkeit anerkannt. Eine solche Selbstgarantie fehlt den nicht logischen Forderungswerten notwendigerweise. Das Denken hebt sich selbst auf, wenn es behauptet, es gebe keine Wahrheit. Aber es liegt kein logischer Widerspruch vor, wenn man die Existenz eines sittlichen Sollens leugnet. Das Denken untersucht hier eben Wertgebiete, die ihm selbst fremd sind, deren Leugnung daher auch nicht unmittelbar das Denken in seiner eigenen Existenz bedroht. Damit ist nun nicht gesagt, dass die Gewissheit der Existenz nicht logischer Forderungswerte an sich geringer sei, als die der logischen. Nur auf eine Lücke im logischen Beweis soll und muss aufmerksam gemacht werden, um so mehr, da die Anerkennung dieser Lücke wichtige methodologische Folgen hat, wie noch weiterhin gezeigt werden wird [1]). Der Beweis der Existenz einer Gruppe nicht logischer Forderungswerte kann nur so geführt werden, dass man zeigt, wie bestimmte Gebiete unsres Lebens und unsrer Kultur von ihrer Anerkennung abhängig sind. Über das ästhetische Gebiet würde man etwa sagen müssen: Wer den Forderungscharakter des ästhetischen Wertes prinzipiell leugnet, dem fällt das Schöne mit dem Angenehmen zusammen, die Kunst wird ihm eine besondere Art des Luxus und kommt in dieselbe Kategorie mit der Herstellung weicher Betten oder der Thätigkeit des Parfümeurs. Wem diese Folgerungen absurd erscheinen, der muss den Forderungscharakter prinzipiell anerkennen. Man sieht,

---

[1]) Es ist zu betonen, dass diese Lücke sich auch nicht etwa dadurch ausfüllen lässt, dass man den Begriff der ethischen oder künstlerischen Wahrhaftigkeit mit dem der logischen Wahrheit gleich setzt, wie z. B. Münsterberg Psychologie I, 142 thut. Logisch gefordert ist nur die Anerkennung, dass es wahre Urteile giebt, nicht die, dass ich wahre Urteile aussprechen, dass ich nicht lügen soll.

die Lücke im Beweise schadet nur dem banausischen Bewusstsein gegenüber; gegen dieses aber können wir mit logischen Waffen nichts Entscheidendes ausrichten, es sei denn, dass es uns gelingt, in ihm selbst eine Möglichkeit zu finden, mit deren Hilfe wir es über sein Banausentum hinauszuführen vermögen. Die Berufung auf etwas, das nur erlebbar, nicht mehr beweisbar ist, kann hier nicht umgangen werden. Freilich könnte man dem Gegner noch dadurch zusetzen, dass man von ihm verlangte, er solle die thatsächliche Verschiedenheit in der Schätzung des Schönen und des Angenehmen doch irgendwie erklären. Indessen so schwierig die wirkliche Durchführung einer solchen Erklärung wäre, für grundsätzlich unmöglich könnte man sie nicht halten, und für das erste Bedürfnis der Debatte ständen die vielfältig verwendbaren Kategorien der Convention, der gesellschaftlichen Eitelkeit, der unbewussten Selbsttäuschung zu bequemem Gebrauche bereit[1]).

Die notwendige Lücke im Beweise nicht logischer Werte hat von jeher zu dem Bemühen geführt, sie dadurch auszufüllen, dass man jene nicht logischen Werte an logische anknüpft. Schon die Sokratische Behauptung, dass die Tugend ein Wissen sei, hat vielleicht hierin einen ihrer Gründe gehabt. Auf ästhetischem Gebiete wäre zunächst daran zu erinnern, dass Baumgarten, gemäss der Leibnitzischen Auffassung der Wahrnehmung als eines verworrenen Denkens, der Ästhetik die Stellung zu diesem verworrenen Denken gab, die die Logik zum klaren Denken hat. Wichtiger aber ist es, dass auch Kant die Geltung des ästhetischen Urteils von der Logik her ableitet. Freilich konnte er, der die Auffassung des Empfindens als eines verworrenen Denkens beseitigt hat, nicht mehr das Schöne für ein undeutlich erkanntes Wahres ansehen wollen. Seine That ist es vielmehr, die Selbständigkeit des ästhetischen Gebietes festgestellt zu haben. Als er sich nun aber nach einem Mittel

---

[1]) Simmel sagt in einer Rezension von Maeterlinck: Weisheit und Schicksal, Dtsch. Littztg. XXI, Sp. 231: „Denn beweisen lässt sich immer nur das Vorletzte".

III. Kapitel. Der ästhetische Wert hat Forderungscharakter. 43

umsah, die Allgemeinheit und Notwendigkeit des Geschmacksurteils zu erweisen, da konnte er, wenn er keine Lücke im Beweis anerkennen wollte, doch wieder nur an das logische Gebiet anknüpfen[1]). Er sieht im Schönen eine Zweckmässigkeit des Gegenstandes für die Auffassung durch den Verstand. Die Dinge bieten sich hier unserem Denken leicht, widerstandslos dar, so dass ein freies Spiel unsrer Erkenntniskräfte ausgelöst wird. Ganz unzweifelhaft ist hiermit eine wesentliche Seite des ästhetischen Inhaltes ausgesprochen, eine Seite, deren Bedeutung noch weiterhin gewürdigt werden wird. Aber ebenso klar ist, dass nicht das Ganze unter diesen Begriff fällt, wie schon daraus hervorgeht, dass Kant die reine Schönheit auf das formale, ornamentale Gebiet beschränken muss. Eine solche formale Auffassung liegt sonst nicht in Kants Neigungen. Er durchbricht sie daher auch wiederholt, z. B. in dem herrlichen Abschnitt über schöne Kunst als Kunst der Genies. Aber dieser Formalismus folgt notwendig aus dem Streben, den Forderungscharakter des ästhetischen Wertes von dem des logischen her abzuleiten, und dieses Streben ist wiederum eine notwendige Folge des Bemühens, einen lückenlosen Beweis für jenen Forderungscharakter zu führen. Wir sehen hier, wie wichtig die Anerkennung der Notwendigkeit jener Lücke für die Methode der Gewinnung der Wertinhalte und dadurch für die richtige Erkenntnis dieser Inhalte selbst wird. Man wird vielleicht fragen, warum der spätere deutsche Idealismus bei seiner Überzeugung, die Werte völlig logisch ableiten zu können, doch allen Formalismus überwunden hat. Es würde sich leicht zeigen lassen, dass dies nur möglich war, weil die Idee neuplatonisch-realistisch als Kraft gefasst wurde und als sich selbst verwirklichende Idee zum Subjekt wurde. Hierdurch war es schliesslich möglich, allen Inhalt in die Logik aufzunehmen, und die scheinbar einseitig intellektualistische Formel der Hegelschen

---

[1]) In dieser Beurteilung Kants bin ich einig mit Kühnemann: Kants und Schillers Begründung der Ästhetik, München 1895, 4 ff., 37.

Schule, dass das Schöne das vollkommen adäquate Erscheinen der Idee im Bilde sei, konnte thatsächlich zu einer ungemein weiten und allseitigen Erkenntnis der hier wirkenden Momente führen. Da man jene Voraussetzungen des Hegelschen Systems unmöglich aufrecht erhalten kann, so wird man den Inhaltsreichtum, den es uns geschenkt hat, nur dann bewahren können, wenn man die Lücke in der logischen Beweisbarkeit zugiebt.

Weitere wichtige Folgerungen der bis jetzt gewonnenen Einsicht ergeben sich bei Behandlung der zweiten, oben aufgestellten Frage: Wie kann ein einzelnes ästhetisches Urteil sein Recht beweisen? Hier hat schon Kant mit vollem Rechte geantwortet: nicht durch Anwendung eines Begriffes. Diese richtige Einsicht widerstreitet auch der von Kant versuchten prinzipiellen Ableitung aus dem logischen Werte nicht. Denn die Zweckmässigkeit der Anschauung für die verstandesmässige Auffassung muss sich immer unmittelbar offenbaren und kann nicht andemonstriert werden. Was das Gebiet der ethischen und der ästhetischen Werte hier von dem der logischen unterscheidet, ist nicht der Umstand, dass Streit über den einzelnen Fall herrscht. Auch die Wissenschaft schreitet nur im Kampfe der Meinungen fort. Aber dieser Kampf ist ein logischer und wird durch die Kraft der Gründe entschieden, oder sollte wenigstens überall dadurch entschieden werden. Auf ethischem und ästhetischem Gebiete dagegen sind es prinzipiell vom Denken verschiedene Seiten der Menschheit, die zur Entwicklung gelangen, hier wird auch der Kampf wesentlich mit nicht logischen Waffen geführt. Der Kampfplatz der ästhetischen Werte ist die Geschichte der Kunst und des ästhetischen Urteils. Man könnte meinen, dass damit der Ästhetik als einer allgemeinen Wertwissenschaft das Todesurteil gesprochen wäre. Das ist indessen nicht der Fall. Die allgemeinen Bedingungen der Wertung lassen sich prinzipiell feststellen, aber gerade aus ihnen wird und muss sich überall ergeben, dass über ihre Anwendbarkeit im einzelnen Falle zuletzt immer ein unmittelbares Erleben entscheidet. Die Sieger im Kampfe sind die grossen Kunstwerke, der Streit ruht nicht. Und er wird einseitig aufgefasst, wenn wir ihn als ein fortdauerndes Kämpfen der Werke um ihre Anerkennung ansehen. Vielmehr ist er eben so wesentlich ein Kampf des aufnehmenden Bewusstseins um die Gewinnung der Vorbedingungen zur Versenkung in das wahrhaft Grosse. Die Thatsachen nun, die jeder, der um ästhetische Bildung bemüht ist, beobachten kann, sprechen durchaus für die Allgemeingültigkeit des Forderungscharakters. Fast jeder beginnt mit der Schätzung eines beschränkten Kreises von Kunstwerken, wie die Bedingungen seines Wesens und seiner Erziehung sie ihm nahe bringen. Vielleicht übersieht er argen Ungeschmack, durch inhaltlichen Reiz geblendet. Mehr und mehr erobert er sich dann die Vorbedingungen zur Schätzung dessen, was ihm zunächst entlegen war. Und wenn er auch das seiner Individualität inhaltlich Widerstrebende nicht mit voller Kraft nachfühlen kann, so wird er ihm immer wenigstens ein kühleres Gefallen entgegenbringen. Man hat früher oft und gern auf die japanisch-chinesische Kunstwelt als auf eine hochentwickelte und doch unserm Empfinden völlig fremde hingewiesen. Aber mehr und mehr hat sich gezeigt, dass Europäer, die sich in jene Kultur versenken, auch durchaus imstande sind, an ihrer Kunstwelt teilzunehmen; und selbst dem nur oberflächlich mit jenen Gebilden bekannten Laien hat sich ein Teil ihres Wertes offenbart. Wir dürfen als Fremde uns nicht einbilden, dass wir einen japanischen Farbenholzschnitt geniessen, wie ein gebildeter Japaner. Aber unzweifelhaft vermögen wir den ästhetischen Wert dieser Blätter in hohem Masse zu empfinden. Nicht die blosse Lust am Fremdartigen macht sie uns wert. Haben doch in der Periode des Rokoko wie in unsern Tagen europäische Künstler versucht, von diesen anziehenden fremden Gebilden zu lernen [1]).

---

[1]) Sehr treffend behandelt das Verhältnis der geforderten Allgemeinheit und der empirischen Verschiedenheit des ästhetischen Urteils Lotze: Grundzüge der Ästhetik. S. 6. § 2.

Es ist hervorgehoben worden, dass der ästhetische Streit keine Debatte ist, in der Gründe und Beweise entscheiden. Diese richtige Aussage muss nun nach gewissen Richtungen hin eingeschränkt werden. Bei der Bildung des ästhetischen Geschmacks spielt zweifellos die Rechenschaft über das Gefallende und Abstossende eine grosse Rolle. Eine solche Rechenschaft kann nicht während des Aufnehmens abgelegt werden, wohl aber nachher. Und indirekt, indem sie den Blick schärft und die Aufmerksamkeit in bestimmte Bahnen lenkt, wird eine verstandesmässige Rechenschaft über die Gründe des Gefallens und Missfallens zur Bildung des ästhetischen Sinnes wesentlich beitragen[1]). Sie wird das am meisten thun, wenn sie zugleich Selbstprüfung des urteilenden Subjektes ist und die in seiner Beschränktheit liegenden Ursachen auszuschalten sich bemüht. Dieselbe Bedeutung, wie für die Bildung des Einzelnen hat eine Klarheit über die Gründe des Urteils auch für die Geschichte im Ganzen. Hier tritt dann noch ein weiteres bedeutendes Moment hinzu. Es giebt Geister, die für das Aufnehmen und für das Mitteilen ihrer Eindrücke besonders begabt sind. Diese werden zahlreichen anderen zu Wegweisern und Führern. Sie erschliessen fremde oder fremdgewordene Welten der Kunst und sie gewinnen bisher unerschlossene Seiten der Natur dem ästhetischen Nachleben. Sie erfüllen diesen ihren Beruf am vollkommensten, wenn sie imstande sind, das Bedeutende der von ihnen bewunderten Werke genauer nachzuweisen und dadurch — zwar nicht, was nur für das unmittelbare Erleben da sein kann, dem Verstande nahe zu bringen — doch aber das Bewusstsein der weniger Begabten vorzubereiten und ihrer Aufmerksamkeit die Richtung zu zeigen.

---

[1]) Verwandte Gedanken bei Hartmann II, 65 f. 442.

II. Teil.
Der Inhalt des ästhetischen Wertgebietes.

Es wurde bis jetzt festgestellt, dass ein ästhetischer Wert ein geforderter, rein intensiver Wert einer Anschauung ist. Damit wurde zugleich die Berechtigung erwiesen, hier ein besonderes Wertgebiet abzugrenzen. Indessen alle diese Bestimmungen sind formaler Natur. Noch blieb unbekannt, wie es möglich wird, dass eine Anschauung intensiven Forderungswert gewinnt. Denn bis jetzt ist der wesentliche Inhalt dieser Werte noch nicht bestimmt worden. Dieser Inhalt lässt sich nicht aus der blossen Analyse des Geschmacksurteils gewinnen. Vielmehr müssen sich die Behauptungen darüber stets an den Thatsachen des ästhetischen Anschauens und Schaffens rechtfertigen. Wir stehen aber diesen Thatsachen jetzt ganz anders gegenüber als zu Beginn unsrer Untersuchung. Damals erschienen sie uns als ein Labyrinth, in dem wir uns zu verirren fürchten mussten; jetzt haben wir in den Merkmalen der formalen Abgrenzung den Ariadnefaden gefunden, der uns hindurchführen wird.

Wir werden also die Frage zu stellen haben: Wie gewinnt die Anschauung rein intensiven Wert und wie wird dieser Wert zum geforderten? Als Antwort auf diese Fragen müssen wir Begriffe zu erhalten suchen, die imstande sind, das ganze ästhetische Gebiet zu erleuchten. Denn die vorläufige erste Voraussetzung muss sein, dass der formalen Einheit auch eine inhaltliche entspricht. Erst die nachgewiesene Unmöglichkeit dieser einleuchtendsten Hypothese könnte zu einer prinzipiellen

Zerteilung des ästhetischen Gebietes führen. Es wird sich zeigen, dass es nicht dazu kommt. Wie überall in der wissenschaftlichen Betrachtung müssen wir dabei zuerst eine Seite der Sache für sich betrachten, dann das untersuchen, was wir zuerst beiseite liessen, und endlich beide Seiten in ihrer Einheit zu erkennen streben. Auf diese Weise ergeben sich drei Kapitel, deren erstes zeigen soll, dass alles ästhetisch Gewertete Ausdruck eines Innenlebens ist, deren zweites nachweisen wird, dass dieser Ausdruck in bestimmter, unsrem Auffassungsvermögen entsprechender Gestaltung auftreten muss, während im dritten bewiesen werden wird, dass Gestaltung und Ausdruck im ästhetisch Vollendeten eine notwendige Einheit bilden. Dazu kommt ein viertes Kapitel, welches die so gewonnene Einsicht auf die wichtigsten Modifikationen des Ästhetischen anzuwenden haben wird. Diese Inhaltsübersicht soll nur der vorläufigen Orientierung dienen; für die wahre Bedeutung der erwähnten Begriffe ist auf die folgende Ausführung zu verweisen.

I. Kapitel.
Ausdruck.

§ 1. Das Verstehen des Ausdrucks.

Die Anschauung gewinnt intensiven Wert zunächst im Angenehmen. Während wir sonst unsre Tastwahrnehmungen nur als Zeichen benutzen, an denen wir die Dinge oder die Zustände unseres Körpers erkennen, streicht unsre Hand langsam über das Fell einer Katze oder über die Haare eines feinen Pelzes. Der sinnliche Reiz dieser Empfindungen lässt uns bei ihnen verweilen, in ihnen ruhen. Aber das sinnlich Angenehme hat als solches keinen Forderungswert. Wir erwarten vielleicht, dass andere dasselbe angenehm finden werden wie wir, aber wir muten es ihnen nicht zu. Wie nun vermag die Anschauung einen solchen höheren Wert zu gewinnen? Die Antwort hierauf lässt sich, wie früher nachgewiesen wurde, nicht durch eine logische Deduktion gewinnen. Sie muss also zunächst hypothetisch gegeben werden und sich dann rechtfertigen. Mit dem Bewusstsein, in diesem Sinne eine Hypothese aufzustellen, von der sich zeigen wird, dass sie mehr als Hypothese ist, antworte ich: die Anschauung kann Forderungswert erhalten, indem sie als Ausdruck eines inneren Lebens gefasst wird. Was das bedeutet, und wie sehr dadurch die Anschauung selbst für uns geändert wird, ergiebt sich leicht, wenn man sich neben einander einen regelmässigen grünen Fleck und einen Baum, oder die Schwingung eines Uhrpendels und die winkende Bewegung einer Menschenhand vorstellt. Es ist auch leicht begreiflich, dass eine Anschauung für uns einen höheren, ja einen prinzipiell anderen Wert erhält, wenn sie als „Ausdruck" angesehen wird. Uns Menschen ist fremdes Innenleben überhaupt nur dadurch zugänglich, dass wir angeschaute Bewegungen oder andere sinnlich wahrnehmbare Vorgänge als Ausdruck auffassen und mit ihrer Hilfe das Ausgedrückte miterleben. In diesem Mitleben liegt für uns die einzige Möglichkeit, aus der Enge unserer Eigenheit herauszutreten, unsere Persönlichkeit über ihre Schranken hinaus zu erweitern.

Die hier aufgestellte Hypothese soll nun erläutert und bewiesen werden. Das muss in der Weise geschehen, dass zuerst der Vorgang des Verstehens von Ausdrucksbewegungen untersucht, dabei die für uns wichtige Bedeutung des Begriffes „Ausdruck" festgesetzt und dann gefragt wird, ob und mit welchen besonderen Begrenzungen er sich im ästhetischen Erleben wiederfindet. Ehe indessen eine genauere Bestimmung des Begriffes „Ausdruck" versucht wird, sei ein Grundunterschied unsrer Bestimmung gegen frühere Theorieen, die mit ihr verwechselt werden könnten, hervorgehoben. Man hat oft erst „den Inhalt" und dann „die Form" des Ästhetischen für sich betrachtet, und dabei unter „Inhalt" einen „Gedanken" oder doch etwas Gedankenartiges, prinzipiell Unanschauliches verstanden. Im Gegensatz dazu steht unsere Bemühung von vornherein unter der Voraussetzung der

II. Teil. I. Kapitel: Ausdruck.

Anschaulichkeit des Ästhetischen; zum Ausdruck gehört die anschauliche Darstellung[1]). Denn wenn wir von „Ausdruck" reden, wird dreierlei dabei vorausgesetzt. Erstlich muss ein Innenleben angenommen werden, welches sich äussert. Dieses Innenleben kann wirklich vorhanden sein wie bei einem Mitmenschen oder nur von uns hinzugedacht werden, wie wenn wir die Stimmen des Windes verlebendigen. Zweitens muss ein sinnliches Zeichen da sein, durch welches sich das Innenleben äussert. Dies Zeichen kann ein Vorgang sein, der einem inneren Vorgange entspricht, oder eine dauernde Eigentümlichkeit, die auf eine Eigenschaft seelischer Art hinweist. Endlich drittens muss ein zweites fühlendes Wesen vorhanden sein, das imstande ist, den Ausdruck als Ausdruck aufzufassen.

Diese Analyse deutete bereits mehrere Unterabteilungen an. Bei der genaueren Orientierung thut man am besten, von dem klarsten und einfachsten Falle auszugehen. Zweifellos ist es nun einfacher, ein wirklich vorhandenes Seelenleben zu verstehen, als ein solches nur hineinzulegen, und ebenso zweifellos ist uns das Innenleben da am verständlichsten, wo es uns am ähnlichsten ist: bei unsern Mitmenschen. Ferner wird man zunächst die Äusserung eines solchen Lebens in Vorgängen, nicht in bleibenden Zügen zu betrachten haben. Denn ein Leben ist ja selbst ein Vorgang, und so wird seine nächste direkteste Offenbarung ebenfalls den Charakter eines Vorganges tragen. Es wird also zuerst

---

[1]) Vergl. hierzu Teil II, Kap. III, § 4 dieses Buches. Als den ältesten Vertreter des Ausdrucksprinzips, wenn auch nicht ohne jene intellektualistische Vermischung, darf man Plotin ansehen. Er widerlegt Enn. VI, 7, 22 den Formalismus durch den Nachweis seiner Unfähigkeit, zu erklären, warum das Lebendige schöner sei als das Tote, vgl. Ed. Müller: G. d. Th. II, 313; F. Gregorovius Z. f. Ph. XXVI, 121. 1855. Um die klarere Herausarbeitung des Ausdrucksprinzips hat sich Lotze wohl das grösste Verdienst erworben, ausserdem haben F. Th. Vischer (bes: Kritik meiner Ästhetik. Krit. Gänge N. F. V, VI), R. Vischer, Volkelt, Wölfflin und vor allem Lipps in diesem Sinne gewirkt; vgl. auch B. Bosanquet: On the nature of aesthetic emotion. Mind N. S. III, 153. 1894.

§ 1: Das Verstehen des Ausdrucks.

zu untersuchen sein, was geschieht, wenn wir die hörbaren Äusserungen, das Mienenspiel und andere Bewegungen unserer Mitmenschen als Ausdruck ihres Seelenlebens auffassen. Sicherlich ist das nicht so zu verstehen, als ob wir im ersten Augenblick einen lauten, plötzlichen, schrillen Klang hörten und nachher schlössen, dass das die Lebensäusserung eines sich in Not befindenden, wahrscheinlich menschlichen Lebewesens gewesen sein dürfte. Nein, wenn wir einen Schrei hören, so ist der Klang gar nichts anderes als eine Äusserung der Angst; indem wir ihn hören, fühlen wir auch diese Angst mit. Ja, man kann und muss noch einen Schritt weiter gehen: die ganze Trennung von Innenleben und Äusserung ist weder vom Standpunkte des sich äussernden noch vom Standpunkte des verstehenden Bewusstseins aus gerechtfertigt. Vermutlich giebt es keine seelische Regung, die sich nicht irgendwie in willkürlichen oder unwillkürlichen Bewegungen äussert. Die Impulse zu diesen Bewegungen und die Empfindungen, welche den ausgeführten oder zurückgehaltenen Bewegungen entsprechen, sind mit der zugehörigen seelischen Erregung so eng verbunden, dass sie ein ungeschiedenes Ganzes bilden. Ebenso ist für das nachfühlende Bewusstsein die Bewegung selbst Seelenäusserung und nichts weiter[1]). Es verhält sich damit ganz ebenso wie mit den zahlreichen Empfindungen, die niemals als Empfindungen sondern unmittelbar nur mit dem Anteil, den sie an der Bildung von Gegenstandsvorstellungen nehmen, ins Bewusstsein treten, z. B. mit den Farbenabstufungen, die uns von der weiten Entfernung der Dinge Kunde geben. Die Trennung des Innenlebens von der Bewegung ist ein Produkt der wissenschaftlichen Zerlegung und als solches berechtigt. Nicht also die beiden hier unmittelbar beteiligten Persönlichkeiten, die sich äussernde und die verstehende, vollziehen diese Trennung sondern eine dritte, welche

---

[1]) Ähnlich Dessoir: Beiträge zur Ästhetik IV. A. f. s. Ph. VI, 477 f. 1900.

den ganzen Vorgang kritisch zerlegt. Es thut nichts zur Sache, dass eine der beiden beteiligten Persönlichkeiten in einem späteren Zeitpunkt die Rolle des Zergliederers übernehmen kann. Wie alle grundlegenden Abstraktionen der Wissenschaft ist auch diese im nicht wissenschaftlichen Leben vorbereitet, aber bezeichnender Weise erst dort, wo Äusserung und Auffassung aufhört, naiv zu sein, und sich damit von ihrer vollen Wahrheit entfernt. Wer heuchelt oder auch nur darauf achtet, die Zeichen seiner Gemütsvorgänge zu unterdrücken, in dem findet thatsächlich der Beginn einer getrennten Auffassung des Gemütsvorgangs und der Bewegung statt; und dasselbe gilt von demjenigen, der einen Menschen beobachtet, welcher ihm im Verdachte der Heuchelei steht. Aber auch hier ist die Trennung nicht vollkommen — man hat oft bemerkt, dass der am besten lügt, der sich selbst von der Wahrheit seiner Lüge überzeugen kann. Das liegt daran, dass er dann nicht mehr künstlich die mimischen Bewegungen nachzuahmen braucht, sondern dass diese wieder in Übereinstimmung mit seinen Gemütsbewegungen vor sich gehen, d. h. dass jene unnatürliche Trennung aufgehoben ist. Damit dürfte der Nachweis geführt sein, dass die Auffassung einer Bewegung als Ausdruck keine Überschreitung der unmittelbaren Anschauung darstellt. Es wird hierfür noch darauf hingewiesen werden können, wie ganz unsere Auffassung mitmenschlicher Äusserungen unter diesem Gesichtspunkte steht. Wir nehmen mit grosser Sicherheit wahr, ob ein Mensch bekümmert, verächtlich, gelangweilt oder gezwungen spricht, aber wir wären meistens ganz und gar nicht imstande, die Merkmale anzugeben, an denen wir dergleichen erkennen. Dass die Auffassung einer Anschauung als Ausdruck den Anschauungscharakter nicht ändert, ist für die Ästhetik wichtig, da erst so die Vereinbarkeit unserer Hypothese mit der anschaulichen Natur alles Ästhetischen festgestellt ist.

Wir haben in dem vorangehenden Nachweise die sich

§ 1: Das Verstehen des Ausdrucks. 53

äussernde Persönlichkeit stets in unmittelbarem Zusammenhang mit der verstehenden betrachtet. Das ist berechtigt, denn alles Verstehen beruht mindestens teilweise auf der Fähigkeit eigener Äusserung. Jede fremde Bewegung regt unmittelbar zur Nachahmung an. Kinder lachen, weinen und schreien mit, auch ohne dass sie den Grund, der die Erwachsenen dazu treibt, irgend verstehen können. Aber auch der erwachsene Mensch kann diese Neigung zum Nachahmen wahrgenommener Bewegungen an sich erleben, besonders in Zuständen einer gewissen Erschlaffung, wie denn bekanntlich das Gähnen eine der ansteckendsten Bewegungen ist. Die nachgeahmte Bewegung führt nun unmittelbar das zugehörige Gefühl mit sich. Jeder wird dergleichen bei gelegentlichen schauspielerischen Versuchen erlebt haben. Diese Verbindung ist auch in erster Linie mit heranzuziehen, wenn die Frage gestellt wird, wie sich das Verständnis von Ausdrucksbewegungen entwickelt. Die Diskussion dieser Frage gehört nicht hierher; ihre Schwierigkeiten werden besonders darin liegen, zu erklären, wie für das Kind die Nachahmung wahrgenommener Bewegungen möglich ist, d. h. wie das Kind diejenigen Eigenbewegungen kennen lernt, die den fremden Bewegungen entsprechen, da doch Eigenbewegungen und fremde Bewegungen auf so sehr verschiedene Weise zum Bewusstsein kommen. Ferner ist es im einzelnen Falle schwer zu entscheiden, welche Ausdrucksbewegungen ursprünglich vorhanden, welche im Laufe des Lebens erlernt sind. Aber die Art, wie diese Fragen beantwortet werden, ist für das Verständnis der ästhetischen Bedeutung des Ausdrucks gleichgültig.

Was von der Ausdeutung von Bewegungen und sonstigen Vorgängen gesagt wurde, lässt sich auf den Fall der dauernden physiognomischen Eigenheiten leicht übertragen. Dass viele physiognomische Merkmale dauernd gewordene Spuren eines oft wiederholten mimischen Vorganges sind, und dass daher die Mimik der richtige Ausgangspunkt für wirkliche physiognomische

Einsicht ist, ist seit Lichtenberg oft ausgesprochen und besonders von Piderit durch die wirkliche Ausführung des Einzelnen bestätigt worden[1]). Oft wiederholter Ausdruck lässt in Gesicht und Gestalt Spuren zurück. Eigentümlichkeiten der Haltung sind häufig geradezu beginnende Bewegungen, so z. B. die gebückte des kriecherischen Menschen eine fortwährende Bereitschaft zu Verbeugungen. Für die ästhetische Bedeutung der Physiognomik handelt es sich aber nicht darum, welche Schlüsse aus den dauernden Eigentümlichkeiten eines Menschen auf sein inneres Wesen berechtigt sind, sondern darum, durch welche Besonderheiten wir eine innere Eigentümlichkeit unmittelbar zu erkennen glauben. Und dafür muss noch auf ein Prinzip hingewiesen werden, das schon beim mimischen Erkennen zuweilen wirksam ist, beim physiognomischen aber viel entschiedener hervortritt. Wir schreiben, wenn wir uns naiv verhalten, einem fremden Wesen alle Wirkungen, die es auf uns ausübt, als Eigentümlichkeiten seines Inneren zu. Die scharf rote Farbe wirkt aufregend, darum wird boshaften oder jähzornigen Menschen in der Kunst häufig rotes Haar gegeben. Starke Asymmetrie der Gesichtshälften wirkt verzerrt, wir erwarten dahinter leicht einen verzerrten Menschen. Ähnliches gilt von der Wirkung von Auswüchsen, Flecken etc., die gewisse Körperpartieen besonders hervortreten lassen, und umgekehrt von der Wirkung einer klaren, reinen Haut, einer glänzenden, gleichmässigen Haarfärbung, einer harmonisch, sanft oder metallisch tönenden Stimme. Ganz ohne Rücksicht darauf, wieweit wirkliche Beziehungen bestehen, überträgt der nicht reflektierende Mensch besonders bei der ersten Bekanntschaft mit einem Fremden den Eindruck aller dieser und

---

[1]) Lichtenberg: Über Physiognomik wider die Physiognomen, zuerst 1778. Vermischte Schriften III, Göttingen 1801, S. 401. — Aus der neueren Litteratur bes. Darwin: Der Ausdruck der Gemütsbewegungen. Piderit: Mimik und Physiognomik. 2. Aufl. Detmold, 1886. Wundt: Physiologische Psychologie II, 4. Aufl. Leipzig 1893, S. 598. Völkerpsychologie I, 1, Leipzig 1900, S. 31.

§ 1: Das Verstehen des Ausdrucks.

vieler anderer ähnlicher Dinge auf das Wesen der Persönlichkeit. Ästhetisch wird das wichtig, weil es die Bedeutung vieler nicht im engeren Sinne mimischer Eigentümlichkeiten erklärt.

In diesen letzten Bestimmungen liegt bereits eine Erweiterung des Begriffes „Ausdruck". Es muss nun der ganze Umfang dieses Begriffes klar gemacht werden, ehe untersucht werden kann, wie die nicht-menschliche Natur als Ausdruck gefasst wird [1]).

Man teilt die Ausdrucksbewegungen des Menschen wie seine Bewegungen überhaupt in willkürliche und unwillkürliche ein. Wenn der Mensch etwas ausspricht, ruft, hinweist, so hat er die Absicht, irgend etwas, was in ihm vorgeht, auszudrücken. Wenn der Schmerz wider seinen Willen ihn zum Schreien zwingt, so ist der Ausdruck eine von seinem Willen unabhängige Folge seines Erlebens. Nun wird aber das Verhältnis der beiden Klassen von Ausdrucksbewegungen dadurch kompliziert, dass bei willkürlichen, z. B. beim Sprechen, fast immer unwillkürlich mehr ausgedrückt wird, als eigentlich beabsichtigt war. Ein Anderer unterhält sich mit mir — der von ihm gewollte Inhalt seiner Worte sind Erzählungen über irgend welche Vorgänge häuslicher oder geselliger Natur. Aber an der Art, wie er spricht, bemerke ich zugleich, dass sein Interesse anderswo weilt, dass er etwa einen Schmerz unterdrückt, oder dass er mich beobachten will, oder dass er müde ist. Die meisten unwillkürlichen Ausdrucksbewegungen können der Regelung durch den Willen, wenn auch in sehr verschiedenem Grade, unterworfen werden, nur einige, z. B. die Geschwindigkeit des Pulsschlages,

---

[1]) Die ganze Bestimmung des Begriffes „Ausdruck" hat hier, den Interessen des Ästhetikers entsprechend, vom Gesichtspunkt des Verstehenden aus zu erfolgen. Die Psychologie wird notwendig bei ihren Bestimmungen von der sich äussernden Person ausgehen. Von hier aus sucht auch Wundt den schwierigen Begriff zu definieren. Die Differenzen zwischen Wundts Bestimmungen und den von mir gegebenen sind aus dem ganz verschiedenen Zweck und Gesichtspunkt leicht zu erklären.

sind der Willkür fast ganz entzogen. — Bisher wurden unter „Ausdrucksbewegungen" nur solche Bewegungen oder solche Eigentümlichkeiten von Bewegungen verstanden, die wesentlich im Dienste des Ausdrucks stehen, d. h. kein anderes Ziel haben, als das, etwas auszudrücken. Nun ist aber die Auffassung einer Bewegung als eines Ausdrucks nicht auf diese beschränkt. Auch wenn wir einen Mann Holz hacken sehen, fassen wir diese Bewegung als Ausdruck, nämlich als Ausdruck seines Willens, das Holz zu zerkleinern. Es ist auch in diesem Falle das Wesentliche unserer Anschauung nicht damit erschöpft, dass eine von einem menschlichen Wesen gehaltene Axt, durch die Muskelkraft dieses Wesens geschwungen, das Holzstück zerspaltet, sondern der arbeitende, d. h. seinen Willen auf jenes Thun richtende Mensch ist der Hauptinhalt, den wir beachten. So kann man demnach sagen: eine Bewegung als Ausdruck anschauen, bedeutet, in ihr die Äusserung eines inneren Lebens sehen. Diesen ganz allgemeinen Sinn muss man dann auch für ruhende Eindrücke festhalten. Man kann dann sagen: schon wenn wir eine Umrisslinie als menschliche oder tierische erkennen, fassen wir sie in diesem weitesten Sinne als Ausdruck — nämlich als Ausdruck menschlichen oder tierischen Lebens. Nun wird, je genauer wir eine solche Anschauung aufnehmen, um so mehr der Ausdruck zum Ausdruck ganz bestimmter innerer Zustände werden. Es ist nach diesen Auseinandersetzungen selbstverständlich, dass wir den Ausdruck nicht nur auf eine Seite des Seelenlebens, etwa das Gefühl, beschränken können.

Diesen weitesten Sinn des Begriffes „Ausdruck" muss man festhalten, wenn man die Auffassung der nicht-menschlichen Natur als einer ausdrucksvollen verstehen will[1]). Man hat, um zu

---

[1]) Der dazwischen liegende Fall der Ausdrucksbewegungen und der Physiognomik des Tieres braucht nicht besonders besprochen zu werden, da er sich aus dem bei den beiden extremen Fällen Gegebenen leicht erklären lässt.

§ 1: Das Verstehen des Ausdrucks.

diesem Verständnis zu gelangen, zunächst eine Schwierigkeit der sprachlichen Bezeichnung zu überwinden. Wir in den Vorstellungen der neueren mechanisierenden Wissenschaft aufgewachsenen Menschen pflegen zu sagen, es werde dem Seelenlosen eine Seele verliehen, zu dem Unbelebten ein Leben hinzugefühlt. Diese Bezeichnungsweise wird der ursprünglichen Einheit nicht gerecht. Es ist nicht zuerst etwas Unlebendiges da, das nachher belebt würde, sondern ebenso unmittelbar, wie wir die Äusserungen eines Mitmenschen auf sein inneres Leben beziehen, wird auch hier der Eindruck als Darstellung eines Lebens gefasst. So schlägt das Kind den Stuhl, an dem es sich stösst; so halten wir überall Zwiesprache mit der unbelebten Natur und selbst mit menschlichen Erzeugnissen, sofern diese ein regelmässiger Bestandteil unserer Umgebung geworden sind, oder sonst uns unter Umständen entgegentreten, in denen wir ihre Herstellungsart vergessen und ihnen ein Eigenleben zuschreiben können. Die Auffassung des nicht Menschlichen als eines Belebten braucht keineswegs bis zu wirklicher Personifikation fortzuschreiten, vielmehr finden sich alle Übergänge von der unbestimmten Zuschreibung irgend welcher Äusserungsfähigkeit bis zu bestimmtester Vermenschlichung. Ein Gewitter kann als Donnergott aufgefasst werden, und dabei kann seine Erscheinung bald den Gott selbst, bald eine Hervorbringung des Gottes darstellen. Es können sich unbestimmtere wechselnde, gespenstische Wesen darin zeigen, oder endlich kann uns nur eine lebendige, aber nicht zu einem besonderen Wesen verdichtete Kraft aus seinen Wirkungen ansprechen, eine düstere, zornige Stimmung uns entgegenkommen. Auch in der unbelebten Natur kann Bewegtes oder Ruhendes auf uns wirken, auch hier können wir Mimisches und Physiognomisches einander gegenüberstellen. Fragt man, was an den Dingen diese Verlebendigung bewirkt, so wird man Verschiedenes unterscheiden müssen. Zunächst kommt dabei die heilsame oder furchtbare Wirkung in Betracht, also etwa beim Gewitter die zündende Kraft des Blitzes, die belebende Erquickung nach der Sommerschwüle. Hierher gehört als ein Beispiel aus der neueren Poesie Uhlands liebenswürdiges Gedicht vom Apfelbaum. Ferner werden Bewegungen, Töne u. s. w. als Erzeugnisse von Kräften aufgefasst und dabei in mehr oder minder entschiedener Analogie zu menschlichen Kraftäusserungen gedacht. Auf ruhende Formen wird diese Betrachtungsart übertragen, indem sie unsere Phantasie anregen, sie uns als in einer Bewegung begriffen oder doch durch eine Bewegung entstanden vorzustellen. So strebt die vertikale Linie, wo und wie sie auch vorkommen mag, gegen die Schwere in die Höhe, so scheint in der Wellenlinie eine schwingende Bewegung sich zu äussern. Das Gezwungene oder Freie, wohlig Hingegebene oder mühsam Angestrengte solcher Formen empfinden wir in Analogie zu unseren eigenen Bewegungen[1]). Hier ist diese Analogie unbestimmt, wesentlich nur durch den allgemeinen Verlauf der Bewegung vermittelt, bestimmter wird sie z. B., wenn wir vom Nicken der Sträucher oder vom klagenden Heulen des Windes reden — schliesslich kann sie so sehr ins Einzelne gehen, wie bei den menschlichen Fratzen, die wir in Baumwurzeln zu sehen glauben, und die Schwind so phantastisch dargestellt hat. Bei dieser

---

[1]) Dass die Schönheit der Linie Bewegung, die Schönheit der Bewegung Ausdruck innerer Kraft ist, hat schon Herder mit der ihm eigenen enthusiastischen Eindringlichkeit hervorgehoben. Nur tritt als ein verwirrendes Element in diesen Betrachtungen bei ihm ein der Leibniz-Wolff-Baumgartenschen Tradition entstammender Vollkommenheitsbegriff auf, dem unter den Linien die Kreislinie genügen soll, vgl. bes. Plastik (1778) Werke VIII, 64 ff.; Kalligone (1800) Werke XXII, 41 ff. Ähnliche Gedanken sehr schön durchgeführt bei Schelling: Philosophie der Kunst (Vorlesungen) Werke Abt. I. Bd. V, S. 524. Die Ausdeutung der Linien nach Analogie menschlicher Ausdrucksbewegungen tritt rein hervor bei Lotze: Über den Begriff der Schönheit, Göttinger Studien 1845, S. 13 des Separat-Abdrucks und: Über Bedingungen der Kunstschönheit, Gött. St. 1847, S. 8 f. des Sep.-A. An mehr gelegentliche Anregungen F. Th. Vischers anknüpfend hat dann R. Vischer: Über das optische Formgefühl, Leipzig 1873, diesen Gedanken feinsinnig und

§ 1: Das Verstehen des Ausdrucks.

Belebung spielen dann in noch viel höherem Grade als bei der menschlichen Physiognomik die Gefühls- und Stimmungstöne der Empfindungen mit. Sie werden dadurch ästhetisch wichtig. Ihre Untersuchung auf einem begrenzten Gebiet hat Goethe in dem „sinnlich-sittliche Wirkung der Farbe" überschriebenen Abschnitte seiner Farbenlehre in klassischer Art durchgeführt. Die heitere oder ernste, beruhigende oder aufregende, angenehme oder widrige Wirkung verschiedener Farben und Farbenkombinationen wird dem gefärbten Gegenstande von uns zugerechnet. In noch höherem Grade tragen die Verschiedenheiten der Stimmung, in die hohe oder tiefe Töne, harmonische oder disharmonische Zusammenklänge uns versetzen, zur Ausdruckswirkung der Musik bei [1]). Man hat den Gefühlscharakter der Töne gelegentlich auf die Analogie mit menschlichen Stimmäusserungen zurückführen wollen. Weit weniger problematisch ist eine ähnliche Zurückführung der gefühlsmässigen Wirkung des Rhythmus auf das Tempo unserer Bewegungen. Denn ein Rhythmus reisst uns in der That ganz in seinen Bann, zwingt uns, ihn mitzumachen. Hier wird also die unmittelbare Gefühlsbetonung bereits durch unsere Bewegungen bestimmt. Ähnlich steht es bei der Wirkung der Dimensionen des uns umgebenden Raumes.

Die Mannigfaltigkeit der Faktoren, welche bei jeder Naturbelebung zusammenwirken, erklärt die Unbestimmtheit und

---

umfassend — leider nicht ebenso begrifflich klar — durchgeführt. Er nennt in der Vorrede noch andere Vorgänger. Seitdem ist der Gedanke wohl wissenschaftliches Gemeingut geworden. Um seine scharfe psychologische Begründung und um seine Übertragung auf die Gestalt des Innenraumes hat sich H. Wölfflin: Prolegomena zu einer Psychologie der Architektur. J-D, München 1886, die allergrössten Verdienste erworben. Die feinste Durchführung für die einzelnen räumlichen Formen unternahm Lipps: Ästhetische Faktoren der Raumanschauung. Festschrift zu Helmholtz' 70. Geburtstage, Hamburg 1891 und: Raumästhetik und geometrisch-optische Täuschungen, Leipzig 1897 (Schriften d. Ges. für psychol. Forschung, Heft 9/10, II. Sammlung).

[1]) Auch hier betont Herder die Ausdruckswirkung; Werke XXII, 62 ff.

Wandelbarkeit dieser Belebung. Wir tragen unsere besondere Stimmung in die Natur hinein; beim Anblick desselben ruhenden Meeresspiegels kann uns einmal die heitere Bläue, das andere Mal die unheimliche Stille, ein drittes Mal vielleicht die unbegrenzte Ausbreitung sympathisch ansprechen.

§ 2. Nachweis des Ausdrucks im Ästhetischen.

Durch diese knappe Übersicht ist klar geworden, was es bedeutet, eine Anschauung als Ausdruck aufzufassen. Es ist nun noch nötig, nachzuweisen, dass im ästhetischen Erleben die Anschauung wirklich als Ausdruck aufgefasst wird. Wenn man zunächst die Gegenstände der ästhetischen Anschauung durchgeht, so erkennt man, dass sie durchaus alle geeignet sind, als ausdrucksvoll aufgefasst zu werden. Recht im Mittelpunkt alles Ästhetischen steht der Mensch. Menschliche Gestalt ist der vorwiegende Gegenstand der bildenden Kunst, menschliches Leben, Handeln, Leiden und Fühlen der wichtigste Inhalt der Dichtkunst. Dem eigenen Körper gilt schon bei den am niedrigsten stehenden Naturvölkern eine ausgedehnte Schmuckthätigkeit. Und aller Schmuck dient, wie Lotze nachgewiesen hat, dazu, gewisse Teile oder Bewegungscharaktere des Menschen hervorzuheben; er ist künstliche Verstärkung des natürlichen Ausdrucks. So hat das ästhetische Erleben und das Auffassen des Ausdrucks dasselbe Centralgebiet. Man beantworte sich ferner die Frage, warum die vom Menschen unberührte Natur oder Menschenwerk, das, aus alten Zeiten herüberragend, gleichsam eigenes Leben wiedergewonnen hat, soviel stärker ästhetisch wirkt als neues, junges Produkt menschlicher Thätigkeit. Ein Neubau, ein Ziegelhaufe kann sehr schön in der Abendsonne glühen — doch wird er nie den Eindruck hervorrufen, den in gleicher Beleuchtung ein Fels aus rotem Sandstein auf uns macht. Anders wird es nur, wo die Kunst dem Menschenwerk eine Form gegeben hat, die ein eigenes Leben besitzt, wo der Turm in tausend Spitzbogen aufgelöst zum Himmel dringt, oder die Säule in stolzer

Festigkeit das ihr organisch angepasste Gebälk trägt. Man werfe nicht ein, dass doch das Bauernhaus, die Försterei im Walde uns eigentümlich schön und heimlich anmuten. Denn hier ist der Mensch eben wieder in die Natur hineingewachsen — sein Leben in dem Walde oder mitten unter seinen Feldern giebt diesem Walde, diesem Felde selbst etwas menschlich Vertrautes. Darum wirkt ein deutsches Dorf mit seinen verstreuten Gehöften, seinen niedrigen, naturfarbigen Häusern, seinen Gärtchen am Haus, seinen Blumen am Fenster so viel schöner als ein italienisches, das aus kahlen, mehrstöckigen, stadtartig an einander gebauten Häusern besteht und immer ein fremder, steinerner Gast in der Landschaft bleibt. Umgekehrt vermag der Italiener ein prachtvoll symmetrisches Schloss mit bewusster Kunst in die Natur zu stellen; durch regelmässige Hecken, durch hohe, gerade Cypressenalleen, durch grossartiges Terrassenwerk kündigt sich da die Herrschaft bewussten menschlichen Geistes an, und dann ragt der Bau auf, in stolzem Eigenleben sich gleichsam als Krone der Landschaft fühlend. So ist überall Regelmässigkeit schön, wo ein bewusster Geist ordnend und leitend erscheinen soll, freie Unregelmässigkeit, wo ein natürliches, sich selbst überlassenes Leben seiner Art gemäss sich entfaltet.

Wenn wir uns dem Tierreiche zuwenden, so ist bemerkenswert, wieviel leichter uns die Landtiere ästhetisch nahe gebracht werden können als die Tierwelt des Meeres. Jene teilen mit uns die wesentlichen Bedingungen des Atmens und der Bewegung. Freilich der freie Vogelflug ist uns versagt — aber wir stehen doch in demselben Luftmeer, und unsere Sehnsucht wenigstens vermag das freie Schweben uns täuschend vorzuzaubern. Das Wassertier bleibt uns viel fremder; nicht zufällig wohl hat die Kunst, wo sie das Meer uns lebendig machen wollte, jene Mischwesen der Tritonen und Meergottheiten geschaffen, deren feuchtwehmütiges Auge in antiken Statuen uns gleichsam Verständnis begehrend anschaut. Die radial gebauten Tiere bleiben uns ganz fremd, ihr Körperbau ist unserem unmittelbaren Gefühle unverständlich, sie sind wie schöne Pflanzen, die sich unheimlicher Weise bewegen. Darum konnten die Seesterne, Seerosen, Quallen trotz der Herrlichkeit ihrer Farben und der Regelmässigkeit ihrer Formen nur wenig künstlerisch verwendet werden.

Ganz deutlich lässt es sich nachweisen, dass Schönes nur da ist, wo ein Leben sich ausdrückt, wenn man die Grenzgebiete des Schönen und des Angenehmen aufsucht. Warum erregt eine noch so schön nachgebildete Blume aus Stoff bei dem ästhetisch Feinfühligen so leicht Ekel und Schauer? Weil sie Leben vorlügt und dem genaueren Blick oder gar der fühlenden Hand sich als tot erweist. Warum ist im Dufte der Blumen der Geruchssinn ästhetisch geadelt, während ein parfümierter Saal höchstens ein vorübergehendes Wohlgefühl erregt? Liegt das wirklich nur an dem mangelnden Können unserer Parfümeure, die ihre Mittel nicht fein genug abzutönen wissen? Ich glaube kaum — vielmehr duftet uns aus der Blume gleichsam ihre Seele entgegen, während der auf Flaschen gezogene Geruch ein totes Ding geworden ist[1]). So erfreut uns der Gesang der Vögel als schönster, höchster Ausdruck ihres Daseins, ihres Liebeslebens, während die klarsten Töne einer Spieluhr nur ein kalter Klang sind[2]). Überhaupt, warum kann kein mechanisches Meisterwerk den musizierenden Menschen erreichen? Weil das Leben, der Ausdruck fehlt; denn die formale Schönheit der Akkorde und des Rhythmus kann ja auch ein gutes mechanisches Werk erzeugen. So lässt sich in jedem Kunstwerke ein Prinzip des Ausdrucks nachweisen. Freilich aber lässt sich nicht jede Eigen-

---

[1]) Fechner: Nanna oder über das Seelenleben der Pflanzen. 2. Aufl. 1899, S. 245, 287 ff. betrachtet den Duft als eine Mitteilung der Pflanzenseelen unter einander. Dies nur als Beleg dafür, wie nahe die Auffassung des Blumenduftes als Ausdruck liegt.

[2]) Ein ähnliches Beispiel — Nachtigallenschlag und seine Nachahmung — bei Kant, K. d. U. § 42, S. 168.

§ 2: Nachweis des Ausdrucks im Ästhetischen.

tümlichkeit des Kunstwerks aus dem Ausdruck ableiten — denn der Ausdruck ist eben nur die eine Seite des ästhetisch Wertvollen. Es lässt sich ferner zeigen, dass das ästhetische Anschauen als solches zugleich Nachleben eines Ausdrucks ist, d. h. der vom ästhetischen Gegenstande her geführte Beweis lässt sich durch einen vom Vorgang des ästhetischen Auffassens ausgehenden ergänzen. Man pflegt von dem, welcher das Schöne der Kunst oder der Natur recht geniessen will, zu fordern, dass er sich ganz in das Angeschaute hineinversetze, d. h. dass er den Gegenstand der Anschauung nach seinen besonderen Bedingungen zu verstehen suche. Was das bedeutet, wird am klarsten, wenn es sich um eine menschliche Begebenheit handelt. Der ästhetische Betrachter des Lebens soll die Motive der Menschen aus ihren besonderen Bedingungen heraus würdigen. Wir preisen Shakespeare, dass er es uns möglich gemacht hat, selbst einen Richard III., eine Lady Macbeth menschlich zu begreifen. Herder hat wieder und wieder eingeschärft — was durch ihn und seine Nachfolger zur fast selbstverständlichen Forderung geworden ist, — dass man jedes Kunstwerk aus den besonderen Bedingungen seines Landes, seiner Zeit heraus begreifen muss. Dieses Begreifen kommt aber nicht so zustande, dass man sich die besonderen Vorbedingungen jenes Kunstwerkes nur verstandesmässig klar macht; eine solche Analyse ist höchstens eine Vorarbeit dazu. Vielmehr handelt es sich darum, sich in die Zustände des Künstlers hineinzuversetzen, zu fühlen, was ihm in seinem Klima, bei seinen besonderen Beschäftigungen, sozialen Verhältnissen, nationalen Überlieferungen dieses Bild, jene Wendung bedeutete. Erst dann vermag man — soweit das überhaupt bei ganz veränderter Kulturlage möglich ist — das Werk zu verstehen. Dieses „verstehen" bedeutet nun ganz sicher: den Ausdruckswert der einzelnen Kunstmittel würdigen. Auch gewisse äussere Hilfsmittel, die das ästhetische Anschauen verwendet, weisen darauf hin, dass es sich um Verstehen eines Ausdrucks handelt. Wenn wir eine Natur ganz begreifen wollen, suchen wir sie nachzuahmen. Wer versucht hat, seinem eigenen Körper die Stellung von Michelangelos Moses zu geben, wird dabei die ernste Majestät und die verhaltene Leidenschaft des Propheten in erhöhtem Masse empfunden haben. Ebenso ahmen wir vor einem Bilde den Gesichtsausdruck der dargestellten Person fast unwillkürlich nach. In Bauten scheint sich unser eigener Körper ihren Dimensionen und ihrer Dekoration anzupassen. Unwillkürlich streckt man sich in einem gotischen Dom, geht hallenden Schrittes durch einen romanischen Saal und nimmt in einem Rokokogemach zierlichere Bewegungen an [1]). Ebenso gerät, wer ein Gedicht oder ein Werk poetischer Prosa für sich liest, leicht in lautes Lesen und selbst in Gestikulationen, und diese mimischen Mittel helfen ihm zum Verständnis. Wir haben nun oben gesehen, welche bedeutende Rolle die Nachahmung der Ausdrucksbewegungen für deren Verständnis spielt. In der gleichen Bedeutung finden wir diese Nachahmung bei der ästhetischen Anschauung wieder. Der Analogieschluss, dass die ästhetische Anschauung ebenfalls Verstehen eines Ausdrucks ist, dürfte daher eine gewisse Beweiskraft haben.

Aber noch viel deutlicher tritt diese Identität hervor, wenn wir uns der ästhetischen Anschauung in ihrer höchsten Intensität und Vollendung zuwenden. Diese höchste Stufe ästhetischen Erlebens hat Solger sehr schön in folgenden Sätzen geschildert: „Wir unterscheiden uns gar nicht mehr von unserm Gegenstand, es ist gleichsam kein Raum mehr in unserer Seele, der nicht von ihm dicht angefüllt wäre. So verschwindet das absondernde Bewusstsein, unser Zustand ist Entzückung, worin wir unser selbst nicht mehr mächtig, sondern vollkommen dem schönen Gegenstande hingegeben sind" [2]). Jedes Verständnis eines

---

[1]) Freilich mögen diese Beobachtungen nicht für alle Menschen gelten.
[2]) Solger, Erwin (1815) I, 41. Schopenhauer hat — Welt als Wille und Vorstellung I, 3. Buch bes. §§ 34 und 38 — diesen Zustand meisterhaft geschildert und zum Kern seiner metaphysischen Ästhetik gemacht. Ähnliche Schilderung, wiewohl mit veränderter metaphysischer Wendung, bei Weisse: Ä. I, 78 f.

Ausdrucks fordert, dass wir uns in die Lage des sich Ausdrückenden versetzen. Meist genügt dafür, dass wir seine Eigentümlichkeit und seine Situation als die eines anderen rasch auffassen. Soll aber die volle Innigkeit des Mitfühlens erreicht werden, so muss sich unsere ganze Person so in ihn verwandeln, dass sein Leid unser Leid, seine Lust unsere Lust, sein Wollen unser Wollen wird. Gefühl und Wille aber in ihren Hauptrichtungen halten die Persönlichkeit als eine Einheit in dem Wechsel der Zustände fest. Darum kann man bei dieser höchsten Vollendung des ästhetischen Erlebens geradezu von einer Durchbrechung der Individualität reden.

§ 3. **Die Besonderheit des Ausdrucks im Ästhetischen.**

Dass der zuletzt erwähnte Grad der Versenkung erst den eigentlichen Gipfel der ästhetischen Anschauung bezeichnet, wird man verstehen, wenn man sich klar macht, dass alles ästhetische Erleben rein intensiv ist. Diese aus der formalen Charakteristik herfliessende Bestimmung hinzuzunehmen, ist aber sehr wichtig, da nicht jedes Auffassen einer Anschauung als ausdrucksvoll an sich schon ästhetisch ist. Vielmehr kann sie ausserästhetischen Zwecken dienen. Beruht doch die Möglichkeit gemeinsamen Wirkens und Arbeitens lediglich auf dem Verständnis von Ausdrucksbewegungen im weitesten Sinne des Wortes. Bei der Belebung der unbeseelten Natur scheinen solche ausserästhetischen Zwecke weniger vorzukommen, doch herrschen sie auch hier in den Beschwörungen der Naturreligionen, in jenen Versuchen, das sich äussernde Leben der Natur wie ein menschliches zu beeinflussen, die sich im Volksaberglauben stets erhalten. Auch das Kind, welches den ihn verletzenden Gegenstand schlägt, wünscht auf das von ihm belebte Objekt durch den Schmerz praktisch einzuwirken. Von solchen Fällen, in denen das Verstehen des Ausdrucks praktischen Zwecken dient, wird das ästhetische Verhalten durch das Merkmal der reinen Intensität abgegrenzt. Es fragt sich nun aber, ob dieses Merkmal genügt.

Ist jedes rein intensive Nachleben eines Ausdrucks ästhetisch wertvoll? Ausgedrückt können ja alle Arten von Lebenszuständen werden, Grausamkeit so gut wie Liebe, Niedrigkeit so gut wie Edelmut, Schwächlichkeit so gut wie Stärke. Auch verstanden wird der Ausdruck in allen Fällen in gleicher Weise. Kann nun das Nachleben eines gemeinen, bösen oder schwächlichen Wesens ästhetischen Forderungswert haben? Wenn diese Frage verneint wird, so muss also, scheint es, noch eine einschränkende Bestimmung hinzutreten. Aber eine Einschränkung ist schon durch den Zusatz „rein intensiv" gegeben. Denn das völlige Hineinleben ist doch nicht in allen Fällen in gleicher Weise möglich. Wo das Widrige, die Lust am Schaden anderer, die Sucht herabzuziehen, zu zerstören, hervortritt, da wird die reine Intensität der Vorstellung stets durch Abwehrgefühle gestört. Das wird besonders klar, wenn wir ausserästhetische Gefühle, die uns eine Freude am Niedrigen als solchem geben könnten — das Gefühl unserer eigenen Erhabenheit z. B. oder das blosse Sensationsbedürfnis, das Begehren nach Auffallendem, Abweichendem — ausschliessen. Man wird gegen diese Argumentation vielleicht anführen wollen, dass böse Charaktere doch oft Gegenstand künstlerischer Darstellung werden. Zunächst aber muss man hier das nur objektiv Böse, das nicht zum Bewusstsein seiner Bosheit gekommen ist, ausschliessen. Ein Tiger ist eine gewaltige Naturkraft, die sich zerstörend äussert und darin ihre Kraft und innere Einheit bewahrt. Ein solches Wesen ist furchtbar, verderblich, aber diese Verderblichkeit wird ihm nicht moralisch angerechnet. Indessen auch, wo wir das Böse der Person zurechnen, können sich dabei andere Seiten der Persönlichkeit zeigen, auf denen unser Nachleben zu ruhen vermag, wie Kraft und Consequenz des Willens, Grösse der Intelligenz. Wo dies fehlt, da wird der böse Charakter künstlerisch nur noch als Kontrast oder Mittel zu verwenden sein, d. h. der ästhetische Eindruck wird nicht an ihm haften, sondern er wird nur dazu

§ 3: Die Besonderheit des Ausdrucks im Ästhetischen. 67

dienen, einen anderen ästhetischen Eindruck zu verstärken. Ich glaube nicht, dass irgend ein Leser von Schillers Räubern sich mitfühlend in das Wesen des Franz Moor versenkt. Es wurde eben das Wort ausgesprochen, welches unser Rätsel löst. Intensives Nachleben eines Ausdrucks ist Mitgefühl und als solches der Liebe verwandt, es kann daher nichts intensiv nachgelebt werden, was nicht irgendwie eine liebenswürdige Seite darbietet. Umgekehrt erzieht die Versenkung in die Dinge zur Liebe und lehrt, Liebenswürdiges noch dort zu finden, wo der flüchtige Blick nur Hassenswertem begegnet. So ist das ästhetische Verhalten ein Führer, der den inneren Wert aufdeckt, auch wo er noch so verborgen ruht. Es ist der Strenge des richterlichen Bewusstseins ganz entgegengesetzt.

Innerhalb der hier gezogenen Grenzen kann alles gelegentlich Gegenstand ästhetischen Nachlebens werden. Die näheren Bedingungen dafür werden später bei der Betrachtung der anderen Seite des ästhetischen Inhalts aufgesucht werden. Hier kann ich nur noch zwei Hauptfälle als solche hervorheben, die sich der intensiven Versenkung besonders günstig darbieten. Wir leben mit innerer Befriedigung die Äusserungen eines Wesens mit, das in sich selbst befriedigt ist. Bei ihm ist jede Ausdrucksbewegung frei, leicht. Eine gewisse Selbstverständlichkeit und Einheit lädt uns zum Verweilen gleichsam ein. Wir streben über seine Anschauung nicht hinaus, sondern fühlen uns in ihr befriedigt. Dies ist, wie an späterer Stelle noch bewiesen werden soll, das Schöne im engeren Sinne. Eine ganz andere Wirkung übt es auf uns aus, wenn uns in einer Erscheinung in erster Linie die Grösse der Kraft, die Mächtigkeit des inneren Lebens entgegentritt. Diese Kraft mag uns erschrecken, der Kampf, in dem sie sich als Kraft bewährt, mag uns nicht zur Ruhe kommen lassen, aber immer wieder zieht uns die Macht des Eindruckes zu ihm zurück. Es kommt hier kein dauerndes Ausruhen in der Anschauung zustande, doch der stets wiederholte Versuch, das Bewunderte sich ganz anzueignen, ist eine andere eigentümliche Abart des rein intensiven Verhaltens. Der Widerstreit, der darin liegt, schädigt es nicht, giebt ihm vielmehr Dauer und inneren Reichtum. Diese zweite Form des ästhetischen Gegenstandes wird als das Erhabene bezeichnet. Es ist zu betonen, dass die beiden Hauptarten des ästhetischen Wertes hier nur von der Ausdrucksseite her, d. i. unvollständig abgeleitet wurden. Die vollständige Begründung dieser Begriffe kann erst Aufgabe einer späteren Betrachtung sein.

Man wird an diesen Bestimmungen vielleicht auszusetzen finden, dass sie wesentlich formale Eigentümlichkeiten des sich ausdrückenden Lebens hervorheben. Man wird geneigt sein, schon bei der allgemeinsten Festsetzung des Schönen und des Erhabenen einen besonderen Inhalt des sich ausdrückenden Lebens zu fordern. Wenn man indessen verschiedene Fälle des Schönen oder Erhabenen mustert, wird man leicht eine Stufenleiter vom einfachsten und ärmsten bis zum reichsten und tiefsten Inhalt finden. Schön kann ein Ornament, eine Blume so gut sein wie ein Mensch; ein glückliches Naturkind einer tropischen Südseeinsel, das nur im Sinnlichen befriedigt lebt, so gut wie Leonardo da Vincis Christus. Erhaben ist der Baum im Sturme wie der gefesselte Prometheus oder der sterbende Sokrates. Damit ist keineswegs einem ästhetischen Formalismus das Wort geredet. Denn jene formalen Eigenschaften, innere Befriedigung und Freiheit so gut wie Grösse einer Kraft, sind doch eben nur abstrakte Merkmale voller Erlebensinhalte. Auch soll nicht behauptet werden, dass der innere Reichthum des sich äussernden Lebens ästhetisch gleichgültig ist. Nicht etwa nur durch äusserliche Anheftung ausserästhetischer Werte ist uns eine Raffaelsche Madonna bedeutender als das schönste Ornament in den Loggien des Vatikans; vielmehr ist das ästhetische Erleben selbst dort nie volleres und reicheres als hier. Nur das sollte hervorgehoben werden, dass nicht erst ein gewisser Grad inhaltlichen

Reichtums oder eine besondere, etwa der Sittlichkeit angehörige Art von Inhalten das ästhetische Erleben möglich macht. Der besondere Beruf der Kunst vom Gesichtspunkte des Ausdrucks her betrachtet besteht darin, uns die Momente, die ein rein intensives Einleben möglich machen, hervorzuheben. In der Wirklichkeit ist durch die Notwendigkeit der Hilfe, durch Gegnerschaft, durch Gefahr für uns oder für das, was uns wertvoll ist, ein solches Mitleben oft unmöglich gemacht. In anderen Fällen liegen die entgegenkommenden Seiten eines Wesens gleichsam verborgen in ihm. Erst der Entdeckerblick des Künstlers stellt sie heraus und macht sie auch andern sichtbar. Ihm danken wir eine Erweiterung des Bereiches unserer Erlebnisse, die fast ohne Grenzen ist. Nun kann der Mensch in den Dingen und Personen nur das entdecken, was er auch in sich zu erzeugen im Stande ist. Wir können daher ebensogut sagen, der Künstler lasse uns die verborgene Schönheit der Dinge und Menschen erkennen, wie wir behaupten können, er teile uns den Reichtum seines eigenen Lebens im Kunstwerke mit. Denn eben dieser Reichtum ist es ja, der ihn jene verborgenen Werte erkennen lehrt.

§ 4. Künstlerische Wahrheit.

Fasst man, wie das soeben geschehen ist, das Ausdrucksvolle im Kunstwerke als eine Äusserung des Künstlers auf, so wird ein Begriff verständlich werden, der bei dem Eindruck und bei der Beurteilung von Kunstwerken eine grosse Rolle spielt, der Begriff „künstlerische Wahrheit". Man sehe nebeneinander etwa Michelangelos Nacht und eine der zahlreichen manirierten Dekorationsfiguren, zu denen sie der unschuldige Anlass war. Sofort wird auffallen, dass die starke Bewegtheit bei der Nachahmung nicht wie bei dem Vorbild wirklich von starkem Leben erfüllt ist sondern ein solches Leben nur vortäuscht, dass sie unwahr ist. Ähnliche Beispiele lassen sich leicht aus allen Gebieten der Kunst herbeibringen, jeder wird sie aus seiner eigenen Erfahrung ergänzen können. Was bedeutet nun diese „Wahrheit"?

II. Teil. I. Kapitel: Ausdruck.

Das Wort „Wahrheit" findet bei der Besprechung von Kunstwerken verschiedenartige Anwendung, und man muss sich daher vor einigen naheliegenden Verwechslungen hüten. Zunächst wird man leicht an die sogenannte Naturwahrheit denken, d. h. an die Übereinstimmung des künstlerisch Dargestellten mit der ausserkünstlerischen Wirklichkeit. Dass es sich um diesen Wahrheitsbegriff hier nicht handeln kann, zeigt sich schon darin, dass es auch verlogene Musikstücke und Bauwerke giebt, während es doch in diesen Künsten nicht einmal einen Sinn hat, nach einer irgendwie im einzelnen nachweisbaren Übereinstimmung mit einer Natur zu fragen. Aber auch für die sogenannten nachahmenden Künste lässt sich leicht zeigen, dass der hier gemeinte Wahrheitsbegriff nicht der der Naturwahrheit ist. Böcklins Fabelwesen oder Shakespeares Caliban sind unzweifelhaft wahr in unserem Sinne, obgleich sie weder zootomisch präpariert noch auf Ausstellungen wilder Völker herumgezeigt werden können. Der Unterschied dieser beiden Wahrheitsbegriffe ist so gross, dass es fast überflüssig erscheinen könnte, ihn ausdrücklich hervorzuheben, wenn er nicht in den Diskussionen über den Naturalismus fortwährend verkannt würde. Die Abneigung jedes gesunden Gefühles gegen künstlerische Verlogenheit hat stets den Erörterungen über dieses Thema ihren Schwung und ihre Wärme gegeben. Dies lässt sich z. B. in den theoretischen Schriften Emil Zolas leicht nachweisen[1]. Und doch sind nicht nur die „unnatürlichen" Erdichtungen grosser Künstler wahr, sondern auch Arbeiten eines

---

[1] C. Fiedler hat in dem Aufsatz: Moderner Naturalismus und künstlerische Wahrheit bes. 142 f. diesen Zusammenhang dargestellt. Überhaupt ist dieser Aufsatz Fiedlers für das Problem der künstlerischen Wahrheit sehr beachtenswert. — Wenn man erkennen will, wie sehr die künstlerische Wahrhaftigkeit für Zola selbst die Hauptsache ist, so muss man seine Kritiken mehr noch als seine rein theoretischen Aufsätze berücksichtigen — vgl. z. B. die Besprechungen der Dramen von Sardou und z. T. auch von Augier in: Nos auteurs dramatiques. Paris 1881. Charakteristisch ist auch, dass als Gegensatz der (naturalistischen) Wahrheit einfach die Lüge gesetzt wird — z. B. Roman expérimental. Nouv. éd. 1898, S. 35.

§ 4: Künstlerische Wahrheit. 71

Anfängers, die aus Ungeschick hinter der Natur zurückbleiben und, da sie nicht erreichen, was sie wollen, fehlerhaft sind, können doch gerade durch ihre gewissermassen naive Wahrhaftigkeit für ihre Fehler entschädigen. Ja, mancher Künstler, welcher anfangs bei mangelhafter Naturtreue künstlerisch Wahres geschaffen hatte, ist später, nachdem er die Natur virtuos nachzubilden gelernt hat, ein unwahrer Macher geworden.

Näher als die Naturwahrheit scheint unserem Wahrheitsbegriffe die innere Wahrheit eines Kunstwerkes zu stehen. Oft wird es der Mangel innerer Übereinstimmung, ein überstarker Ausdruck an der einen, ein völliges Erlahmen an der anderen Stelle sein, was uns auf die Unwahrhaftigkeit des Ganzen aufmerksam macht. Und doch sind auch diese beiden Wahrheitsbegriffe auseinander zu halten. Innere Wahrheit ist die volle Übereinstimmung aller Teile mit der Idee des Ganzen, gewissermassen die Lebensfähigkeit des Werkes auf Grund der ihm immanenten Gesetze. Böcklins Fabelwesen machen uns an sie glauben, so lange wir sie betrachten, während etwa gewisse Ungetüme in Skulpturen des romanischen Stils durch den Widerspruch ihrer Teile unmöglich erscheinen. Aber jene Indignation gegen die Lüge rufen diese ungeschickten Gebilde keineswegs hervor, höchstens ein Lächeln über den Widerstreit zwischen Gewolltem und Gekonntem. In Schillers Don Carlos ist die Handlungsweise des Marquis Posa in den letzten Akten mit der ersten Anlage gar nicht übereinstimmend; infolge der Änderungen des Planes sind hier innere Widersprüche eingetreten, die der inneren Wahrheit entgegenstehen. Und doch wird jeder den Don Carlos ein durch und durch wahrhaftiges Kunstwerk nennen. Der Wahrheitsbegriff, um den es sich hier handelt, ist eben kein logischer sondern ein ethischer, sein Gegensatz ist nicht Irrtum sondern Leerheit oder Lüge. Man thut daher gut, wie das schon im Vorangehenden öfter geschehen ist, dafür den Ausdruck Wahrhaftigkeit zu brauchen, während der erste Wahrheitsbegriff ausdrücklich als

Naturwahrheit, der zweite am besten als innere Möglichkeit bezeichnet wird. Das Wort Wahrhaftigkeit kann streng genommen nur auf eine Person gehen. Auch diese Eigentümlichkeit ist hier durchaus genehm, denn bei der Anwendung dieses Wahrheitsbegriffes schwebt uns mehr oder minder deutlich hinter dem Kunstwerke der Künstler vor. Nur sekundär können wir das Wort dann auf das Kunstwerk selbst übertragen, das uns ja allein bekannt ist und Zeugnis für die Wahrhaftigkeit oder Unwahrhaftigkeit ablegt. Man kann sagen, die Unwahrhaftigkeit fällt zuletzt auf den Künstler zurück, aber sie wird rein aus dem Kunstwerke erkannt, ohne dass irgend welche ausserhalb liegende Umstände herangezogen werden.

Es ist im einzelnen Falle durchaus nicht leicht zu bestimmen, worin der Eindruck von Wahrheit oder Unwahrheit begründet ist. Es handelt sich eben dabei um einen Vorgang, der mit dem mimischen Erkennen erheuchelten Gefühlsausdrucks verwandt ist. Hier wie überall beim Erkennen des Mimischen wissen wir viel genauer, was ein Eindruck uns sagt, als welche Eigentümlichkeiten des Eindrucks für seine Bedeutung massgebend sind. Ganz allgemein kann man nur sagen, dass das Mitleben plötzlich auf das Empfindlichste gestört wird. Sucht man trotz der entgegenstehenden Unzerleglichkeit des Gefühles genauer nach der Ursache der Störung, so wird man z. B. finden, dass eine starke Betonung übermässig lange festgehalten wurde, und vielleicht umgekehrt an einer späteren Stelle, wo der rechte Höhepunkt zu erwarten gewesen wäre, ein Erlahmen des Ausdruckes eintritt. Oder gewisse stark wirkende, nur dem höchsten Affekt zukommende Bewegungen, das Aufschlagen der Augen gen Himmel, der ganz in Thränen schwimmende Blick, das Vibrieren oder Umschlagen der Stimme, wurden übermässig häufig und in übertriebener Stärke angewendet. Ferner müssen in jedem ausdrucksvollen Ganzen sehr viele Seiten zusammenklingen: der von einer Leidenschaft bewegte Mensch zeigt seine innere Erregtheit nicht etwa nur im Mienenspiele seines Gesichtes, sondern ebenso gut in der Haltung seiner Hände, in der Stellung seines ganzen Körpers, in seiner Hautfarbe, in dem Zeitmass jeder seiner Bewegungen. Alles dies übereinstimmend zu bilden, muss der Maler, der Bildhauer oder Schauspieler echt bewegt gewesen sein. Es ist unmöglich, das zusammengehörige Mass in all diesen Einzelheiten künstlich zu berechnen. Ähnlich wirken im einfachsten lyrischen Gedichte Inhalt, poetische Bilder, Wortwahl, Ausführlichkeit oder Kürze der Darstellung, Klangcharakter besonders der Reime, Rhythmus und manches andere zusammen. Wer wollte theoretisch ausrechnen, wie hier eines das andere fordert! Die Fülle dessen, was so zusammenstimmen muss, um einen reinen Eindruck zu geben, verhindert, dass die Künstelei ein feineres Empfinden betrügt. Eine Abweichung von der Harmonie, die der Ungeschicklichkeit entspringt, macht sich ganz anders geltend als eine solche, die aus der Affektation eines gewandten Virtuosen hervorgeht. Im ersten Falle macht sich sofort die Schwäche bemerkbar, sie wird vielleicht sogar, wenn echtes Feuer das Werk erfüllt, bei wiederholter Betrachtung weniger stören; im zweiten werden wir zuerst mitgerissen, dann fühlen wir, was der falsche Ton von uns wollte, merken die Absicht und sind verstimmt.

Der inneren Wahrhaftigkeit eines Kunstwerkes sind zwei Begriffe entgegengesetzt, die blosse Konvention, die an Empfindungen leer ist und über das Äusserliche hinauszukommen weder beabsichtigt noch vermag, und die Lüge, die eine falsche Empfindung vortäuscht. Konvention ist an sich nicht Lüge, sie verflacht die Züge, sie tötet den Geist, aber sie giebt sich nicht einen falschen Anstrich. Je einfacher, ruhiger der Empfindungsinhalt eines Kunststiles ist, um so leichter werden auch konventionelle Werke noch eine gewisse erfreuliche Wirkung haben können. Unter dem Einflusse der van Eyck oder Giotto stehen viele angenehme Werke, hinter denen sich doch keine besondere Persönlichkeit zeigt; im 16. Jahrhundert beginnt der Verfall, als die Künstler zweiten Ranges Michelangelos Gewalt nachzuahmen unternahmen. Der bewegte, leidenschaftliche Stil erlaubt keine Konvention, er zwingt den, bei dem er nicht aus innerstem Erlebnis hervorgeht, zur Lüge.

Wahrheit und Lüge wurden einander in der vorangehenden Betrachtung als absolute Gegensätze gegenübergestellt. In Wirklichkeit giebt es allerlei zweifelhafte Übergangsgebilde. Dahin gehört z. B. der Fall, dass ein Künstler eine innere Bewegtheit mitbringt, sie aber überschätzt und nun, um durch ein grösseres Ganzes hindurch die Leidenschaft festhalten zu können, sich in eine künstliche Raserei hinein zwingt. Dies scheint sogar Schiller einmal, nämlich in seinem Fiesko, begegnet zu sein. Man vergleiche nur die Scene nach der Ermordung Leonorens oder die andere, in der Verrina dem Bourgognino die Notwendigkeit, Fiesko zu töten, enthüllt, mit den stärksten, überschwänglichsten Scenen der Räuber, und man wird erkennen, was gemeint ist. Weitere Möglichkeiten von Übergangsformen hier aufzusuchen, dürfte zweckwidrig sein, da eine vollständige Kenntnis unmöglich erscheint und für unseren prinzipiellen Zweck das Gesagte ausreicht.

II. Kapitel.
Gestaltung.

§ 1. Nachweis der Gestaltung.

Irgend welche anschauliche Form zu haben, gehört zum Begriffe des Ausdrucks. Soll aber der Ausdruck rein intensiv nachgelebt werden können, so werden an diese Form noch besondere Ansprüche gestellt werden müssen. Sie muss sich dann unserm Nachleben in angemessener, entgegenkommender Weise darbieten. Denn während die Nützlichkeit, das Bedürfnis uns überall zur Aufmerksamkeit zwingen, verlangt die feinere, freiere Funktion der ästhetischen Vertiefung besonders günstige

Bedingungen. Auch im Lärm der Strasse berührt ein Angstruf aufregend unser Gefühl; um aber einem Gesange zu lauschen, bedürfen wir der Ruhe, der Freiheit von störendem Geräusch. Ganz Entsprechendes wie für die äusseren Verhältnisse des Eindrucks gilt dann aber auch für seine eigene innere Eigentümlichkeit. Hier müssen störende Elemente fortbleiben, das Wesentliche des Eindrucks muss klar hervortreten, — kurz die innere Beschaffenheit muss unserm Auffassen angemessen sein. Diese besondere Art der Form des Ästhetischen nenne ich seine Gestaltung. Durch sie unterscheidet sich der leidenschaftliche Gesang vom blossen Schrei. Ähnlich strebt die gesellschaftliche Bildung danach, dem Tonfall und Miénenspiel eine angemessene Mitte zwischen Langsamkeit und Hast, zwischen Unverständlichkeit und Aufdringlichkeit zu geben; entsprechend ordnen wir die Blumen in einem Gefässe so, dass jede einzelne frei ihre Sonderart entfaltet, und doch alle zusammen ein geschlossenes, leicht auffassbares Ganzes ergeben. Die Natur bietet unserem Nachleben solche günstigen Gestalten nur zufällig und gelegentlich dar; Aufgabe der Kunst ist es, sie ausdrücklich und bewusst hervorzubringen. Da die Kunst nach Gestaltung strebt, werden sich die Prinzipien der Gestaltung an ihr leichter als am Naturschönen nachweisen lassen.

So kann man mit Hilfe der Bestimmung des intensiven Nachlebens die Gestaltung als notwendige Bedingung des Ausdrucks ableiten. Indessen ist es erforderlich, diese sekundäre Ableitung durch eine selbständige zu ergänzen, damit es nicht scheine, als ob die Gestaltung dem Ausdruck nur untergeordnet sei. Eine solche selbständige Ableitung hat Kant gegeben; seine Grundgedanken sollen hier in ganz freier Weise und losgelöst von allem, was nicht streng in diesen Zusammenhang gehört, dargestellt werden. Die sinnlichen Empfindungen, in ihrer wechselnden Einzelheit aufgefasst, ergeben noch keine Anschauung. Sie werden zur Anschauung erst, wenn sie in einer irgendwie geordneten Form zusammengefasst werden, wenn sie sich auf einen „Gegenstand" — das Wort im weitesten Sinne genommen — beziehen lassen. Eine solche Auffassung nun kann durch die besondere Eigentümlichkeit des Angeschauten erleichtert oder erschwert werden. Ein Baum, mit seiner Gliederung in den einen aufstrebenden Stamm und die ausgebreitete Krone, gewährt uns eine klarere Anschauung als ein von der Wurzel aus sich in mannigfache Verzweigungen auflösendes Gebüsch. Diese Anschauung des Baumes wird weiter erleichtert, wenn er sich einzeln stehend vom blauen Himmel abhebt, erschwert, wenn im Walde seine Krone an die Krone seiner Nachbarn anstösst, und das zerstreute gedämpfte Licht das Hervortreten der Hauptäste verhindert. Diejenigen Funktionen unseres Geistes, welche bei der Auffassung der Anschauung wirksam sind, sind nun identisch mit unseren logischen Denkfunktionen. Aus der wechselnden Masse unklarer Empfindungen soll sich die Anschauung als dieser eine mit sich identische Gegenstand herausheben. Die Summe seiner Teile und Eigenschaften soll sich als eine gegliederte Einheit unmittelbar auffassen lassen[1]). Die Intellektualität der Anschauung macht sich in alle dem geltend. Es ist nun klar, dass ein Angeschautes uns dann befriedigen wird, wenn es dieser unserer ordnenden und auffassenden Thätigkeit entgegenkommt; es ist auch begreiflich, dass dieses Gefallen Forderungscharakter annimmt, da es auf denselben Prinzipien wie die logischen Werte beruht, und da die logischen Werte Forderungscharakter haben. Insofern der logische Forderungswert der einzige ist, dessen Recht einen lückenlosen (indirekten) Beweis zulässt, nehmen die ästhetischen Werte, von ihrer Gestaltungsseite her angesehen, an

---

[1]) Die Analogie zum Logischen in unserer anschauenden Thätigkeit lässt sich je nach dem herrschenden logischen Gesichtspunkt sehr verschieden darstellen. Ein besonders geistreicher Versuch der Art bei R. Avenarius: Philosophie als Denken der Welt gemäss dem Prinzip des kleinsten Kraftmasses. Leipzig 1876. 71 ff.

§ 1: Nachweis der Gestaltung.

dieser Beweisbarkeit in einer vermittelten Art teil. Dieses systematische Interesse hatte Kant wesentlich zu seinen Aufstellungen geführt. Dass er dabei die notwendige Lücke im Beweise ästhetischer Forderungswerte verkannte, ist früher gezeigt worden[1]). Es dürfte nach den Ausführungen des vorangehenden Kapitels klar sein, dass man auf diese Weise unmöglich die ganze Fülle des ästhetischen Inhalts gewinnen kann. Aber es könnte gegen die Reihenfolge, die hier von mir gewählt wird, der Einwand erhoben werden, warum ich nicht wenigstens so lange als möglich dem Leitfaden des Logischen folge und die besonderen prinzipiell alogischen Momente erst so spät als möglich einführe, d. h. warum ich nicht lieber die Gestaltung dem Ausdruck vorangestellt habe. Indessen ist der Vorteil, ein Stück lang in lückenlosen Beweisen fortzuschreiten, nur ein scheinbarer, da der Bruch doch einmal eintreten muss. Ja dieser scheinbare Vorteil verwandelt sich in einen Nachteil. Geht man nämlich von der „Gestaltung" aus, so wird es zunächst den Anschein gewinnen, als ob die sogenannte mathematische Schönheit den Kern der ästhetischen Werte bilde, und der Leser wird sich so durch ein höchst sonderbares Bild des ästhetischen Gebietes mehr verwirrt als erleuchtet fühlen. Die ästhetische Bedeutung der Gestaltung lässt sich erst recht verstehen, wenn man weiss, dass das zu Gestaltende Ausdruckscharakter besitzen muss.

Ist es leicht einzusehen, wie der Philosoph dazu kommt, die Gestaltung für das allein Wesentliche an der ästhetischen Anschauung zu halten, so wird es vielleicht verwunderlich erscheinen, dass auch von ganz anderer, nämlich von künstlerischer Seite her dieselbe Ansicht vertreten wird. So ist für die bildende Kunst die Gewinnung einer klaren, räumlichen Anschauung als das eigentlich Wesentliche von einem Kreise von Männern bezeichnet worden, deren Behauptungen sowohl durch ihren inneren Wert,

---

[1]) vgl. S. 43 dieser Arbeit.

als auch durch die reiche Kunsterfahrung, die ihre Urheber als Künstler oder Sammler erworben haben, auf höchste Beachtung Anspruch machen. Der um die Prinzipien seiner Kunst schwer ringende Maler Hans von Marées dürfte als der eigentliche geistige Führer dieses Kreises, der Bildhauer Adolf Hildebrand und der Sammler und Kunstfreund Conrad Fiedler als seine bedeutendsten Theoretiker anzusehen sein. Da man auch sonst bei Künstlern ähnlichen Auffassungen begegnet, da sogar manche Aussprüche Goethes und Schillers sich trotz ihrer im Prinzip ganz anders gearteten Theorie formalistisch deuten lassen, so lohnt es wohl zu fragen, wodurch der Künstler zu der einseitigen Hervorhebung der Gestaltung hingeführt wird. Dass diese Einseitigkeit nicht berechtigt ist, dürfte klar sein, und man kann auch in den Schriften ihrer Vertreter nachweisen, wie sich das Ausdrucksprinzip unbeachtet einschleicht[1]). Aber während das innere Erlebnis und der Ausdruckswert der äusseren Dinge sich dem Künstler gleichsam wie von selbst ohne sein Zuthun erschliesst, muss er schwer arbeiten, um die Gestaltung gewinnen zu können. Für die Vertiefung des Ausdrucks kann er nur dadurch etwas thun, dass er sich als Mensch rein und reich ausbildet, die Prinzipien der Gestaltung aber muss er für seine besondere Kunst erlernen, und bei diesem Lernen hilft es ihm, wenn er theoretisch über sie klar wird. So wird sich natürlich das Nachdenken des Künstlers der Seite seiner Thätigkeit zuwenden, der es allein nützen kann. Dazu kommt, dass der Laie gerade das so schwer Erarbeitete als selbstverständlich hinzunehmen pflegt. Das gefühlsmässige Schwärmen, das nur all zu oft über den Inhalt des Kunstwerkes hinaus ins Blaue schwärmt, kann den

---

[1]) Vgl. z. B. bei Fiedler S. 172 die Bemerkung, dass der Künstler nicht der „kühle" Beobachter der Natur sei, und die schöne Schilderung der künstlerisch begabten Natur S. 175: „Mit allen ihren Fähigkeiten drängt sie sich an die Welt, sie möchte sie erfassen, eins mit ihr werden." „Nun erscheint ihr die Trennung aufgehoben, die Scheidewand gefallen, die sie von der Welt als etwas Fremdem schied."

Künstler nicht entschädigen und verletzt oft durch die Auswahl, die es trifft, den feineren Kenner. Denn da der Schwärmer nicht in das Kunstwerk sich versenkt und den immanenten Ausdruck mitlebt, sondern sich durch das Kunstwerk nur zu allerlei unbestimmten, ihm naheliegenden Gefühlen begeistern lässt, so wird das oberflächlichste Anregungsmittel ihm gerade das rechte sein. So führt hier die Indignation den Kenner eben dahin, wohin die Aufmerksamkeit auf das seiner Arbeit Nützliche den Künstler führte. Bei der Erklärung dieser Einseitigkeit habe ich deshalb verweilt, weil sie von so beachtenswerter Seite ausgeht, und weil man einen Irrtum bedeutender Männer erst überwindet, wenn man ihn nicht nur widerlegt, sondern auch nach seinen inneren Gründen verstanden hat[1]).

§ 2. Objektivierung und Formung.

Damit von der Gestaltung einer Anschauung die Rede sein kann, muss irgend ein Gegenstand vorhanden sein, welcher diese Gestaltung trägt. Wir gewinnen aus der Empfindung überall Anschauung, indem wir sie auf einen Gegenstand beziehen. Während nun aber bei der Anschauung der Natur diese Gegenständlichkeit der Auffassung gewissermassen vor dem Prozesse des ästhetischen Nachlebens liegt, muss der Künstler den Gegenstand des Nachlebens selbst erst schaffen. Beim Künstler also, bei welchem wir ja die Gestaltung näher studieren wollten, lässt sie sich in zwei Teile auseinanderlegen. Wir können hier die Herstellung des Gegenstandes als Objektivierung unterscheiden von der Herausarbeitung einer unserer Auffassung entsprechenden Form an diesem Gegenstande, der Formung. Als Eigenschaften des Kunstwerkes würden Objektivität und Form den Thätigkeiten der Objektivierung und der Formung entsprechen. Die Objektivität besteht darin, dass das Werk ein von seinem

---

[1]) Teilweise wenigstens beruht auch Hanslicks Opposition gegen die Gefühlsästhetik in der Musik auf ähnlichen Gründen: Vom Musikalisch Schönen. 9. Aufl. Leipzig 1896, vgl. bes. Kap. V. S. 152—178.

Schöpfer losgetrenntes, unabhängiges Dasein hat. Selbst die dramatische Person, die der Schauspieler mit den Mitteln seines Körpers darstellt, hat doch in ihrer Existenz ideelle Selbständigkeit. Ein Kunstwerk ist die Äusserung eines Menschen; aber eine solche Äusserung muss unabhängiges Dasein gewonnen haben, um Kunstwerk zu sein[1]). Man sieht, dass hier das Wort „Objektivierung" in einem sehr weiten Sinne gefasst ist. Das „Objekt" braucht keine Raumgestalt, auch nicht etwa eine phantasiemässig vorgestellte zu sein, vielmehr ist die melodisch-rhythmische Tonfolge oder Wortreihe (lyrisches Gedicht) als selbständiger Träger des Ausdrucks auch seine „Objektivierung". Irgend ein selbständiges Material (Raumgestalt, Ton etc.) muss freilich stets da sein. Durch die Art dieses Materials unterscheiden sich die einzelnen Künste von einander, wie noch weiterhin im Einzelnen nachgewiesen werden soll.

§ 3. Die Prinzipien der Formung.

Vorher aber müssen die Grundsätze der Formung entwickelt werden[2]). Schon früher war aus der Intensität des ästhetischen Erlebens die Isolation des ästhetischen Gegenstandes gefolgert worden. Die Isolation, so kann man sagen, ist der Ausgangsbegriff für alle Teile der Gestaltung. Durch die Objektivierung wird das Werk vom Künstler isoliert; und eine Form kann nur erhalten, was irgendwie einzeln für sich steht. Form und Grenze sind verwandte Begriffe, deren inneren Zusammen-

---

[1]) Manches Gedicht ergreift uns, wenn es in einer Biographie seines Verfassers angeführt wird, während es, für sich genommen, gleichgültig oder unverständlich bleibt. Es ist wertvoll, wenn man seinen Urheber kennt und es als dessen Äusserung in bestimmter Lage ansieht, — aber es fehlt ihm die Objektivität.

[2]) Die Erkenntnis dieser Prinzipien hat in neuerer Zeit besonders Hildebrand: Das Problem der Form in der bildenden Kunst. 2. Aufl. 1898. gefördert. An seine Arbeit knüpft an Riehl: Bemerkungen zu dem Problem der Form in der Dichtkunst, V. f. w. Ph. XXI, 283; XXII, 96. 1897—1898. Die folgende Darstellung verdankt diesen Arbeiten viel, geht aber, ihrem systematischen Zwecke gemäss, etwas andere Wege.

§ 3: Die Prinzipien der Formung.

hang die griechische Philosophie tief eingesehen hat. Wenn man von der logischen Ableitung ausgeht, kann man sagen: als identisch kann nur festgehalten werden, was für sich, losgelöst, vorgestellt wird. Indessen genügt es nicht, dass irgend etwas isoliert sei, damit es schon künstlerisch geformt sei. Isolieren kann der Anatom den einzelnen Muskel, isolieren kann man jedes beliebige Stück der Wirklichkeit durch beliebige willkürliche Grenzen. Für die Möglichkeit einer ästhetischen Existenz ist etwas anderes nötig: das Isolierte muss eine gewisse innere Vollständigkeit besitzen, es muss so beschaffen sein, dass es die wesentlichen Bedingungen seiner Auffassung in sich selbst enthält. In logischer Beziehung kann man daran erinnern, dass alle Erkenntnis nach systematischer Vollständigkeit strebt. Dazu steht die Vollständigkeit der Anschauung durchaus in Analogie. Diese Forderung ist so zunächst ganz abstrakt ausgesprochen und gewinnt auch erst in jedem einzelnen Falle besondere Bestimmtheit. Man kann den Kopf eines Menschen für sich darstellen, nicht aber seine Nase oder seinen kleinen Zeh; denn im Kopfe liegt für uns alles Wesentliche des geistigen Ausdrucks. Übrigens ist es für die Plastik, die nicht wie die Malerei einen räumlichen Ausschnitt mit allem, was ihn erfüllt, giebt, sondern die körperliche Figur isoliert, stets eine Schwierigkeit gewesen, die Büste derartig abzugrenzen, dass sie selbständige Existenzfähigkeit hat. Fast alle Plastiker von entschiedenerem Stilgefühl haben so abgeschnitten, dass die Arme nicht mehr dargestellt wurden; am günstigsten wirkt es wohl stets, wenn am Hals bereits ein Übergang in eine stilisierende Behandlung stattfindet, wie bei der Hermenform. Doch schliesst das die naturalistische Gewandbehandlung aus. Ganz unzulässig erscheint die neuerdings üblich gewordene Manier, den ganzen Oberkörper naturalistisch bekleidet darzustellen. Man hat dann den Anblick eines Menschen, dem man die Beine abgeschnitten hat, d. h. man wird über das Dargestellte hinausgetrieben; es ist unmöglich, in einer so begrenzten Büste ein vollständiges Werk zu sehen¹). Man könnte vielleicht gegen die Behauptung, dass die Vollständigkeit eines der wesentlichen Prinzipien künstlerischer Formung ist, einen Einwand erheben, der aus dem Wesen der epischen Dichtung hergenommen ist. Ein Epos, ein Roman haben keinen so notwendig bestimmten Anfangs- und Schlusspunkt, wie ihn etwa das Drama aufweist. Fortsetzungen, Einschaltungen, selbständige Episoden sind in der epischen Dichtung in einem Umfange möglich, wie nirgend sonst. Es ist kaum denkbar, dass bei einem Drama die Hypothese entstehen könnte, es sei nicht von einem Dichter verfasst, sondern ein zusammengesetztes Ergebnis langer Tradition. Man kann sagen, dass der ewig unabgeschlossene Fluss der Zeit hier in das Kunstwerk selbst aufgenommen ist. Indessen ist auch im Epos die Vollständigkeit gewahrt, sofern das dargestellte Stück der Ereignisse sich immer in seiner ganzen Breite entwickelt. Anfang und Ende haben wohl etwas Unbestimmtes, Willkürliches — was dagegen aus der Fülle gleichzeitigen Geschehens der epischen Handlung angehört, ist durchaus nach dem Prinzipe der Vollständigkeit bestimmt. Es hängt das damit zusammen, dass grössere epische Dichtungen (und für kürzere z. B. Novellen oder Balladen gilt die Vollständigkeit auch inbezug auf Anfang und Ende) nicht leicht auf einmal und einheitlich aufgefasst werden. Im Epischen ist, wie wohl zuerst Friedrich Schlegel auseinandergesetzt hat, jedes einzelne Stück in sich vollständig, wenn es auch in seinen Ursachen und Folgen über sich selbst hinausweist²). Überhaupt ist ja die Forderung der Vollständigkeit

---

¹) Die modernen Künstler können sich freilich scheinbar auf Beispiele aus der Frührenaissance berufen, z. B. auf ein Frauenporträt im Museo nazionale zu Florenz (Nr. 115), das jetzt dem Verocchio zugeschrieben wird. Ganz fehlt auch hier der erwähnte Eindruck nicht, aber er wird etwas gemildert durch das anliegende Gewand, das einen Abschluss erleichtert und nicht so naturalistisch wirkt.

²) Durch Wolfs homerische Untersuchungen wurde die Diskussion über das Wesen des Epos, bes. die Frage seiner inneren Einheit und Voll-

nicht so zu verstehen, dass alles, wonach etwa gefragt werden könnte, im Kunstwerke gegeben sein muss, sondern nur so, dass die Phantasie angewiesen wird, das Gegebene als in sich vollendetes Ganzes zu fassen. Sehr schön sagt Jean Paul: „Die Phantasie macht alle Teile zu Ganzen — statt dass die übrigen Kräfte und die Erfahrung aus dem Naturbuche nur Blätter reissen — und alle Weltteile zu Welten, sie totalisiert alles — auch das unendliche All" [2]).

Das für sich abgeschlossene Ganze des Kunstwerkes muss ferner eine innere Einheit besitzen, damit ein einheitliches, nicht zerstreutes Nachleben möglich sei. Auch hier bietet logisch die Systematik die deutlichste Analogie dar. Jedes System strebt zur Einheit — und schliesslich müht sich alles wissenschaftliche Erkennen überhaupt um Einheitsprinzipien ab. Wir haben damit wohl das am frühesten begrifflich formulierte ästhetische Prinzip vor uns; haben doch schon die Pythagoreer die Harmonie als die Einheit des Mannigfaltigen bezeichnet. Man hat später in der Betonung der Einheit oft die einseitige Verteidigung einer besonderen klassicistischen Kunstrichtung erstrebt und gesehen. H. v. Stein hat nachgewiesen, wie in der Hervorhebung des Mannigfaltigen, welches vereinigt werden soll, sich das erste Regen einer Opposition gegen Boileaus Ästhetik zeigt[3]). Indessen

---

ständigkeit angeregt. F. Schlegel: Über die homerische Poesie 1796 (Prosaische Jugendschriften, herausgeg. von J. Minor. Wien 1882. I, 215) nennt a. a. O. 229 das epische Gedicht geradezu einen Polyp, wo jedes Glied, das sich herauslösen lässt, so viel Harmonie als das Ganze hat. In ihrem Briefwechsel behandelten dann Schiller und Goethe vom 19. bis 28. April 1797 vielfach diese Fragen, wozu Goethes Hermann und Dorothea anregte. Goethe tritt dabei im Brief vom 28. April F. Schlegels völliger Leugnung der epischen Einheit entgegen. In seiner Rezension von Goethes Hermann und Dorothea wiederholt A. W. Schlegel (1797) lediglich die Gedanken seines Bruders über diesen Gegenstand (Werke, herausgeg. v. E. Böcking XI, 185 ff.).

[2]) Vorschule der Ästhetik § 7. Werke, Hempelsche Ausgabe Bd. IL, S. 43.

[3]) Entstehung S. 81 ff.

ist es nicht die Einheit überhaupt, die einer besonderen Richtung der Kunst eigentümlich wäre, sondern nur gewisse Arten, vielleicht auf Kosten des Inhaltreichtums, die Einheit zu erlangen. Denn die Einheitlichkeit eines Kunstwerkes kann in sehr verschiedener Weise erreicht werden. Man kann dabei zunächst das einheitliche inhaltliche Interesse unterscheiden von denjenigen formalen Eigentümlichkeiten, die die Einheit betonen. Die Einheitlichkeit des Inhaltes ist naturgemäss eben so verschiedenartig als der Inhalt selbst. Im allgemeinen wird die Aufgabe der Vereinheitlichung stets der Seite des Inhaltes zufallen, die bei der Auffassung die wesentlichste ist, in einem Drama z. B. der Handlung, in einem Entwicklungsroman der Person des Helden, in einem lyrischen Gedicht der Grundstimmung. In der Plastik ist sie durch die Einheit der menschlichen Gestalt meist von selbst gegeben, in der Malerei der mannigfaltigsten Arten fähig.

Die formalen Mittel dagegen, welche zur Hervorhebung der Einheit dienen, lassen sich leichter allgemein behandeln. Sie sind bei räumlichen und bei nur zeitlichen Kunstwerken sehr verschieden. Bei einer räumlichen Anschauung wird die Einheitlichkeit stets dadurch gefährdet, dass unsere Auffassung die einzelnen Erscheinungen in sehr verschiedener Art durchlaufen und gruppieren kann. Durch kräftige Hervorhebung einer bestimmten Art der Zusammenfassung muss einer solchen Zerstreuung entgegengearbeitet werden. Das geschieht durch Beziehung des Ganzen auf eine Mitte. Der einfachste Fall einer solchen Beziehung ist dadurch gegeben, dass die nämlichen formalen Elemente von der Mitte aus sich nach verschiedenen Seiten wiederholen. Da die Gleichheit der Wiederholungen auf die Mitte bezogen ist, so müssen sie sich wie Bild und Spiegelbild verhalten. Eine solche Beziehung auf eine Mitte pflegen wir Symmetrie zu nennen [1]). Je nach der Natur der Mitte lassen

---

[1]) Diese moderne Bedeutung des Wortes Symmetrie stimmt mit der bei den Alten üblichen nicht überein.

§ 3: Die Prinzipien der Formung. 85

sich zwei Unterarten von Symmetrie unterscheiden. Die Mitte kann zunächst ein Punkt sein, von dem aus dann die gleichen Verhältnisse sich strahlenartig wiederholen. In diesem Falle sprechen wir von radialer Symmetrie. Wir finden sie bei regelmässigen Vielecken, bei regelmässigen Blüten, bei Seesternen, Quallen, wir verwenden sie in Rosetten, in Mustern von Decken, Fussböden u. s. w. Aber diese vollständigste Symmetrie ist überall da unmöglich, wo ein oben und unten unterschieden werden muss. Hier tritt dann an die Stelle des Mittelpunktes die Mittellinie, an die Stelle der radialen die bilaterale Symmetrie. In Kunstwerken ist sie weit häufiger und wichtiger als die erste Form, da der Gegensatz des Aufstrebens und Niederfallens, des Stützens und Tragens unsere Bauwerke, unser organisches Leben, ja überhaupt die gesamte irdische Natur beherrscht. Der einfachste Fall bilateraler Symmetrie besteht darin, dass sich die beiden Seiten rechts und links von der Mittellinie völlig gleichen[1]). Aber diese strenge Symmetrie wird sehr häufig mit dem inneren Leben des Dargestellten streiten und daher gelockert werden müssen. Es entsteht so zunächst eine Symmetrie, wie wir sie auf älteren Andachtsbildern antreffen, wo zwar die Umrisse der Gruppen noch fast streng symmetrisch sind, aber auf beiden Seiten der Mittellinie verschiedene Figuren auftreten.

---

[1]) Bei der Einteilung vertikaler Strecken gefällt nicht die Gleichheit der Teile, sondern ein dem goldenen Schnitt $\left\{\frac{a}{b} = \frac{b}{a+b}\right\}$ entsprechendes Verhältnis (etwa 8 : 13, genauer 1 : 1,618). Dasselbe Verhältnis wird (neben dem der Gleichheit) bei Rechteckseiten bevorzugt. Fechner: Zur experimentalen Ästhetik. Abhandl. d. K. Sächs. Ges. d. Wissensch. math-phys. Kl. XIV. 1871. — V. d. Ä. I, 184 ff. Witmer: Zur experimentellen Ästhetik einf. räuml. Formverhältnisse, Ph. St. IX, 96 ff., 209 ff. Angeregt sind diese Studien durch Zeisings weitgehende Behauptungen über die Bedeutung des goldenen Schnittes. Külpe (Grundriss der Psychologie. Leipzig 1893. 260 f.) hat versucht, das Gefallen am goldenen Schnitt ebenfalls auf das Einheitsprinzip zurückzuführen. Man vergleiche noch: Th. Wittstein: Der goldene Schnitt und die Anwendung desselben in der Kunst. Hannover 1874.

Die Lockerung kann sich dann auch auf die Form der Gruppe erstrecken und schliesslich so weit gehen, dass scheinbar überhaupt keine Symmetrie mehr vorhanden ist, wie bei den meisten Bildern Tizians und seiner Nachfolger oder bei den Kompositionen der Japaner. Indessen ist die Symmetrie doch auch hier nicht zerstört, sondern nur in freierer Form gegeben. Es entsprechen einander nämlich beiderseits nicht mehr gleiche Elemente, wohl aber Elemente gleichen Wertes und gleicher Bedeutung für unsere Auffassung. Die Symmetrie ist hier so verhüllt, dass sie zunächst nur in ihrer Wirkung (wie man sofort erkennt, wenn man sie durch einseitige Verkleinerung des Bildes aufhebt), nicht aber in ihrer abstrakten Regelmässigkeit dem Beschauer sich darstellt [1]).

Eine Beziehung auf eine Mitte, die den Blick stets wieder anleitet, so und nicht anders zusammenzufassen, ist bei zeitlich verlaufenden Werken nicht möglich. Hier ist ja der Ablauf vorgeschrieben, und was man etwa der symmetrischen Verteilung entfernt vergleichen könnte, das Aufsteigen der Ereignisse und Stimmungen zu einem Höhepunkt und ihr allmähliches Ab- und Ausklingen, hat ganz andere Gründe, die in dem natürlichen Verlaufe unserer Gemütsbewegungen liegen, und ist daher auch nicht entfernt so allgemein verbreitet wie die symmetrischen Beziehungen. Das formale Mittel der Vereinheitlichung ist hier vielmehr die Wiederholung. Der Rhythmus ist eine Wiederholung derselben Unterschiede des Zeitablaufs und der Betonung, die Einheit des Versmasses wirkt durch Wiederholung komplexerer rhythmischer Gruppen. Wo das Versmass nicht einheitlich ist, da pflegen wenigstens gewisse besonders charakteristische Strophen oder Strophenteile wiederzukehren, wie in Schillers Glocke, oder das ganze complizierte Gebilde wird wiederholt,

---

[1]) Eine schöne Schilderung dieser freien Symmetrie und der Mittel ihrer Erreichung z. B. bei Jacob Burkhardt: Erinnerungen aus Rubens. Basel 1898. S. 127 ff.

wie in den griechischen Chorliedern. Auch der wiederkehrende Klang des Reimes und noch mehr des Refrains wirken vereinheitlichend. Das Sonett verdankt seinen starken Einheitscharakter wesentlich der Reimverschlingung. Ähnlich ist die Wiederkehr gleicher oder verwandter melodischer Klangfolgen ein Einheitsmoment in der Musik. Die Wiederholung findet bei zeitlichen Kunstwerken stets in der gleichen Reihenfolge der Elemente statt, nie mit Umkehrung dieser Reihenfolge wie bei der Symmetrie. Die Wiederholung in diesem Sinne fehlt ja nun freilich auch den räumlichen Kunstwerken nicht, aber sie ist doch in Malerei und Plastik nur von untergeordneter Wichtigkeit, einzig in der Architektur spielt sie eine grössere Rolle. Die Werke dieser Kunst werden aber auch viel schwerer mit einem Blicke zusammengefasst, sie müssen allmählich durchlaufen werden, und die verschiedenen auf einander folgenden Anblicke verbinden sich dann durch Wiederkehr der gleichen Formen zur Einheit. Am meisten ist das bei der Gothik zu beobachten, wo überall im Grossen und Kleinen die gleichen Motive (bei einem einheitlich konzipierten Werke oft bis ins Detail einander gleich) sich wiederfinden.

Auf das Prinzip der einheitlichen Zusammenfassung hat man häufig das Gefallen an bestimmten Kombinationen von Tönen und Farben zurückführen wollen. Schon der Name „Harmonie", den man diesen wohlgefälligen Empfindungsverhältnissen gegeben hat, deutet nach dieser Richtung. Besonders bei Tönen musste eine solche Beziehung nahe liegen, da ja die harmonischen Töne durch die sie erzeugenden Saitenlängen oder durch ihre Schwingungszahlen in einfachen Zahlenverhältnissen mit einander stehen. Einer naiven Reflexion musste die Annahme nahe liegen, dass diese Zahlenverhältnisse von der Seele unbewusst wahrgenommen werden. Dass diese Annahme nicht zulässig ist, dass sie zudem den psychologischen Thatbestand nicht erklärt, da ja unser Wohlgefallen an Tonharmonieen ein sehr viel lebhafteres und ganz andersartiges ist als das an der Auffassung regelmässiger Zahlenverhältnisse, dürfte heute fast allgemein zugegeben werden. Dagegen lag es nahe, die an die regelmässigen Zahlenverhältnisse gebundenen gleichen Obertöne oder den — associativ zu ergänzenden — gleichen Grundton als sinnliche Unterlagen der einheitlichen Auffassung anzusehen. Wo man aus Gründen, deren Erörterung hier zu weit führen würde, auch das für unzulässig erklärt, hat man in den Begriffen der Tonverschmelzung oder der Tonverwandtschaft doch wieder auf die Leichtigkeit einheitlicher Auffassung hingewiesen[1]). Seit man die Farben physikalisch auf Ätherschwingungen zurückführt, fehlt es nicht an Versuchen, die gefälligen Farbenkombinationen ebenfalls auf einfache Zahlenverhältnisse dieser Schwingungen zurückzuführen. Diese Versuche scheitern schon an den Thatsachen, denn derartige einfache Verhältnisse sind bei wohlgefälligen Kombinationen nicht vorhanden[2]).

Klarheit und Deutlichkeit hat der Rationalismus des 17. Jahrhunderts als Haupterfordernisse des wissenschaftlichen Begriffes hingestellt. Er verstand unter einer klaren Idee eine solche, die von anderen wohl unterscheidbar ist, unter einer deutlichen eine, deren Merkmale sich einzeln angeben lassen[3]). Von Alters her sind die Forderungen der Klarheit und Deutlichkeit auch auf ästhetischem Gebiete aufgestellt worden. Was können sie hier bedeuten? Unter den verschiedenen Arten des Anblickes, die ein Gegenstand uns darbieten kann, giebt es einzelne, die das ihn Kennzeichnende besonders scharf hervortreten lassen. Um eine lange Stange von quadratischem Querschnitt als solche darzustellen, dürfen wir keinen Anblick wählen, in welchem die

---

[1]) Vergl. Wundt: Physiologische Psychologie, II. 4. Aufl., 53—71. Stumpf: Beiträge zur Akustik und Musikwissenschaft I. Leipzig 1898 Lipps: Tonverwandtschaft und Tonverschmelzung. Z. f. Ps. XIX, 1.

[2]) Vergl. J. Cohn: Experimentelle Untersuchungen über die Gefühlsbetonung der Farben, Helligkeiten und ihrer Kombinationen. Ph. St. X 1894 bes. § 14 S. 601 f. und die Litteraturzusammenstellung ebenda § 11 S. 590 ff.

[3]) Vgl. z. B Leibnitz: Nouveaux essais, livre II, chap. 29.

Längsdimension allzusehr verkürzt erscheint. Will der Dichter uns in einem Drama die Personen und die Vorbedingungen der Handlung exponieren, so muss er Situationen vorführen, in denen diese Personen nach und nach einzeln hervortreten und sich kennzeichnen. Einige glücklich gewählte Worte führen uns rasch in die Lage ein, man denke etwa an die Anfangsscene von Wallensteins Lager oder von den Piccolomini. Wir können sofort den Zustand des Krieges erkennen (Lager). Wir wissen augenblicklich, dass eine Zusammenkunft aller Generäle stattfindet, dass bei dieser Zusammenkunft eine gewisse gespannte, misstrauische Stimmung herrscht (Piccolomini). Das Unterscheidende, Besondere der Situation wird klar. Es ist keine begriffliche Klarheit, um die es sich in solchen Fällen handelt, sondern eine unmittelbare Einsicht des anschaulichen Erlebens. Ebenso verhält es sich mit der Deutlichkeit. Hier ist aber noch ein anderer Unterschied gegenüber der Deutlichkeit der Begriffe hervorzuheben. Es handelt sich nämlich nicht um das Verhältnis der Merkmale zum Begriffe, sondern um das der Teile zum Ganzen. Wie die einzelnen Teile eines Ganzen zusammenhängen, soll dem auffassenden Bewusstsein deutlich entgegenspringen. So muss in der Hauptansicht einer Statue das Bewegungsmotiv für alle Glieder klar hervortreten. Wo wir erst aus einem Knäuel von Gestalten oder Gliedern das Einzelne heraussuchen müssen, da wird die unmittelbare Kraft des Nachlebens vermindert. Freilich ist Klarheit nicht nur abhängig vom Objekt sondern auch vom betrachtenden Bewusstsein. Um die Klarheit der Darstellung eines verwickelten Zusammenhanges einzusehen, muss man in der Lage sein, Verwickeltes überhaupt zu verstehen. Wie aber auch in der Darstellung des Kompliziertesten Klarheit und Unklarheit möglich ist, wird man sich leicht vorführen können, wenn man eine Abbildung von Michelangelos jüngstem Gerichte neben eine solche verwandter Darstellungen auch sehr bedeutender Meister, etwa des Rubens oder neben

Feuerbachs Titanensturz stellt. Ähnlich sollen im Drama die wesentlichen Teile, Motive und Verwicklungen der Handlung sich deutlich vor uns aufbauen. Deutlichkeit besagt hier durchaus nicht, dass auf jede Frage des prosaischen Verstandes nach irgend welchen Zusammenhängen eine Antwort möglich sein muss. Der besondere Mechanismus der einzelnen Vorgänge, etwa die Mannigfaltigkeit der einzelnen Befehle, die für irgend eine strategische Operation nötig sind, interessiert uns künstlerisch gar nicht. Vielmehr handelt es sich darum, dass die Verbindung aller Teile zum Ganzen klar werde. Man kann sagen, dass gerade die Verdeckung des Mechanismus zu dieser Klarheit oft beitrage, denn sie lenkt die Aufmerksamkeit sofort auf das Wesentliche. Ein Beispiel bietet das merkwürdige Zusammentreffen fast aller Hauptpersonen am rechten Ort im letzten Teile von Wilhelm Meisters Lehrjahren. Dies stört uns gerade deshalb so viel weniger, als Ähnliches in anderen Romanen, weil Goethe es nicht viel motiviert sondern wie etwas ganz Natürliches erzählt, und der Leser von so viel Wichtigerem in Anspruch genommen, gar nicht daran denkt, nach den Einzelheiten zu fragen. Wenn von Klarheit und Deutlichkeit ästhetischer Eindrücke geredet wird, so kann sich leicht eine gefühlsmässige Opposition dagegen erheben, die darauf hinweist, dass gerade das Verdämmernde der Stimmung ein wichtiges Hauptgebiet künstlerischer Darstellung ist. Aber Dämmeriges darstellen heisst nicht unklar darstellen. Gerade die Meister der Stimmungskunst zeigen dabei oft eine wunderbare Klarheit der Komposition; es sei hier nur an Ruisdaels oder Corots Landschaften und an Goethes Lyrik erinnert.

§ 4. **Das Material der Objektivierung als Prinzip der Unterscheidung der Künste.**

Die Prinzipien der Formung sind, wie die begriffliche Ableitung sowohl als die eingestreuten Beispiele gezeigt haben, den Künsten gemeinsam. Gemeinsam ist es den Künsten auch,

§ 4: Das Material d. Objektivierung als Prinzip d. Unterscheidung d. Künste.

Ausdruck zu sein und ein Material der Objektivierung zu besitzen. Unterscheiden können sie sich daher von einander nur entweder durch das, was sie ausdrücken, oder durch die Art des Materials der Objektivierung. In der Sonderart dessen, was sie ausdrücken, machen sich nun zweifellos Unterschiede geltend. Der Sturm der Leidenschaft wird in Poesie oder Musik eher seinen Ausdruck finden als im Bauwerk. Der Hauch leiser Stimmungen wird in der Malerei leichter ausgedrückt werden können als in den bestimmten Gestalten der Plastik. Indessen decken sich die Gebiete hier doch auch teilweise, und die innere Harmonie des rein Schönen ist allen Künsten zugänglich. Keinesfalls also kann man von der Natur des Ausgedrückten her dazu gelangen, die Unterschiede der Künste zu verstehen. Vielmehr muss man diesen Unterschied aus der Verschiedenheit des Materials der Objektivierung ableiten. Erst nachdem so die Unterschiede gewonnen sind, und nachdem weiter über das grundsätzliche Verhältnis von Gestaltung und Ausdruck Klarheit geschaffen worden ist, kann der Zusammenhang, der zwischen Kunstart und Ausdruck besteht, erörtert werden.

Ich habe es absichtlich nur als meine Aufgabe bezeichnet, die Prinzipien der Unterscheidung der Künste aufzusuchen, nicht ein System der Künste aufzustellen. Zu einem System der Künste würde der Nachweis erforderlich sein, dass sich aus den Prinzipien des ästhetischen Wertgebietes heraus die Notwendigkeit dieser und nur dieser Künste ableiten lässt. Daran aber ist nicht zu denken; denn die verschiedenen Arten möglicher Objektivierung ergeben sich aus Bedingungen, die ausserhalb des ästhetischen Gebietes liegen, nämlich aus den Besonderheiten unserer Sinnlichkeit. Wir stehen hier augenscheinlich an einer der Grenzen der logischen Ableitbarkeit des Ästhetischen, deren prinzipielle Notwendigkeit früher eingesehen worden ist. Die Frage nach dem System der Künste hat ihren guten Sinn für panlogistische Systeme, wie das Hegels. Giebt man aber den Anspruch auf, die Unterschiede als Momente und Stufen der sich verwirklichenden Idee zu begreifen, so kann es sich nur noch um ein Verstehen der thatsächlich gegebenen Unterschiede handeln. Denn als thatsächlich gegeben darf die wissenschaftliche Ästhetik die Unterscheidung der verschiedenen Künste hinnehmen, da ja, wie bereits in der Einleitung bemerkt wurde, die Begriffe der einzelnen Künste viel ursprünglicher gebildet werden, als der Gesammtbegriff der Kunst[1]).

Die Künste unterscheiden sich, wie schon gezeigt wurde, wesentlich durch das Material der Objektivierung. Ausserdem aber lassen sie sich noch in mehrere Gruppen ordnen, je nach der Art, wie sie sich zu ihrer Aufgabe, ästhetische Werte hervorzubringen, verhalten. Der ästhetische Wert zeichnet sich gegenüber dem Werte des Angenehmen durch seinen Forderungscharakter aus. Nun lässt sich für den einzelnen Fall dieser Forderungscharakter nicht logisch beweisen. Die Anerkennung bedeutender Kunstwerke ist nur ästhetisch gefordert. Praktisch bildet jedes Volk und jede Zeit einen gewissen Kanon des ästhetisch Bedeutenden aus. In diesem Kanon spielen die verschiedenen Künste eine sehr verschiedene Rolle, die Poesie oder die Musik bedeutet uns sehr viel mehr als etwa die Gartenkunst. Diese Stellung einer Kunst im Reiche der künstlerischen Bildung kann wechseln; so hat die Tanzkunst die Wichtigkeit, welche sie

---

[1]) Verwandte Bedenken gegen die Aufstellung eines Systems der Künste schon bei Lotze: G. d. Ä. 458 f. Da aber Lotze die Aufsuchung unterscheidender Merkmale nicht scharf genug von der Konstruktion eines Systems trennt, erhalten die — sonst an der Hauptsache vorbeizielenden — Einwürfe Schaslers (Kritische Geschichte der Ästhetik. Berlin 1872. S. 1217) und E. v. Hartmanns (I, 524) einen Anschein von Berechtigung. — Die Geschichte der Unterscheidungen ist bei Schasler (a. a. O.), ausserdem für die ältere Zeit, besonders soweit es sich um die Entgegensetzung von bildender Kunst und Poesie handelt, bei Blümner in der Einleitung der 2. Aufl. seiner kommentierten Ausgabe des Laokoon (Berlin 1880), für die deutsche Ästhetik des 19. Jahrhunderts bei Lotze G. d. Ä. 441 ff. und bei Hartmann I, 524 ff. nachzulesen.

bei den Griechen hatte, verloren. Man kann dies so ausdrücken, dass man dem Forderungscharakter Grade zuschreibt, oder so, dass man Haupt- und Nebenkünste unterscheidet. In der Ästhetik betrachten wir die künstlerische Thätigkeit als eine solche, die es sich zur einzigen Aufgabe stellt, ästhetische Werte hervorzubringen. In Wirklichkeit aber sind die verschiedenen Arten menschlicher Thätigkeit nicht durch strenge Grenzen von einander geschieden. So giebt es neben den reinen oder freien Künsten, die nur der Schönheit opfern, andere, die man angewandte oder unfreie zu nennen pflegt, und bei denen sich der ästhetische mit einem ausserästhetischen Zwecke verbindet. Die angewandten Künste entnehmen zum Teil ihre Mittel einer bestimmten freien Kunst; so verhält sich die Redekunst zur Poesie, das Kunstgewerbe vielfach zur bildenden Kunst.

Ein dritter Gesichtspunkt der Einteilung ergiebt sich aus der Stellung des Künstlers zu seiner Schöpfung. Der Künstler kann entweder selbständiger Schöpfer seines Werkes sein oder das Werk eines anderen nachschaffend zur Darstellung bringen. Diese zweite Art von Thätigkeit wird besonders für die zeitlich verlaufenden Künste wichtig sein, da ihre Werke stets von neuem erzeugt werden müssen. Die Partitur oder das gedruckte Buch sind ja nur Anweisungen auf ein Kunstwerk, potentielle Kunstwerke, die zu voller Verwirklichung des musikalischen Virtuosen, des Schauspielers, Rezitators oder Vorlesers bedürfen. Indessen giebt es eine nachschaffende Thätigkeit, wenn auch von geringerem Umfang, auch in den Künsten des Raumes, und zwar dient sie hier der Vervielfältigung des nur einmal vorhandenen Kunstwerkes. Gemeint ist die Thätigkeit des Kopisten malerischer oder plastischer Werke und des graphischen Künstlers, soweit er nicht nach Art der Malerradierung frei schafft, sondern Werke der Malerei in seine Technik überträgt.

Was dann den Hauptunterscheidungsgrund der Künste, die Art der Objektivierung betrifft, so richtet sie sich zunächst nach der besonderen Art der sinnlichen Wahrnehmung, für welche sie ihre Werke schafft. Hier ist nun zuerst zu bemerken, dass einige Sinne ästhetisch nicht direkt in Betracht kommen. Geschmack und Geruch[1]) geben für sich überhaupt keine Auffassung einer zusammenhängenden Gestaltung, auch sind sie so unmittelbar mit vitalen Funktionen verknüpft, dass ihre Eindrücke fast stets starke motorische Reaktionen bewirken und das intensive Ruhen im Eindruck nicht zulassen. Der Geschmack zerstört zudem sein Objekt; seine Eindrücke können daher nie als Ausdruck gefasst werden. Das ist beim Geruch in gewissen Fällen möglich, der Duft einer Blume kommt uns wie eine Erschliessung ihres Inneren entgegen[2]). Auch der besondere Geruch eines Menschen, die Atmosphäre eines Hauses, der herbe Salzduft der See spielen bei ästhetischen Eindrücken mit. Darum steht der Geruchssinn der künstlerischen Verwertbarkeit schon näher als der Geschmack. Aber die Unbestimmtheit und Dumpfheit, in der alle seine Unterschiede bleiben, die Unfähigkeit, Kombinationen zu fassen, welche z. T. eine Folge der langen Nachwirkung der Eindrücke ist, verhindern doch jede eigentlich ästhetische Ausbildung. Der Tastsinn zeichnet sich vor den beiden eben genannten dadurch aus, dass er fähig ist oder doch fähig gemacht werden kann, Gestalten zu fassen. Ich verstehe hier unter Tastsinn nicht nur die Hautempfindungen, sondern zugleich die Empfindungen der Gelenke, Muskeln und Sehnen, denen wir die Wahrnehmung von Eigenbewegung und Widerstand verdanken. Alle diese Empfindungen wirken ja bei der Auffassung räumlicher Gebilde durch die Hand zusammen. Indessen bleibt diese Auffassung beim Sehenden immer sekundär, sie ordnet sich hier der sehr viel vollkommeneren Gesichtswahr-

---

[1]) Die Thatsachen, die bei den niederen Sinnen ästhetisch wichtig werden, sind dargestellt bei Grant Allen: Physiological Aesthetics, London 1877, Capp. IV u. V.

[2]) Vgl. S. 62 dieser Arbeit.

§ 4: Das Material d. Objektivierung als Prinzip d. Unterscheidung d. Künste. 95

nehmung unter und hilft mit zu deren Ausbildung. So bleibt sie für sich selbst unentwickelt. Aber auch der Blinde[1]) hat kaum je eine ästhetische Freude an seinen Tastwahrnehmungen. Denn die Auffassung der Gestalt bleibt eine mühsame, das Ding muss befühlt werden, es kann nicht in seiner ruhigen Selbständigkeit stehen bleiben und sich gleichsam von selbst erschliessen. Dazu kommt, dass die vitalen Reaktionen durch Tastempfindungen fast ebenso stark als durch Geruchsempfindungen ausgelöst werden. So fehlt auch hier die ruhige Freiheit des Ästhetischen, und darum giebt es auch keine Kunst für den Tastsinn. Herder[2]) hatte allerdings die Plastik für ihn in Anspruch genommen.

[1]) Hartmann II, 35 führt freilich die Modellierarbeiten in Thon und Wachs, welche Blinde in den Anstalten erlernen, als Beweis dafür an, dass der Tastsinn eine ästhetische Auffassung erlaube. Indessen sagt Hitschmann, dessen Zeugnis als das eines Blinden hier besonders wichtig ist, es liege bei diesen plastischen Nachbildungen „weit mehr technische Geschicklichkeit als künstlerische Anschauung" vor (Z. f. Ps. III, 392. 1892). Nach einem anderen Aufsatz desselben Verfassers (V. f. w. Ph. XVII) bietet der Tastsinn „absolut kein Material für eine eigentlich künstlerisch Anschauung dar". Dies bestätigen Beobachtungen an einer besonders genau bekannten Taubstumm-Blinden (W. Jerusalem: Laura Bridgman, Wien 1891. 66 f.) und die Antworten eines von Uhthoff (Z. f. Ps. XIV, 235 f. 1897) befragten blindgeborenen Mädchens. Eben dahin gehen die Erfahrungen von Th. Heller (Ph. St. XI, 535 und 554 Anm. 1. 1895). Der Tastsinn ist beim Blinden meist nur künstlich — durch Erziehung — ausgebildet, und seine ästhetischen Eindrücke bleiben sehr unbestimmt, gehen über äusserliche Assoziationen („kunstvolle Arbeit") oder sinnliches Wohlgefühl (Glätte) kaum hinaus. Nur in dem Briefe eines Blinden, den Heller a. a. O. 558 mitteilt, findet sich eine ziemlich weitgehende mimisch-physiognomische Ausdeutung des Händedrucks erwähnt.

[2]) Bes. im „4. Krit. Wäldchen" 1769 — aber erst posthum erschienen — Werke IV, 61—73 und in der „Plastik" 1778, Werke VIII. Herders Verirrung zeigt sich klar, wenn er die Farblosigkeit der Plastik aus der Untastbarkeit der Farbe ableitet (VIII, 26—30) oder wenn er — ganz im Gegensatz zu Hildebrand — das Verhalten des Liebhabers einer Statue als ein Wanken um die Bildsäule herum beschreibt. „Er gleitet umher, sucht Ruhe und findet keine, hat keinen Gesichtspunkt, wie beim Gemälde, weil tausende ihm nicht genug sind (VIII, 12). Auf die begrifflichen Unklarheiten Herders macht auch Haym (Herder II, 70) aufmerksam.

Aber er begründete seine Ansicht lediglich durch eine doppelte Verwechslung. Er vermischte nämlich Gefühl im Sinne von Getast fortwährend mit Gefühl im Sinne von inniger gemütlicher Anteilnahme, und er verwechselte den Anteil, welchen der Tastsinn an der Ausbildung der räumlichen Gesichtswahrnehmung hat, mit einer direkten Wahrnehmung der Dinge durch den Tastsinn. Wenn wir etwa sagen, ein Gegenstand sehe hart oder weich, rauh oder glatt, warm oder kalt aus, so sind das associative Übertragungen von Tastqualitäten auf das Gesehene. Ausserdem giebt der Tastsinn gewissermassen das normale Mass der Grössenauffassung. Alles das spielt bei der Gestaltwahrnehmung durch den Gesichtssinn eine wesentliche Rolle. Indessen handelt es sich dabei doch nur um eine indirekte ästhetische Bedeutung des Tastsinnes, sofern seine Erfahrungen uns erst zur rechten Auffassung des Gesehenen verhelfen, und in diesem Sinne ist die Erinnerung an Getastetes für die Malerei ebenso wichtig wie für die Plastik. Hildebrand [1]), dessen Urteil als das eines Bildhauers gewiss massgebend ist, hat gezeigt, dass der Plastiker ebenso gut wie der Maler ein geschlossenes Raumbild erstrebt, und dass er das Bild sogar auf eine gewisse Ferne berechnet. Also ist keine Rede von der analysierenden Art, in welcher der Tastsinn grosse Gestalten allein auffassen kann. Allerdings erfahren die drei niederen Sinne eine Art von ästhetischer Verklärung in der Verwendung ihrer Qualitäten, wie süss, duftig, weich, zart als poetischer Beiwörter. Hier kommt der starke Gefühlston dieser Empfindungen ästhetisch zu seinem Rechte, während die vitale Verknüpfung ihrer Gefühle durch die nur phantasiemässige Erweckung aufgehoben wird.

Es bleiben also für die ästhetische Anschauung nur die

Ohne tiefere Begründung wird Herders Lehre von Zimmermann: Ä. 483 ff. aufgenommen. Gegen ihn Vischer: Kritische Gänge N. F. VI, 32ff. Schon in der Ästhetik (I, 181) behandelt Vischer den Gegenstand sehr bündig.

[1]) Das Problem der Form in der bildenden Kunst.

§ 4: Das Material d. Objektivierung als Prinzip d. Unterscheidung d. Künste. 97

beiden Sinne des Gehörs und Gesichts übrig. Diese beiden erlauben in sehr weitem Umfange eine Auffassung ohne Erregung starker Reflexe, sie bieten eine Fülle fein abgestufter Empfindungen, die sich in mannigfaltiger und leicht unterscheidbarer Weise zu Komplexen zusammenfügen. Sie zwingen uns nicht, das Wahrzunehmende, sei es auch nur durch Betasten, zu verändern, sondern ihre Eindrücke erscheinen als freiwillige Äusserungen des Sichtbaren oder Tonerzeugenden. Dabei unterscheiden sie sich aber prinzipiell dadurch, dass das Auge auch Simultanes im Raume wahrnimmt, während das Ohr nur Successives in der Zeit auffasst. Umgekehrt ist durch die Fähigkeit rhythmischer Zusammenfassung das Ohr zur ästhetischen Beherrschung des Successiven geeigneter als das Auge. Daher tritt fast überall, wo eine gesehene Succession Material der Kunst ist, wie im Tanz oder in der Pantomime, die Musik als notwendiges Element hinzu. Dieser Gegensatz des Successiven und Simultanen, dessen volle Bedeutung Lessing entwickelt hat, ist wichtiger als der des Gesehenen und Gehörten, fällt aber in den Künsten fast ganz damit zusammen.

Bei den lediglich für das Auge arbeitenden Künsten handelt es sich um ruhende räumliche Bilder. Sie können daher als eine besondere Gruppe, als Künste des Raumes zusammengefasst werden. Innerhalb dieser Gruppe kann entweder wesentlich der allgemeine Ausdruckswert des Räumlichen ästhetisch wirken oder das Leben einer besonderen bedeutungsvollen Gestalt. Im ersten Falle haben wir es mit der Architektur und den ihr verwandten Künsten, im zweiten Falle vorwiegend mit den sogenannten nachahmenden Künsten, der Malerei und Plastik, zu thun. Übrigens handelt es sich hier nicht um einander ausschliessende Gegensätze, sondern um ein Mehr und Minder. Auch in Malerei und Plastik wirkt der Ausdruckswert der räumlichen Anordnung und Form mit, und die Architektur verwendet im Ornament vielfach organische Formen als Ausdrucksmittel. Ja, da aller Ausdruck des Räumlichen ein Hineinleben in die Form voraussetzt, so wird der Gegensatz noch mehr ausgeglichen. Trotzdem ist er vorhanden und dem Gegensatz zwischen allgemeinem Gefühlsausdruck durch die Musik und Erregung der Gefühle mit Hilfe bestimmter Vorstellungen durch die Poesie verwandt. Die Belebung der Raumgestalt verbindet sich naturgemäss mit dem menschlichen Bedürfnisse nach geschlossenen Räumen. Doch ist diese Verbindung nicht notwendig, wie das Vorhandensein architektonischer Monumente, Grabmäler u. s. w. zeigt.

Diejenigen Künste des Raumes, die eine bedeutende Naturgestalt zum Träger der Objektivation machen, können diese Gestalt entweder der Natur entnehmen und nur künstlerisch isolieren und verwerten, oder sie können die Gestalt selbst nachschaffend bilden. Im ersten Falle befinden sich die Künste der **Blumenbinderei** und des **Gartenbaues**, von denen die zweite sehr stark auch die allgemeine räumliche Anordnung benutzt. Alle diese Künste treten in unserem Kunstleben durchaus zurück, während sie zu anderen Zeiten und in anderen Kulturen eine viel grössere Rolle gespielt haben und spielen. Die eigentlich bildenden Künste nun unterscheiden sich weiter durch die Art ihrer Isolation. Die **Malerei** isoliert einen Ausschnitt des Raumes mit dem in ihm waltenden Lichte[1]. Die **Plastik** isoliert eine einzelne Gestalt. So abgeleitet wird der prinzipielle Unterschied beider Künste deutlicher, als wenn man von der Nachbildung in zwei oder drei Dimensionen ausgeht. Die Nachbildung eines Raumausschnittes kann nur zweidimensional sein, weil der besondere Anblick eines dreidimensionalen Gebildes stets mit der natürlichen Beleuchtung wechselt. Die natürlichen Lichter und Schatten würden in Widerstreit mit der dargestellten Beleuchtung treten. Darum können Malerei und Plastik nicht künstlerisch zusammenwirken. Denn die farbige Plastik stellt kein solches Zusammen-

---

[1] Hegel: Ästhetik II, 259.

§ 4: Das Material d. Objektivierung als Prinzip d. Unterscheidung d. Künste.

wirken dar. Vielmehr überlässt sie die Schattierung den Wirkungen des äusseren Lichtes und giebt nur die Lokalfarbe. Auch das Relief kann höchstens als Mittelform, keineswegs als Zusammenwirken beider Künste aufgefasst werden[1]). Es ist eine Plastik mit festem Hintergrunde. Man kann sagen, dass hier zur Figur auch der Raumausschnitt isoliert wird, aber dieser Raumausschnitt bleibt blosser Hintergrund der Figur und wird nie zur durchgeführten räumlichen Umgebung, wenn nicht die Gesetze des Reliefstils überschritten werden. Alle Reliefs mit starken perspektivischen Verkürzungen und malerischer Ausgestaltung des Hintergrundes wirken durch den Widerstreit des äusseren Lichtes mit der angenommenen inneren Beleuchtung unklar und unruhig. Die Malerei umgekehrt kann wohl auf die Ausnutzung der Lichtstimmung verzichten, sie kann die Farbe aufgeben und zur Zeichnung werden, indessen muss sie selbst dann durch die Schattierung eine bestimmte innere Beleuchtung mit darstellen. Während also Malerei und Plastik nicht zusammenwirken können, vermögen sie beide sich mit der Baukunst zu vereinigen. Es wird dabei jeweils vom räumlichen Standort und vom Interesse des Beschauers abhängen, ob die nachahmenden Künste als Dekorationen des Bauwerks, oder ob das Bauwerk als Rahmen, Hintergrund oder Träger jener Kunstwerke aufgefasst wird[2]).

Den Künsten der Räumlichkeit stehen die gegenüber, deren Gestaltungen in zeitlicher Folge sich abrollen. Hierher gehört zunächst die eigentliche Kunst des Gehörs, die Musik. Material der

---

[1]) Wenn auch, wie Helbig: Führer durch die öffentlichen Sammlungen klassischer Altertümer in Rom I, 2. Aufl. (1899) S. 311 (Nr. 469) annimmt, gewisse antike Reliefs ihren Hintergrund durch wirkliche Malerei ausfüllten, so beweist das nichts gegen die obigen Aufstellungen, da diese Reliefs nach derselben Ansicht eben nur Nachahmungen berühmter Gemälde, d. h. stilistisch nicht massgebend sind.

[2]) Dieses Zusammenwirken hat natürlich wesentliche Folgen für den Stil der beteiligten Einzelkünste — vgl. dazu die Bemerkungen Max Klingers: Malerei und Zeichnung. 3. Aufl. Leipzig 1899, S. 17—21.

Objektivation sind hier die Töne in ihren harmonischen Klangverbindungen und melodischen Klangfolgen, in rhythmische Reihen zeitlich geordnet. Die Musik drückt die Gefühle und Stimmungen, die Affekte und Leidenschaften zwar nur allgemein ihrer Form nach ohne Bezug auf die sie veranlassenden Vorstellungen, aber dafür um so energischer und eindrucksvoller aus[1]). Die formalen Einheitsmomente bestehen hier in der Wiederkehr gleicher oder verwandter melodischer und rhythmischer Motive.

Hegel hat mit Recht aber nicht ohne Einseitigkeit[2]) darauf hingewiesen, dass man in der Poesie nicht wie in der Musik Töne und Klänge als eigentliches Material ansehen dürfe. Wollen wir die Besonderheit der poetischen Objektivierung einsehen, so müssen wir von der ganz einzigen und unvergleichlichen Stellung ausgehen, die die Sprache unter den menschlichen Bethätigungen einnimmt. Die Sprache ist ausgebildete Ausdrucksbewegung; sie kann zwischen Mensch und Mensch eine Verbindung herstellen, die über die gefühlsmässige Dumpfheit und Unbestimmtheit aller anderen Mimik hinaus zu deutlicher absichtsvoller Verständigung führt. Dies kann sie zunächst dadurch, dass ihre Elemente nicht mehr die Gefühlsseite sondern die Vorstellungsseite der Dinge direkt

---

[1]) In den Streit um den Ausdruckswert der Musik hier einzutreten, wird nicht beabsichtigt. In dem oben angedeuteten Umfange giebt ihn auch Hanslick (Vom Musikalisch-Schönen, 9. Aufl. Leipzig 1896, bes. S. 32, 78 f.) zu — er beschränkt ihn nur auf das „Dynamische", die Ablaufsart der Gemütsbewegungen. Seine Polemik gegen den Terminus „Ausdruck" nimmt dies Wort stets als gleichbedeutend mit Darstellung für den Intellekt — trifft also die hier vertretene Ansicht nicht.

[2]) cf. bes. Ä. I, 111 f.; III, 226—233. Er geht gelegentlich (III, 227) soweit, die sprachliche Form für ganz gleichgültig zu erklären, — während er doch später (III, 321) anerkennt, dass die Poesie „ihrem Begriffe nach wesentlich tönend" ist. Hegel ist hier Nachfolger Herders (Werke III, 158 f. — Erstes Kritisches Wäldchen Nr. 19). Über diese Ansichten Herders und dessen Verhältnis zu seinen Vorgängern — Harris, Mendelssohn, Lessing — vgl. Haym: Herder I, 246 f.

§ 4: Das Material d. Objektivierung als Prinzip d. Unterscheidung d. Künste. 101

bezeichnen. Das Gefühl ist einheitlich, die Vorstellung zerlegbar; das Gefühl ist unbestimmt, die Vorstellung bestimmt; das Gefühl ist in jedem Erlebnisse ein neues, schwer vergleichbares, die Vorstellung kann leicht als einer früheren gleich oder ähnlich wiedererkannt werden. Das Gefühl sind wir selbst, wir leben darin und, wenn wir es uns klar machen wollen, so zerstören wir es. Die Vorstellung ist das Fremde, das Andere, wir stehen nicht in ihr sondern als Fremde vor ihr. Auch andere Ausdrucksbewegungen deuten auf die Vorstellung hin, aber nur in ihrer Verbindung mit dem Gefühl oder wie die demonstrative Gebärde in ihrer Stellung zur ausdrückenden Person. Wo eine Ausdrucksbewegung dazu übergeht, die Vorstellungen als solche in ihren gleichbleibenden Eigentümlichkeiten durch gleichartig wiederkehrende Zeichen zu unterscheiden, da wird sie zur Sprache. Vor der Gebärdensprache mit ihrer Umständlichkeit, ihrem Kraftaufwande und ihrer Unbestimmtheit, mit ihrer Inanspruchnahme der zu den praktischen Thätigkeiten nötigen Gliedmassen zeichnet sich die Tonsprache durch die Bestimmtheit, die leichte Erzeugbarkeit ihrer Elemente, durch die Unabhängigkeit ihres Verständnisses von der Beleuchtung und gegenseitigen Stellung der Sprechenden, endlich durch die Besonderheit ihrer sonst wenig gebrauchten Organe so entschieden aus, dass ihre überragende Bedeutung leicht verständlich wird. Die Sprache ist also in erster Linie ein Mittel, Vorstellungen einander mitzuteilen, aber sie bleibt dabei ganz und gar Ausdrucksbewegung. Wer mich versteht, der weiss nicht nur, welche Aussage ich mache, auf welchen Vorgang ich hinweise; aus Wortwahl, Tonhöhe, Tonfall, aus der Schnelligkeit oder Langsamkeit des Sprechens merkt er auch, was mir das Mitgeteilte bedeutet, in welcher Stimmung ich überhaupt zu ihm rede. In dieser ihrer doppelten Bedeutung nun ist die Sprache Material der Poesie. Träger der Objektivation ist hier einerseits der unmittelbare Ausdruckswert der Sprache, anderseits sind es die durch die Sprache erzeugten

Vorstellungen. Irgendwie kommt in aller Poesie beides in Betracht, aber die Gattungen der Dichtkunst unterscheiden sich durch den Grad von Wichtigkeit, den beide in ihnen haben. In der Lyrik offenbart sich die Sprache als Ausdrucksbewegung, darum wird hier ihr rhythmischer Verlauf und ihr Klangcharakter besonders wichtig, sie nähert sich dadurch der Musik, mit der sie sich naturgemäss verbindet. In der Epik sind die erregten Vorstellungen das wesentliche. Der Rhythmus, sofern er vorhanden ist, dient hier weniger als Mittel des Ausdrucks, denn als Mittel der Abhebung, der Isolation. Als extremen Gegensatz gegen die Lyrik kann man den still für sich gelesenen prosaischen Roman bezeichnen, obwohl bei den Meisterwerken auch dieser Gattung der harmonische und ausdrucksvolle Klang der Sätze wichtiger ist, als viele ahnen. Zu diesen beiden gegensätzlichen Arten der Dichtung hat die Dramatik eine eigentümliche Doppelstellung. Träger der Objektivierung ist hier eigentlich nicht die Sprache, vielmehr sind es die sprechenden Personen. Sofern die Sprache uns Wesen und Lage dieser Personen, ihre Vorstellungen, Beziehungen und Handlungen mitteilt, wird sie episch, sofern sie uns unmittelbar an dem Innenleben der Personen teilnehmen lässt, lyrisch verwendet. Es liegt also ein gewisses Recht vor, das Drama, wie schon oft geschehen, eine Vereinigung von Lyrik und Epik zu nennen. Andererseits aber tritt das aufgeführte Drama — und die Aufführung ist doch die ursprüngliche Bestimmung dieser Kunstform — aus dem Rahmen der Poesie überhaupt heraus. Sein Material sind menschliche Gestalten, die sprechen und sich bewegen; dadurch wirkt es auf Gesicht und Gehör zugleich und führt den in der Zeit sich abrollenden Handlungsverlauf in einem wechselnden räumlichen Bilde vor. So ist das Drama eine Vereinigung mehrerer Kunstformen[1]). Indessen herrscht dabei notwendig die successive

---

[1]) Richard Wagner hat in höchst eindrucksvoller Weise diese Stellung des Dramas entwickelt und verwertet. Sehr klar ist seine Argumentation

§ 4 : Das Material d. Objektivierung als Prinzip d. Unterscheidung d. Künste. 103

zeitliche Kunstform, der ja auch die sich bewegenden Personen angehören. Ihre Stellungen wirken weniger als ruhende Ausdruckswerte, denn als Stadien einer Handlung. Die nicht menschlichen Teile des Bühnenbildes vollends bleiben wesentlich Hintergrund. Denn beim Auffassen eines ruhenden Bildes ist der Bewusstseinszustand ein ganz anderer als beim Auffassen eines wechselnden Vorganges. Daher kann sich beides nicht wie etwa Mienenspiel und Vortrag ohne Störung für uns verbinden. Dann aber muss der successive Vorgang die führende Rolle übernehmen, weil er, wenn ihm die Aufmerksamkeit nicht stetig folgt, in seinem Zusammenhange überhaupt nicht begriffen werden kann. Wird das Bühnenbild zur Hauptsache, so entsteht, da wechselnde Vorgänge unsre Aufmerksamkeit doch immer vom Ruhenden abziehen und sich nie gleichartig dem Ruhenden einordnen, ein zerstreutes Bewusstsein, das der ästhetischen Sammlung feindlich ist[1]. Dienend dagegen kann ein ruhender Hintergrund sehr bedeutend zur Auffassung der vor ihm sich abspielenden Vorgänge mitwirken. Auf dieser dienenden Stellung des Bühnenbildes beruht es, dass wir gegen Stilwidrigkeiten z. B. im Zusammenwirken des Malerischen und Plastischen hier so viel unempfindlicher sind als in der bildenden Kunst. Daher verroht die Malerei notwendig, wenn sie sich das Bühnenbild zum Vorbild nimmt. Beispiele liegen in der theatralischen Historien-

---

in dem Aufsatze: Über die Bestimmung der Oper (Gesammelte Schriften und Dichtungen. 3. Aufl. IX, 127) — vgl. bes. das S. 140 ff. über Shakespeare Gesagte.

[1]) Freilich ist in Italien im 16. und 17. Jahrhundert eine an sich grossartige Dekorationskunst für das Bühnenbild verwendet worden und bildete dort das eigentlich künstlerische Interesse. C. Gurlitt: Geschichte des Barockstils in Italien, Stuttgart 1887, S. 487, verteidigt den Kunstsinn jener Generationen gegen landläufige Vorurteile — gewiss mit Recht —, indessen ist dann eben das ästhetisch Wertvolle bloss die ruhende Dekoration, Spiel und Musik sind nur oberflächliche Unterhaltung, verhalten sich zu dem Hintergrund, wie etwa eine gesellschaftliche Unterhaltung zu einem vollendet schönen Saale, in dem sie stattfindet.

malerei der Pilotyschule nahe genug. Die verschiedenen Künste der Succession dagegen, Musik und Poesie, können als gleichwertige zusammenwirken[1]).

§ 5. **Zurückweisung der Nachahmungstheorie.**
Ästhetisches Erleben ist Nachleben einer Anschauung als eines gestalteten Ausdrucks. Kunst ist Gestaltung und Ausdruck. In diese Worte lässt sich das Resultat unserer Betrachtungen zusammenfassen. Nun wird von Alters her die Kunst als eine Nachahmung der Natur bezeichnet. Daher erwächst hier die Aufgabe, sich mit einer so weit verbreiteten Ansicht auseinanderzusetzen. Es fällt zunächst in die Augen, dass nicht alle Künste in gleicher Weise als nachahmende angesehen werden können. Schon Plato hat die Baukunst davon ausgeschlossen[2]), und in der That ist schwer zu sagen, was sie eigentlich nachahmen soll. Man hat gelegentlich darauf hingewiesen, dass der entwickelte Steinbau die primitiven Formen des Holzbaues nachahme. Aber — ganz abgesehen davon, in wieweit die hier behauptete Thatsache zutrifft, kann doch gar nicht ernsthaft daran gedacht werden, in dieser Nachahmung einer ursprünglichen Technik das Wesentliche der Baukunst zu sehen. Etwa mit demselben Rechte könnte man ja unsere Schrift als Nachahmung einer primitiven Bilderschrift bezeichnen. Treffender erscheint es, wenn man sagt, die Architektur ahme die Verhältnisse tragender Kräfte und lastender

---

[1]) Über das Zusammenwirken der Künste gute Gedanken bei Mendelssohn (1757): Gesammelte Schriften, Leipzig 1843, I, 298 ff.; vgl. Blümner in der Einleitung seiner Laokoon-Ausgabe, 2. Aufl. S. 65. — R. Wagner hat die höchste Leistung der Kunst in einem Zusammenwirken aller Künste gesehen. Er begründet dies noch unklar auf die Einheit der Menschennatur (Feuerbach) in „Das Kunstwerk der Zukunft", ges. Schriften III, bes. 67 f., 95, 148 ff. — weit lichtvoller auf die Einheit der Mimik in „Über die Bestimmung der Oper", ges. Schr. IX, bes. 149 ff. Wagner macht mit dem Rechte des Schaffenden das eigene Streben zur absoluten Norm, er vergisst dabei besonders, dass die bildenden Künste in seinem Gesamtkunstwerk, dem Musikdrama, nur dienend auftreten, ihre höchste Bestimmung daher hier nicht erreichen können.

[2]) Ed. Müller: G. d. Th. I, 28.

Massen nach. Dass das Verhältnis von Kräften und Lasten bei der Auffassung eines Bauwerks wichtig ist, wurde schon oben ausgeführt. Richtig ist auch, dass uns in der Natur Tragendes und Lastendes überall entgegentritt. Aber damit ist doch noch keine eigentliche Nachahmung gegeben, denn es findet sich in der Natur nirgend in denselben oder annähernd denselben Verhältnissen wie in der Baukunst. Man könnte endlich an die ornamentale Verwendung menschlicher, tierischer und pflanzlicher Formen denken. Aber die Ornamentik ist nicht die ganze Baukunst und ausserdem wäre die ornamentale Nachbildung als Nachahmung gefasst höchst unvollkommen.

Ganz ähnliche Schwierigkeiten wie die Baukunst macht die Musik der Nachahmungstheorie. Nachahmung von Vogelstimmen, Windesrauschen und anderen Naturtönen findet in der Musik nur in so nebensächlicher Weise statt, dass der Versuch, die Theorie damit zu stützen, sich ohne weiteres selbst richtet[1]. Schon Aristoteles hat hier einen anderen Ausweg gewählt, indem er von einer Nachahmung von Charaktereigentümlichkeiten redet[2]. Dass auch Plato wesentlich dasselbe im Sinne hatte, zeigt sich, wenn er die Tonsetzer tadelt, weil sie sklavische Weisen Texten unterlegen, die für freie Männer bestimmt sind[3]. Es wird hier also der Ausdruck einer bestimmten Sinnesart durch Rhythmus und Melodie als Nachahmung dieser Sinnesart bezeichnet. Solche Auffassung der Nachahmungstheorie findet sich auch heute noch, nur dass an Stelle der Sinnesart eher Stimmungen und Leidenschaften gesetzt werden. Nun kann man aber von Nachahmung eigentlich nur reden, soweit das Nachbild seinem Vorbilde ähnlich ist. Von einer Nachbildung der Leidenschaften durch die Musik kann also etwa insofern geredet werden, als Tempo,

---

[1]) Vgl. hierzu Hanslick: Vom Musikalisch-Schönen, 9. Aufl. Kap. VI, S. 179—202.
[2]) Ed. Müller: G. d. Th. II, 2.
[3]) Ed. Müller: G. d. Th. I, 113.

Rhythmus und andere Eigentümlichkeiten ihres zeitlichen Ablaufs (z. B. Crescendo-Decrescendo) mit den entsprechenden zeitlichen Ablaufsformen der Leidenschaften Ähnlichkeit haben. Der Klang dagegen und die Klangverbindung kann nicht Nachahmung der Leidenschaft sondern höchstens Nachahmung des Ausdrucks der Leidenschaft durch die Stimme genannt werden. Nun mag in beiden hier genannten Beziehungen eine Nachahmung in der Musik eine gewisse Rolle spielen. Wir brauchen uns in den Streit über die Grösse dieser Rolle garnicht einzulassen und können doch sofort bemerken, dass es jedenfalls hier nicht auf die Treue der Nachahmung an sich ankommt, sondern auf die Fähigkeit, in dem Hörer die entsprechenden Leidenschaften oder Stimmungen zu erregen. Wenn man aber den Ausdruck eines Gefühls seine Nachahmung nennt, so braucht man diesen Begriff in einem Umfange, dass er jede bestimmt angebbare Bedeutung zu verlieren droht. Von der kunstmässigen Gestaltung, die gerade für die Musik so wesentlich ist, ist dabei noch ganz abgesehen worden.

Ganz dasselbe, was sich gegen die Anwendung des Nachahmungsbegriffes auf den Stimmungsausdruck anführen lässt, kann man auch geltend machen, wenn die Erzählung einer Handlung oder die poetische Schilderung eines Gefühles als Nachahmung bezeichnet wird.

Es bleiben also, wenn man den Begriff der Nachahmung nicht über jede klare Bestimmtheit hinaus erweitern will, nur Malerei, Plastik und dramatische Dichtung als solche Künste übrig, auf die er möglicherweise Anwendung finden könnte. Indessen zeigt sich sehr bald, dass auch diese Künste jedenfalls noch etwas anderes sind als Nachahmung. Denn sie bleiben hinter dem Nachgeahmten nicht nur in den Stücken zurück, in denen die Natur ihres Materials und ihrer Technik das nötig machen, sondern sie verändern auch in anderen Dingen ihr Vorbild. Sie lassen stets eine Menge von Einzelheiten, die man an ihrem Vorbilde bemerken kann, fort, auch wenn sie an sich wohl im Stande wären, diese Einzelheiten wiederzugeben. Denner's Portraits mit der mikroskopischen Feinheit ihrer Ausführung sind doch wohl nicht das Ideal der Malerei. Dass die Menschen auf der Bühne in Versen reden, dass die Malerei und Plastik zuweilen Phantasiegestalten schildert, kann der Nachahmungstheorie nur als eine wunderliche Verirrung erscheinen. Dabei ist noch nicht einmal davon gesprochen worden, dass diese Künste nicht alles gleich gern nachahmen, dass jedenfalls ein Auswahlprinzip hinzugefügt werden müsste. Man sieht also, auch die Trennung von nachahmenden und nicht nachahmenden Künsten hilft nicht viel; ganz abgesehen davon, dass eine solche Zerreissung des augenscheinlich Zusammengehörigen von vornherein gegen eine Theorie misstrauisch macht, die ihrer bedarf[1]).

Der Begriff Nachahmung lässt sich, so kann man die vorangehenden Erörterungen zusammenfassen, auf die Künste in ihrer Gesamtheit nur dann anwenden, wenn man ihn so erweitert, dass er jede Verwendung anderswoher genommener Elemente umfasst. In diesem Falle wird die Behauptung der Nachahmungstheorie eine Trivialität, denn sie sagt dann nur, dass wir nicht imstande sind, aus dem Nichts etwas zu schaffen. Nun will sie aber nicht dieses sagen, sondern sie will das Interesse an der Nachahmung, die Freude an nachahmender Thätigkeit zum Grund, teilweise auch die Treue der Nachahmung zum Wertmassstab der Kunst machen. Dass das zweite nicht möglich ist, haben wir schon wiederholt gesehen. Keine Kunst kann die Umgestaltung entbehren; selbst Zola hat das in seiner berühmten Definition anerkannt: ein Kunstwerk sei ein Stück Natur, gesehen

---

[1]) Dieser letzte Vorwurf trifft freilich Zimmermann Ä. 45—47 nicht, der die Freude an der Nachahmung nur für einen Teil des Schönen in Anspruch nimmt, sie aber aus dem allgemeineren ästhetischen Prinzip des Wohlgefallens an überwiegender Identität ableitet. Indessen ist eben dies höhere Prinzip selbst unrichtig.

durch ein Temperament[1]). Denn die zweite Bestimmung in dieser Definition bedeutet doch jedenfalls eine Umbildung der Natur. Nur wird diese Umbildung lediglich von dem individuellen Temperament des Künstlers, nicht von allgemeinen stilbildenden Momenten abhängig gedacht. Die Täuschung, in der sich der Naturalismus hier befindet, ist in ihrer weiten Verbreitung nur erklärlich, weil sich hinter ihr ein sehr berechtigtes Bestreben verbirgt, eine in mechanisch gewordenen Formen erstarrte Kunst durch neue, eindringende, leidenschaftliche Beobachtung zu erfrischen[2]). Die umbildenden Prinzipien bleiben dabei dem Künstler selbst mehr unbewusst, sie werden aber von einer folgenden Generation leicht entdeckt. Wir sind heute verwundert, wenn wir in Ludwig Richters Selbstbiographie lesen, dass die Kunst der Nazarener den Rezepten des verfallenden Zopfstils gegenüber von ihnen selbst und von anderen für naturalistisch angesehen wurde. Aber auch für Zola ist ja längst von Georg Brandes in einem hübschen Aufsatze nachgewiesen worden, dass er durch und durch Romantiker sei. Haltbarer könnte vielleicht manchem der erste Anspruch der Nachahmungstheorie erscheinen, dass in der Freude an nachahmender Thätigkeit die Begründung der Kunst liegt. Man könte das mit der weitverbreiteten Neigung zu nachahmenden Zeichnungen und Spielen bei wilden Völkern und bei Kindern zu stützen suchen. Aber zunächt beschreibt man damit ohne Zweifel nur einen kleinen Teil der Erscheinungen, welche die „Anfänge der Kunst" bilden. Es tritt mit ihnen zugleich

---

[1]) Mes haines, nouvelle édition, Paris 1879, S. 25.

[2]) Wenn man z. B. Zolas theoretische Schriften analysiert, so entdeckt man hinter der wissenschaftlichen Maske überall ein starkes Begehren nach Leben und Unmittelbarkeit in der Kunst. Vgl. z. B. Mes haines, nouv. éd. S. 7: „Je n'ai guère souci de beauté et de perfection. Je me moque des grands siècles. Je n'ai souci que de vie, de lutte, de fièvre." Die hierin liegende Berechtigung des Naturalismus und ihre Grenzen werden allseitig erwogen von Carl Neumann: Der Kampf um die neue Kunst. 2. Aufl. Berlin 1897.

§ 5: Zurückweisung der Nachahmungstheorie.

überall die Freude am Schmuck, besonders des eigenen Körpers, die rhythmische Leitung und Begleitung der Arbeit, die Anfachung der Leidenschaften besonders in Kampfliedern und religiös ekstatischen Tänzen hinzu[1]). So ist also die Freude an der nachahmenden Thätigkeit wohl eine, keineswegs aber die einzige Ursache des Entstehens der Kunst. Indessen selbst wenn das letztere erwiesen werden könnte, würde es nicht das beweisen, was hier bewiesen werden soll. Wenn man nach der Begründung eines Wertgebietes fragt, so meint man damit nicht die Entstehungsursache der ihm angehörenden Erscheinungen. Man will vielmehr wissen, welche Berechtigung die Existenz dieses Gebietes hat, welches die in ihm herrschenden Werte sind. Nun kann eine Kulturerscheinung im Verlaufe der Zeit ganz anderen Werten dienen, als die waren, aus deren Bedürfnis heraus sie entstanden ist. Unsere Chemie entstand aus dem Wunsche, Gold zu machen — wer wird darum den Stein der Weisen als Ziel der jetzigen Chemie bezeichnen wollen? Erkennbar wird der Grund der Daseinsberechtigung vielmehr durch Nachweis der Bestandteile, die den Wert ausmachen und daher auch den Wertmassstab abgeben. So führt auch dieser Anspruch der Nachahmungstheorie auf den vorher erörterten zurück und fällt mit ihm dahin.

Einen Versuch, die Nachahmungstheorie mit der des ästhetischen Scheins zu verbinden, hat in neuerer Zeit K. Groos gemacht. Für ihn besteht das Wesentliche am ästhetischen Genusse in der Thätigkeit des inneren Nachahmens. Das ästhetische Bild ist wie jedes Bild, das wir aufnehmen, nichts Fertiges, nur so von aussen Gegebenes, sondern es wird von uns erzeugt. Aber während uns sonst nur das Resultat dieser wahrnehmenden Thätigkeit interessiert, ist es hier das Thun selbst, welches uns

---

[1]) Vgl. das Thatsachenmaterial bei Grosse: Die Anfänge der Kunst, Freiburg 1894; dazu Bücher: Arbeit und Rhythmus; K. v. d. Steinen: Unter den Naturvölkern Zentral-Brasiliens, Berlin 1894; ferner aus Woermann: Geschichte der Kunst aller Zeiten und Völker. I. Leipzig 1900, das erste Buch.

ganz beschäftigt. „Die um ihrer selbst willen ausgeübte innere Nachahmung ist das edelste Spiel, welches der Mensch kennt"[1]). Diese innere Nachahmung soll zugleich das Charakteristische des Objekts herausheben und als Einfühlung das Objekt beseelen. Man sieht, auch hier wird dem Begriffe der Nachahmung jede Bestimmtheit und Festigkeit genommen. Überdies müsste die Beschaffenheit des ästhetischen Gegenstandes ganz gleichgültig sein, wenn wirklich nur das Spiel der nachahmenden Thätigkeit ästhetisch wesentlich wäre. Nur durch umbiegende Zugeständnisse vermag Groos dieser Konsequenz zu entgehen. Das Motiv der Theorie ist wohl auch bei ihm der Wunsch, die naturalistische Stofferweiterung der modernen Kunst zu rechtfertigen.

Eine verwandte Tendenz verfolgt Konrad Lange[2]) mit einer auch in anderen Punkten an Groos erinnernden Theorie. Seine Ausführungen bieten dem ersten Anblick den verlockenden Vorteil dar, dass sie auf die beiden Fragen nach Begründung und Wertmassstab eine Antwort zu geben scheinen. Lange sieht im künstlerischen Genusse ein freies und bewusstes Schweben, ein fortwährendes Hin- und Herpendeln zwischen Ernst und Spiel, zwischen Schein und Wirklichkeit. Wir halten etwas nicht Wirkliches für wirklich und wissen doch dabei, dass es nicht wirklich ist. Wir täuschen uns selbst, wenn wir eine Statue für einen Menschen halten, aber es ist eine „bewusste Selbsttäuschung". Seine Definition von Kunst lautet dann: „Kunst ist eine durch Übung erworbene Fähigkeit des Menschen, anderen ein von praktischen Interessen losgelöstes, auf einer bewussten Selbsttäuschung

---

[1]) K. Groos: Ästhetisch und schön. Philos. Monatshefte XXIX, 533 (1893). — Ausser diesem Aufsatze vgl. auch K. Groos: Einleitung in die Ästhetik, Giessen 1892. Treffende Kritiken der Theorie von Groos geben Paul Stern: Einfühlung und Association in der neueren Ästhetik. Hamburg 1898 (B. z. Ä. V.) 29 ff. und Lipps: A. f. s. Ph. IV, 446 ff.

[2]) Die bewusste Selbsttäuschung als Kern des künstlerischen Genusses, Leipzig 1895. Vgl. dazu Hugo Spitzer: Kritische Studien zur Ästhetik der Gegenwart. Leipzig 1897, S. 79 ff.

beruhendes Vergnügen zu bereiten"[1]). Man sieht, dass diese Bestimmung zunächst den Grund des Vergnügens an der Nachahmung angeben soll. Man wird allerdings nicht sagen können, dass dieser Grund besonders einleuchtet. Vor allem wird die Kunst hier vom ästhetischen Verhalten gegen die Natur ganz getrennt. Dann aber wird immer die Frage bleiben, warum in Zeiten einer ausgebildeten und weitverbreiteten Technik doch die echten Kunstwerke so selten sind. Den Genuss einer bewussten Selbsttäuschung wird man aus jeder besseren Arbeit eines Akademieschülers ziehen können, um von virtuosen Fertigkeiten, wie wir sie bei einer grossen Zahl auch künstlerisch unbedeutender moderner Franzosen oder bei fast allen bolognesischen Malern des siebzehnten Jahrhunderts antreffen, gar nicht zu reden. Es wird überhaupt schwierig sein, sowohl das „Hinundherpendeln" beim ästhetischen Anschauen nachzuweisen, als auch begreiflich zu machen, warum es, wenn vorhanden, Genuss gewährt. Nun glaubt allerdings Lange mit seiner Formel auch dadurch mehr zu leisten als die alte Nachahmungstheorie, dass er sowohl die Notwendigkeit illusionsstörender Momente aus dem Verlangen, dass die Selbsttäuschung nicht vollständig sondern bewusst sei, ableitet als auch die stimmungserregenden Künste unter seinen Begriff unterordnet. In letzterer Beziehung geht er durchaus auf platonisch-aristotelischen Pfaden. Stimmungserzeugung ist ihm Stimmungsnachahmung, und der Genuss beruht wieder darauf, dass wir uns bewusst die Stimmung vortäuschen. Wenigstens scheint das der Sinn seiner Ausführungen zu sein, die an diesem schwierigen Punkte nicht ganz klar sind[2]). Die hierin liegende Erweiterung des Nachahmungsbegriffes habe ich schon oben zurückgewiesen; die Behauptung, dass das künstlerisch erzeugte Gefühl ein vorgetäuschtes Gefühl sei, scheint kaum einen vernünftigen Sinn zu geben. Höchstens könnte man doch sagen,

---

[1] a. a. O. S. 23.
[2] Vergl. bes. S. 13.

es sei ein Gefühl, dessen Ursache keine Realität habe. Nun wäre aber auch das nicht zutreffend, denn ein lyrisches Gedicht ist als Stimmungsursache ganz ebenso real, wie etwa der Anblick eines Gebirges oder eines spielenden Kindes. Was ferner die Rechtfertigung der Abweichungen des Kunstwerks von der Natur durch die Bewusstheit der Selbsttäuschung betrifft, so kann diese jedenfalls den Vorzug einer Zeichnung vor einer Photographie nicht begründen; denn die Photographie weicht zweifellos genügend von der Natur ab, um eine unbewusste Verwechselung zu verhindern: sie ist ja farblos und zweidimensional. Ist aber eine Verwechselung mit der Natur ausgeschlossen, so müsste doch der Wert eines Kunstwerkes mit der Naturtreue wachsen, eine Photographie also unbedingt künstlerisch unendlich wertvoller sein als eine Umrisszeichnung. So haben sich also alle Vorzüge der Langeschen „bewussten Selbsttäuschung" vor der alten „Nachahmung" als unbewusste Selbsttäuschungen ihres Urhebers herausgestellt[1]).

Die Nachahmungstheorie in ihrer alten Form wie in ihrer veränderten Erneuerung hat sich als unfähig erwiesen, das zu leisten, was sie zu leisten vorgiebt. Es ist aber ausserdem noch eine prinzipielle Widerlegung dieser Theorie möglich, indem man zeigt, dass sie von falschen erkenntnistheoretischen Voraussetzungen ausgeht. Die naive Auffassung hält unser Erkennen

---

[1]) Dabei bin ich absichtlich garnicht mit tieferen Beweisgründen, die von den ästhetischen Grundbegriffen hergenommen werden könnten, gegen ihn vorgegangen, denn sonst könnte es mir vielleicht begegnen, dass Lange auch über meine Ausführungen wie über die „schwierige und komplizierte Terminologie" älterer Ästhetiker in Staunen geriete, aber dabei das „unbestimmte Gefühl" hätte, dadurch „nicht eigentlich klüger zu werden" (a. a. O. S. 5). Sehr merkwürdig übrigens ist es, wie Lange hier sein unbestimmtes Gefühl für eine genügende Verurteilung aller grossen Ästhetiker hält — nur Moses Mendelssohn und Groos scheint er von diesem Verdammungsurteil auszunehmen — dabei aber höchst entrüstet ist, wenn man seine eigenen Aufstellungen nicht eingehend berücksichtigt. (Vergl. z. B. die Rezension über Speranski und Riehl in Z. f. Ps. XIX, 312.)

§ 5: Zurückweisung der Nachahmungstheorie. 113

für ein Abbilden einer ausserhalb des Geistes bestehenden Wirklichkeit. Schon Plato hat gesehen, dass diese Ansicht in ihrer gewöhnlichen Form die Erkenntnis des Allgemeinen nicht zu erklären vermag. Er war aber doch so tief in den Voraussetzungen des gewöhnlichen Denkens befangen, dass er nur an Stelle des Abbildens der sinnlich erscheinenden Welt das Schauen einer überwirklichen Ideenwelt setzte[1]). Nachdem dann der Rationalismus des 17. Jahrhunderts die Selbstgewissheit des Denkens als den Grund aller Wahrheit herausgehoben hatte, haben besonders Malebranche und Berkeley gezeigt, in welche Schwierigkeiten sich jene naive Abbildungstheorie verwickelt. Im Prinzip hat doch erst Kant mit ihr gebrochen. Er wies nach, dass schon im Zustandekommen einer Gegenstandsvorstellung die Funktionen des Denkens sich schöpferisch thätig erweisen, dass alles Erkennen, vorwissenschaftliches und in höherer Potenz wissenschaftliches, ein Umbilden eines Gegebenen darstellt, dass wir uns den Stoff der blossen Gegebenheit, abgesehen von jener umbildenden Thätigkeit, nicht einmal vorzustellen vermögen. Man erkennt leicht, dass so die nachgeahmte Welt gleichsam in ihrer Festigkeit zerstört ist. Was soll denn eigentlich die Kunst nachahmen? Den blossen Stoff der Gegebenheit? Aber der ist ja eine nie zu realisierende Abstraktion. Oder die durch das vorwissenschaftliche Denken geformte Welt? Aber diese Welt ist ja gar keine gegebene Einheit sondern eine fortwährende Aufgabe — und augenscheinlich ist sie dem Denken, das in der Wissenschaft zum Bewusstsein seiner Ziele gelangt, in anderer Weise aufgegeben als dem künstlerischen Gestalten. Diese Gedankenreihe hat Conrad Fiedler in vortrefflicher Weise für die bildende Kunst durchgeführt. Er hat gezeigt, dass die Vorstellung des Körpers wie der Maler oder Bildhauer sie schafft, vor seiner Thätigkeit ebenso wenig vorhanden

---

[1]) Inbezug auf die Kunst hat wohl zuerst Plotin, wiewohl noch nicht prinzipiell, die Nachahmungstheorie verlassen. Ed. Müller, G. d. Th. II, 312 f.

Cohn, Ästhetik. 8

ist, als etwa die Welt der physikalischen Atomtheorie vor der Forschung des Physikers[1]). Nirgends ist uns eine Welt einfach gegeben, die nur nachzubilden wäre, überall ein Stoff, aus dem wir eine Welt zu bilden die Pflicht haben. Von hier aus wird auch das Verhältnis der Kunst zum Gesamtgebiete des Ästhetischen allererst vollständig deutlich. Das Anschauen der Natur, die ästhetische Versenkung in ihren Anblick ist der erste Schritt einer künstlerischen Gestaltung. Aber ein solches Verhalten bleibt arm und unbestimmt in seinen Ergebnissen, wenn nicht die Notwendigkeit hinzutritt, ihm eine Gestalt zu schaffen. Die Künstler und Dichter, so sagt ein vielcitiertes tiefsinniges Wort, haben den Griechen ihre Götter geschaffen — die Künstler, so können wir diesen Ausspruch variieren, haben uns erst gelehrt, die Welt als eine schöne zu sehen. Goethe hat es wiederholt beschrieben, wie er von den Gemälden eines Künstlers herkommend, nun auch draussen in der Natur überall die Motive, die Farben jenes Meisters sah, gleichsam seine Augen sich entliehen hatte. So ist unsere ästhetische Naturanschauung ohne die Kunst so wenig denkbar wie unser gewöhnliches Denken ohne die Wissenschaft. Auf beiden Gebieten besteht fast das gleiche Verhältnis.

§ 6. Stil.

Wenn man durch erkenntnistheoretische Erwägungen den Nachahmungsbegriff völlig auflöst, so scheint man damit doch in eigentümliche Schwierigkeiten zu geraten. Seit dem Altertum unterscheidet man in Poesie, Malerei und Plastik zwischen solchen Künstlern, die die Natur, wie sie ist, wiederzugeben streben, und

---

[1]) Vgl. bes. 169 ff. und die ersten Kap. von „Der Ursprung der künstlerischen Thätigkeit" 187 ff. — Der im Text herausgehobene Kern von Fiedlers Beweisführung bleibt völlig unangetastet, auch wenn man weder den extremen Nominalismus seiner Erkenntnislehre noch den Formalismus seiner Kunsttheorie billigt. — Den Zusammenhang des erkenntnistheoretischen und des kunsttheoretischen Problems im angegebenen Sinne hat übrigens schon Schleiermacher: Vorlesungen über Ästhetik, herausgeg. von Lommatzsch, Berlin 1842 (Werke III. Abt., 7. Bd.) S. 98 ff. angedeutet.

anderen, die sie erhöhen, verstärken, umgestalten. In anderer Weise wiederum unterscheidet sich ein naturalistisch gemeisseltes Akanthusblatt von dem Akanthusblatt des korinthischen Kapitäls durch sein näheres Verhältnis zur Natur. Es wird notwendig sein, für diese Verschiedenheiten eine begriffliche Darstellung zu finden. Man muss zu diesem Zwecke zunächst die besondere Bedeutung festlegen, in der das vieldeutige Wort „Natur" hier gebraucht werden soll. Natur bedeutet in unserem Zusammenhange nichts weiter als das Erlebnis, wie es vor der künstlerischen Gestaltung ist. Wir sehen etwa ein Akanthusblatt. Unsere Auffassung dieses Blattes wird zunächst, wenn wir es ohne künstlerische Absichten nur so ansehen, flüchtig und unbestimmt sein. Der naturalistische Zeichner bestimmt diese unbestimmte Anschauung. Er wählt eine Stellung des Blattes, in der seine wesentlichen Teile deutlich hervortreten, er macht sich die wichtigsten Proportionen des Blattes klar, giebt die einzelnen Adern und Zacken in seiner Technik wieder. Damit ist eine genauere anschauliche Bestimmung des ursprünglichen Eindrucks gewonnen, zugleich ist freilich die Abbildung schon durchaus Umbildung, aber ihre Absicht bleibt es, die wesentlichen Eigentümlichkeiten des ersten Eindrucks festzuhalten. Das Akanthusblatt im korinthischen Kapitäl dagegen teilt mit dem Naturgebilde nur mehr die allgemeine Form. Es ist etwas auch dem wesentlichen Eindrucke nach ganz Anderes daraus geworden. „In einem neuen, plastischen Stoff gedacht, gewinnt es eine Spannkraft und Biegsamkeit, einen Reichtum der Umrisse und der Modellierung, wovon im grünen Bärenklau nur die halbversteckten Elemente liegen"[1]. Es kommt hier augenscheinlich auf etwas Anderes an, als im ersten Falle. Wenn man vom Ausdrucksprinzipe ausgeht, kann man den Unterschied etwa in die Worte fassen: Dem naturalistischen Zeichner liegt daran, gerade das ganz besondere Leben dieses Akanthusblattes

---

[1] Jacob Burckhardt: Der Cicerone I. 6. Aufl., 9.

zu fassen, dem Schöpfer des korinthischen Kapitäls war die Naturform nur eine Anregung, um ein lebendiges Gebilde zu schaffen, dessen sein architektonisches Ganzes bedurfte. Augenscheinlich liegen zwischen diesen beiden extremen Fällen unzählige Möglichkeiten. Man bezeichnet die mehr oder minder grosse Umbildung des Naturvorganges oder Naturgegenstandes im Kunstwerk als Stilisierung.

Einem so beziehungsreichen Begriffe wie dem des Stils muss man sich von verschiedenen Seiten her nähern. Es wird unsere Auffassung bereichern, wenn wir Goethes Bestimmung des Stils entwickeln. Er ging dabei von der bildenden Kunst aus und unterschied hier drei Stufen als einfache Nachahmung der Natur, Manier und Stil[1]). Bei der Naturnachahmung im Sinne Goethes, der als Beispiel die gewissenhafte und innige Sorgfalt des Stilllebenmalers anführt, ist alle Aufmerksamkeit auf die Darstellung des im Vorbild Wesentlichen gerichtet; die Stilprinzipien bleiben hier unbewusst und latent. Weder der Künstler noch der Beschauer wird auf sie achten, weil es lediglich die scheinbar selbstverständlichen Bedingungen der Technik und des Inhalts sind, die uns erst bewusst werden, wenn wir ihre Verletzung spüren. Dann aber wird auf einer höheren Stufe das Kunstwerk gewissermassen zur Sprache einer besonderen Persönlichkeit, der Künstler bildet sich seine Manier, die Dinge darzustellen. Manier ist von Goethe ausdrücklich in gutem Sinne ohne den gewöhnlich damit verbundenen tadelnden Beigeschmack gebraucht worden. So kann man etwa bei bedeutenden Porträtisten, einem van Dyck z. B. oder Lenbach eine sich gleichbleibende Manier der Darstellung bei aller Verschiedenheit der einzelnen Bilder wohl erkennen. Die höchste Stufe ist der Stil, in welchem alle Gestaltungsprinzipien nicht mehr

---

[1]) Werke, XXIV, 525 vergl. dazu Heinrich v. Stein, Goethe u. Schiller, Leipzig o. J. (Reclam) S. 27 ff. — Goethes Gedanken sind im Texte absichtlich vereinfacht und vor allem von ihren metaphysischen Bestandteilen befreit worden.

der Persönlichkeit des Künstlers, sondern der inneren Notwendigkeit der Darstellung entspringen. Wie sich Goethe die Entdeckung von Stilregeln gedacht hat, zeigt ein Wort aus seiner Auseinandersetzung mit Diderot, wo er von den Künstlern sagt[1]): „Sie konvenieren nicht über dies und jenes, das aber anders sein könnte, sie reden nicht mit einander ab, etwas Ungeschicktes für das Rechte gelten zu lassen, sondern sie bilden zuletzt die Regeln aus sich selbst nach Kunstgesetzen, die ebenso wahr in der Natur des bildenden Genius liegen, als die grosse, allgemeine Natur die organischen Gesetze ewig thätig bewahrt."

Man kann die vorstehenden Überlegungen dahin zusammenfassen, dass **Gesetze des Stils diejenigen Prinzipien künstlerischer Umgestaltung des natürlichen Erlebnisses sind, welche als notwendig aus dem Wesen der betreffenden Kunstart und Kunstabsicht hervorgehend empfunden werden.** Ein Werk, welches diese Normen verletzt, ist stillos; ein Werk, in welchem die Umgestaltung nach Stilprinzipien sofort stark hervortritt, ist stilisiert. Nun spricht man aber von Stil keineswegs nur bei denjenigen Kunstarten, die von einem einzelnen ausserkünstlerischen Erlebnisse ausgehen, sondern auch bei solchen, die eine freie Neugestaltung geben und nur in ihrem allgemeinen Stimmungsgehalt so wie in gewissen Nebenpunkten auf eine nicht künstlerische Wirklichkeit hinweisen: bei der Musik, dem geometrischen Ornament, der Architektur etc. Auf diese Künste ist unsere Begriffsbestimmung mit einer leichten Änderung zu übertragen. Man kann nämlich einfach statt „Prinzipien der Umgestaltung eines natürlichen Erlebnisses" die Worte „Prinzipien der Gestaltung des künstlerischen Materials" einsetzen. Unter Material wird hierbei alles das verstanden, was der Künstler zum Schaffen verwendet. Ein solches Material, das für sich ausserkünstlerisch ist, ist überall vorhanden:

---

[1]) Diderots Versuch über die Malerei, Werke, XXVIII, 54.

Töne, Arten des Zeitablaufs, Linien, Phantasiebilder, Wörter fallen ebenso gut unter diesen Begriff wie etwa die Zeitungsnotiz, welcher der Dichter die Fabel einer Novelle verdankt[1]). Der Versuch, die Stilregeln im einzelnen zu bestimmen, kann naturgemäss stets nur für eine besondere Kunstart ausgeführt werden. Hier ist es nur möglich, einige allgemeine Gesichtspunkte aufzustellen. Leicht wird bemerkt werden, dass die Stilgesetze eine besonders enge Beziehung zu den Prinzipien der Formung haben. Es ist für jede Kunstart entscheidend, wie in ihr Vollständigkeit, Einheit, Klarheit und Deutlichkeit erreicht werden. Ein grosser Teil aller Stilgesetze sind geradezu Anwendungen dieser allgemeinsten Formungsprinzipien unter besonderen Bedingungen. Vielfach, besonders in Musik und Architektur, haben sich diese Prinzipien zu technischen Vorschriften verdichtet. Alle Technik aber ist in erster Linie abhängig von den besonderen Bedingungen der Objektivation in jeder einzelnen Kunstart. Im Drama z. B. sind die auf der Bühne handelnden und redenden Personen selbst die Träger der Objektivation. In einer relativ kurzen Zeit soll sich die Handlung direkt vor den Augen einer lauschenden und schauenden Menge abspielen. Es muss demnach die ganze Handlung in eine beschränkte Zahl von Scenen konzentriert werden, der Inhalt dieser Scenen muss in markanten Worten und Bewegungen der Schauspieler ausgesprochen sein. Das Bühnenbild ferner entlastet den Dichter von allen Schilderungen der Personen und ihrer Umgebung. Alles dies treibt dazu, aus einer zu dramatisierenden Handlung die Höhepunkte herauszuarbeiten; das Drama verlangt eine viel stärkere Auswahl, eine viel entschiedenere Zuspitzung des Gewählten als etwa der Roman. Ähnlich folgt aus dem früher dargelegten Gegensatze der malerischen und plastischen

---

[1]) Durch diese Bestimmungen glaube ich auch, den verschiedenen Bedeutungen des Wortes Stil gerecht zu werden. Vgl. übrigens zu Stil im allgemeinen: Vischer: Ä. III, 122—142. Lotze: G. d. Ä. 452 f. 601 f.

§ 6: Stil. 119

Objektivation eine Fülle stilistischer Normen. Der Bildhauer isoliert die Gestalt für sich, der Maler den Raumausschnitt mit dem in ihm herrschenden Lichte. Daraus folgt, dass dem Maler in den Gegensätzen des Helldunkels ganz andere Mittel der Abhebung, der Verdeutlichung zur Verfügung stehen als dem Bildhauer. Indessen gerade hier könnte leicht ein Einwand gemacht werden. Man spricht doch von malerischem Stile auch in der Plastik und Architektur und will damit keineswegs einen Tadel ausdrücken[1]). Vielmehr wirkt sehr häufig die Einwirkung einer Kunstart auf die andere befruchtend, sie erweitert die Ausdrucksmöglichkeiten, indem z. B. Darstellungsmittel, die in der Malerei leichter zu entdecken waren, nun auf die Plastik übertragen werden[2]). Auch die Plastik bevorzugt dann Gestalten, bei denen mehr der malerische Gegensatz belichteter Massen und schattiger Tiefen als der plastische Organismus der in klarer Folge sich entfaltenden Glieder herrscht. Aber diese Einwirkung einer Kunst auf die andere ist immer in bestimmte Grenzen gebannt, wenn nicht Stillosigkeit entstehen soll. Die Barockplastik bietet in ihren marmornen Wolken und manchem Ähnlichen die auffallendsten Beispiele dafür. Wo überall die Grenze liegt, das festzustellen ist Sache der speziellen Kunsttheorie; es lässt sich hier jeder Fall nur nach seinen besonderen Bedingungen beurteilen.

Aber nicht nur jede Kunstart hat ihre eigentümlichen Stilregeln, sondern innerhalb einer solchen auch wieder jeder besondere Stoff und jede Art der Herstellungstechnik[3]). In der Plastik etwa fordert die Bronze mit ihrer Undurchsichtigkeit, ihrem starken Metallglanz und ihrer dunklen Farbe, mit ihrer

---

[1]) Vgl. Wölfflin: Renaissance und Barock. München 1888. S. 15 ff., wo eine Analyse des malerischen Stiles gegeben ist.

[2]) Vgl. Justi: Michelangelo. Leipzig 1900. S. 400 f.

[3]) Diese Seite der Stilregeln — wesentlich identisch mit Rumohrs Begriff des Stils (Italien. Forschungen, Berlin 1827) — ist für Architektur und Kunstgewerbe sehr eingehend behandelt von Semper: Der Stil. 2. Aufl. München 1878.

Gusstechnik, die es erlaubt, hohle, daher relativ leichte und dabei sehr haltbare Formen herzustellen, eine wesentlich andere Behandlung als der in dünnen Schichten durchscheinende, krystallinisch glänzende, helle, mit dem Meissel bearbeitete, solide, darum schwere und brüchige Marmor. Auch in der Poesie macht sich die Eigenart der besonderen Sprache stilbildend geltend. Es ist oft darauf hingewiesen worden, wie viel leichter die Reimverschlingungen der Stanze, der Terzine, des Sonettes in der italienischen Sprache mit ihren sich stets wiederholenden Flexionsendungen gelingen als in der deutschen, deren Flexionssilben entweder verschwunden oder tonlos sind. Daher legen diese Formen dem Dichter dort in Wortwahl und Wortstellung viel weniger Schwierigkeiten auf als im Deutschen. Terzine und Stanze können im Italienischen epische Versmasse sein, während bei uns ihre Künstlichkeit dem freien epischen Flusse widerstreitet[1]).

Nicht nur die Art der Objektivation, auch die Eigentümlichkeit des besonderen Ausdrucks, den ein Kunstwerk erstrebt, ist stilbildend. Es wäre absurd, die Flüche eines Fuhrknechts, ausser zu parodistischem Zwecke, in Sonettenform mitzuteilen, es wäre geschmacklos, feierlichen, getragenen Ernst in zwanglos saloppen Versen zu geben. Das Getümmel einer Schlacht lässt sich malerisch nicht in die strenge Symmetrie eines älteren Altarbildes zwängen. Was hier an einigen absichtlich extrem gewählten Beispielen gezeigt wurde, lässt sich überall auch für feinere Nüancen nachweisen. Aber dieses Verhältnis kann erst näher erläutert werden, wenn die innere Einheit von Ausdruck und Gestaltung klar erfasst worden ist.

In allen voranstehenden Erwägungen ist das Wort „Stil" als Gestaltung nach innerlich notwendigen Prinzipien gefasst worden. Nun spricht man aber innerhalb derselben Kunstart doch noch

---

[1]) Vgl. U. v. Wilamowitz-Möllendorff: Was ist übersetzen? Reden und Vorträge. Berlin 1900. Bes. S. 10 f.

von verschiedenen Stilarten. Man sagt, ein Werk sei im hohen oder niederen, idealistischen oder realistischen[1]) Stile geschaffen. Dieser Gegensatz fällt zum Teil mit dem oben angedeuteten von stilisierten und nicht stilisierten Werken zusammen, aber er beleuchtet diesen Gegensatz von einer neuen Seite. Augenscheinlich nämlich ist die Wahl des rechten Masses von Stilisierung selbst eine Forderung des Stiles, und zwar eine von denen, die von der Art des erstrebten Ausdruckes abhängen. Im Ganzen kann man sagen, dass wo in erster Linie Lebensfülle erreicht werden soll, eine mehr naturalistische, wo die innere Harmonie das Ziel ist, eine stärker stilisierte Behandlung gefordert sein wird. Es handelt sich dabei ebensowenig um absolute Gegensätze, ebenso sehr um eine Reihe stetiger Übergänge wie bei der Unterscheidung naturalistischer und stilisierter Kunst überhaupt.

Aber wenn wir von Unterschieden des Stils reden, so denken wir nicht nur an jene allgemeinen Gegensätze sondern auch an bestimmte, einer besonderen Kulturperiode angehörige Weisen künstlerischer Gestaltung. So reden wir vom Stile der Japaner oder vom gotischen Stile. Dieser historische Stil scheint zunächst mit dem sachlich begründeten, der bisher betrachtet wurde, nur den Namen gemein zu haben. In gotischem Stile sind Kirchen, Rathäuser, Paläste und bürgerliche Wohnungen gebaut worden, seine Formen sind in Back- und Haustein, in Holzschnitzerei und Metall ausgeführt worden, er hat Malerei und Plastik in seinen Bann gezogen. Alle diese Techniken und Kunstarten finden sich auch in anderen Stilen, so dass der historische Stil ihnen gegenüber etwas Zufälliges und Äusserliches zu sein scheint. Und doch führt auch der historische Stil eine besondere Art von Notwendigkeit mit sich. Wir

---

[1]) Diese Begriffe bemüht sich Volkelt: Ästhetische Zeitfragen. München 1895. Vierter Vortrag S. 111 durch präzisere zu ersetzen. Ich gehe nur der in meinem Zusammenhange gebotenen Kürze wegen auf diese wertvollen Anregungen nicht ein.

unterscheiden den Stil, der zu den grossen, ganze Perioden charakterisierenden geschichtlichen Bewegungen in Beziehung steht, sehr wohl von den wechselnden Launen der blossen Mode. Auch der historische Stil durchdringt die gesamte Gestaltung eines Werkes, auch er wirkt auf den Beschauer als eine innerlich notwendige Form. Auch ihm gegenüber reden wir von Stillosigkeit, wo er nur äusserlich angewendet wird, wie bei vielen modernen Nachahmungen alter Werke, oder wo einzelne Teile aus dem Charakter des Ganzen herausfallen. Ein echter historischer Stil verwächst mit dem Bilde der Zeit, die ihn hervorbrachte, zu einem Ganzen: er konnte, scheint es, gar nicht anders sein. In dieser inneren Einheit und Notwendigkeit liegt das Anziehende von Werken aus Zeiten eines durchgebildeten Stils — eine Anziehungskraft, die sich besonders gegenüber den Stil suchenden Menschen der Gegenwart oder der hadrianischen Periode wirksam zeigt. Allen Stilarten, den sachlich wie den historisch begründeten, ist die Forderung gemeinsam, dass sie in dem ganzen Kunstwerk gleichartig durchgeführt werden. Dies ist die Forderung der Stileinheit [1]). Fasst man diese Charakteristik des historischen Stils mit dem über den sachlichen Stil Gesagten zusammen, so kann man den Stil ganz allgemein definieren als die Summe der künstlerischen Gestaltungsprinzipien, welche als für das Kunstwerk nach seiner Sonderart und nach seiner historischen Stellung bindend empfunden werden. Die historische Stellung tritt hier in unmittelbare Parallele mit den technisch und inhaltlich bedingten Gestaltungsprinzipien. Dies ist ein Ausdruck dafür, dass wie alle Kulturarbeit so auch die Kunst nicht, von rein vernunftmässigen Prinzipien allein

---

[1]) Damit soll weder gegen den malerischen noch gegen den historisch-phantastischen Reiz von Bauwerken, die, allmählich entstanden und oft verändert, verschiedene Stilarten vereinigen, etwas gesagt werden. Sie wirken oft weniger als ein Kunstwerk, denn als ein Mikrokosmos, ein Niederschlag einer langen Kultur, der fast wieder Natur geworden zu sein scheint.

beherrscht, in einem idealen Äther schwebt, sondern auf dem Boden einer besonderen, für die Vernunft nie ganz durchdringlichen, für das einzelne Werk aber bindenden Gesittung erwächst. In einer solchen Gesittung prägen sich technische Bedingungen — etwa das Vorwalten eines bestimmten Baumaterials —, die Eigenart des Klimas, die das Leben ins Freie weist oder in das Haus einschliesst, ebenso gut aus wie die besonderen, etwa kriegerischen oder religiösen Interessen, die eine Zeit erfüllen, die gehobene oder ernste oder lässig hingegebene Lebensart, die in ihr herrscht. Es ist Aufgabe der Kunstgeschichte, alle Faktoren, die zu einer Stilbildung beitragen, zu analysieren und in ihrem Wert gegen einander abzuwägen. Stets wird sich dabei zeigen, wie innig die Gestaltung mit dem auszudrückenden Lebensgefühle einer Zeit oder eines Volkes zusammenhängt. Von neuem führt der Begriff des Stiles über die Grenzen dieses Kapitels hinaus.

III. Kapitel.
Die Einheit des Ausdrucks und der Gestaltung.

§ 1. Begriffliche Erörterung.

In den Betrachtungen über den Stil hat sich uns immer entschiedener gezeigt, dass die Gestaltungs- und die Ausdrucksprinzipien nicht gleichgültig neben einander bestehen sondern einander durchdringen. Es erwächst uns daher die Aufgabe, das Verhältnis der Seiten des ästhetischen Wertes zu einander zu untersuchen. Das erste, was sich dabei feststellen lässt, ist, dass diese beiden nie ohne einander vorhanden sein können. Jeder Ausdruck hat seinem Begriffe nach eine Gestalt, d. h. das innere Leben giebt sich irgendwie anschaulich kund. Aber diese Gestalt hat auch stets mindestens den Anfang dessen, was wir Gestaltung nannten. Denn damit irgend etwas als Ausdruck gefasst werde, muss es von der unbestimmten Masse der Eindrücke gesondert sein oder als gesondert aufgefasst werden. Das neu Auftretende, wie es überhaupt unsre Aufmerksamkeit auf sich zieht, wird auch am leichtesten als Ausdruck gefasst. Andererseits erhält jedes Gestaltete, sobald es intensiv betrachtet wird, einen Ausdruckswert. Die abstrakteste Regelmässigkeit ist immer noch Ausdruck einer inneren Ordnung, in der mehr oder minder deutlich ein ordnender Geist gespürt wird. Gestaltung und Ausdruck sind also ohne einander nicht denkbar, und je mehr man sich dem eigentlich Ästhetischen zuwendet, um so vollständiger sind beide Seiten vorhanden. Jeder der beiden Begriffe ist so gewonnen, dass der Inhalt des anderen bei der Abstraktion absichtlich vernachlässigt wurde. Diese Abstraktion wird dadurch erleichtert, dass sich überall Reihen von Erscheinungen bilden lassen, die vom überwiegenden Ausdruck zur überwiegenden Gestaltung fortgehen. Im Schrei ist vom Gestaltungsmoment nur die heraushebende Isolation vorhanden. Die in Worte gefasste Klage stellt bereits das Wesentliche des inneren Zustandes und seiner Ursachen bewusst ans Licht, hier kann in der Betonung und Wiederholung des Hauptsächlichen, in einer gewissen Gruppierung des Ganzen in Anfang, Höhepunkt und Ausklingen eine durchgeführtere Gestaltung eintreten. Diese Gestaltung gewinnt kunstmässige Form in leidenschaftlicher, formell einfacher Lyrik. Man denke z. B. an Goethes „Nur wer die Sehnsucht kennt". In solchen Liedern überwiegt noch die Ausdrucksseite, der sich die Gestaltung gewissermassen unterordnet. Im Vergleiche dazu tritt in einer kunstvolleren Lyrik, etwa in Goethes „Trost in Thränen", die Gestaltung viel stärker hervor, bleibt aber noch voll mit Ausdruck gesättigt. Wir haben hier den centralen Fall, wo beide Seiten in vollem Gleichgewichte stehen. Darüber hinaus liegen dann Gedichte, in denen die Form das Wichtigste ist. In Uhlands graziösen Glossen wiegt der Inhalt leicht, interessiert für sich genommen wenig; vielmehr macht wesentlich die Meisterschaft der Gestaltung den Zauber des kleinen

§ 1: Begriffliche Erörterung. 125

Kunstwerkes aus, indem die Glossierung der gegebenen Verse auf eine Gruppe verschiedener Charaktere in reizvoller Abwechselung und spielender Einheit verteilt wird. Noch mehr überwiegt die Gestaltung bei Versspielereien, Versen z. B. mit gegebenen Endreimen, bei denen der Inhalt völlig gleichgültig wird. Auch hier fehlt ein Ausgedrücktes nicht, aber es ist gleichsam nur Vorwand für ein spielerisches Gestalten. Wenn man eine solche Reihe überblickt, so sieht man sofort, dass ihre extremen Glieder nicht mehr ästhetisch sind, dass der Kern des ästhetischen Gebietes dort liegt, wo beide Seiten am vollkommensten mit einander entwickelt sind. Gestaltung und Ausdruck verhalten sich zu einander ganz ähnlich, wie die beiden Faktoren, die in unserem Denken stets zusammen wirken müssen, die Gegebenheit und die Bearbeitung. Es lässt sich nichts Gegebenes denken, an dem nicht irgend eine logische Funktion haftete. Schon die Heraushebung irgend eines Eindruckes, eines Jetzt und Hier, wie Hegel sagt, ist zugleich Festhaltung eines in sich Identischen und Unterscheidung desselben von allem Übrigen. Andrerseits lässt sich keine Denkfunktion isolieren, ohne dass mindestens die Form der Gegebenheit mitgedacht würde. Wenn wir den Satz der Identität aussprechen, so wird dabei stets irgend etwas vorausgesetzt, was als identisch festgehalten werden soll. Dabei kann aber bald der eine, bald der andere dieser beiden Faktoren eine herrschende Rolle spielen: von der ganz auf die Gegebenheit gerichteten Heraushebung eines Gegenstandes durch eine demonstrative Gebärde bis zu den Abstraktionen der reinen Logik giebt es alle Übergänge. Man hat es in beiden Fällen, bei den logischen wie bei den ästhetischen Grundbegriffen, mit zwei Faktoren zu thun, deren vollständige Sonderung ein unerreichbares Postulat der Abstraktion ist, deren relative Bedeutung aber vom entschiedensten Überwiegen des einen bis zum entschiedensten Überwiegen des andern wechselt.

Nun aber ist mit diesem notwendigen Zusammensein das

Verhältnis von Gestaltung und Ausdruck noch keineswegs wesentlich dargestellt. Ein notwendiges Zusammensein findet z. B. auch zwischen Farbe und räumlich ausgedehnter Form statt. Jede Form muss irgendwie gefärbt sein, falls man die blossen Helligkeiten, weiss, grau, schwarz dem Begriff der Farbe unterordnet; jede Farbe ferner muss irgend eine räumliche Form haben, mag diese Form auch unbestimmt, etwa mit verwaschenen Rändern gedacht sein. So können Farbe und Form nicht ohne einander sein; aber sie bleiben dabei ihrer besonderen Bestimmtheit nach gleichgültig gegen einander. Jede Farbe kann jede Form haben, keine Farbe hat eine besondere Beziehung zu einer bestimmten Form. So steht es mit Ausdruck und Gestaltung ganz und gar nicht. Vielmehr sucht der nach Ausdruck strebende Inhalt die **ihm** adäquate Gestaltung. Der Ausdruck selbst wird zum Prinzip der Gestaltung, die Gestaltung wird ausdrucksvoll. Man zerstört die wesentliche Einheit eines ästhetischen Eindrucks, wenn man die beiden Seiten für sich betrachtet. Hier handelt es sich also **nicht um ein blosses Zusammensein, sondern um ein innerliches Zusammengehören.** Es ist abstrakt und im Grunde völlig kunstfremd gesprochen, wenn man sagt, zwei verschiedene Kunstwerke, etwa ein Bild und ein Gedicht oder eine Novelle und ein Drama können je dasselbe ausdrücken. Man denke sich irgend etwas, etwa den Tod eines Helden einmal malerisch, das andere Mal episch, das dritte Mal dramatisch dargestellt. Jede dieser Darstellungen muss dann ganz andere Seiten hervorheben. In dem Gemälde wird uns das Hinsinken einer kraftvollen Gestalt, die vielleicht trotz der tötlichen Wunde sich noch vergeblich zu neuem Kampf zu erheben sucht, vorgeführt werden. Es bleibt der Vorzug des bildenden Künstlers, dass er den Kampf von Heldenkraft und Todesschwäche bis in das letzte Glied hinein durchbilden kann. Der Epiker wird uns die Laufbahn des Fallenden in aller Breite geschildert haben, jetzt wird er seinen Fall mit allen begleitenden Nebenumständen anschaulich machen. Der

Tod ist hier nicht das Erliegen eines Heldenleibes, sondern der würdig-ernste Abschluss eines Heldenlebens. Was im Epos breit geschildert werden konnte, wird der Dramatiker kurz zusammenziehen; nur auf das Wesentliche der Entwickelung wird unser Geist gerichtet werden, und in dieser Concentration wird alles knapper, weniger reich im Detail, aber um so gespannter, energischer vor uns hintreten. Die Identität des Stoffes ist nur eine scheinbare, und sie wird um so mehr nur scheinbar sein, je vollendeter jedes der Kunstwerke in seiner Art ist. Solche Betrachtungen liegen gewissermassen in der Richtung von Lessings Laokoon, dessen Grundgedanke wesentlich zutreffend bleibt, so viel man über Einzelheiten streiten mag.

In dieser Einheit der Gestaltung und des Ausdrucks liegt das Unbeschreibliche jedes echten Kunstwerkes. Denn indem jede Schilderung das Ausgedrückte dem Verstand nahe bringt, verändert sie es auch, nimmt sie ihm seine eigentümliche Wirklichkeit. Auch die Schwierigkeit der Übersetzung poetischer Werke beruht darauf. Jede Sprache grenzt die Begriffe etwas anders ab, jede lässt einen eigentümlichen Gefühlston bei ihren Worten mitschwingen, der dem sinnverwandten Worte einer anderen Sprache vielleicht gänzlich fehlt. Dazu kommt noch, dass Klangcharakter und rhythmische Gestaltbarkeit in jeder Sprache andere sind. Darum muss jede Übersetzung eine Art Neuschöpfung sein, sofern sie einen künstlerischen Eindruck erstrebt. Bei derjenigen Gattung der Poesie, die die Sprache am meisten in ihren gefühlsmässigen Beziehungen verwendet, bei der Lyrik, wird es vielleicht dem Ausländer überhaupt schwer gelingen, den ganzen Reiz der Dichtung zu fühlen; denn er empfindet nicht jene unbeschreibbaren Nüancen, die durch die Wahl eines häufigeren oder selteneren Wortes, durch eine ungewöhnliche Wortstellung, eine kühne grammatische Fügung erreicht werden. Ob wohl ein Nichtdeutscher, falls er nicht halb zum Deutschen geworden ist, den Zauber mitfühlen kann, den der Goethesche Vers „und so tritt sie vor den Spiegel all in ihrer Lieblichkeit" durch die kühne Inversion gewinnt?

Die notwendige Zusammengehörigkeit beider Seiten haben wir durch den Satz zu erfassen gemeint: Der Ausdruck sucht die ihm adäquate Gestaltung. In diesem Satze liegt noch etwas mehr, als bis jetzt hervorgehoben wurde, nämlich dass die vollendete Einheit nichts Selbstverständliches, überall Vorhandenes, sondern vielmehr das seltenste schönste Geschenk der Natur oder die reifste Frucht des künstlerischen Genies ist. Die Einstimmigkeit ist eine so zarte, so leicht zerstörbare — ihre Erreichung ist die höchste Forderung, die an ein Kunstwerk zu stellen ist. **Das Zusammensein von Gestaltung und Ausdruck ist notwendig im Sinne der Thatsache; die Einstimmigkeit, Zusammengehörigkeit beider ist notwendig im Sinne der Forderung, des Sollens.**

§ 2. Erläuterung durch Beispiele.

Gestaltung und Ausdruck sind innerlich eines. Das bedeutet: die Mittel der Gestaltung sind zugleich und wesentlich auch Mittel des Ausdrucks. Diesen Satz durch alle Gebiete hindurch zu erweisen, überall zu zeigen, wie beide Seiten zusammengehören,* ist eine der wichtigsten Aufgaben der speziellen Ästhetik, der Kunsttheorie so gut wie der Lehre vom Naturschönen. Hier kann es sich nur darum handeln, an einigen ausgewählten Beispielen das allgemein Gesagte anschaulich klar zu machen.

Die Schönheit eines Baumes tritt am deutlichsten hervor, wenn er sich einzeln vom Himmel abhebt. Man kann sagen, das ist natürliche Gestaltung: nur so erscheint er als vollständiges Ganzes in geschlossen abgegrenzter Einheit. Aber man kann ebenso gut sagen: nur so hat er Raum, sich ganz zu entfalten, sein Leben erscheint nicht gepresst, nicht eingeengt, sondern unbedingt für sich, in stolzer Eigenart. Denn nicht jeden beliebigen Baum mögen wir einzeln sehen, sondern nur einen der es auch wert ist, für sich gesehen zu werden. Im Walde dagegen ordnet er sich unter hier wirkt nicht mehr der Baum, sondern eben der Wald. Man kann in Umkehrung der bekannten Redensart sagen, dass man vor Wald die Bäume nicht sieht. Der Baum wirkt, wenn man vor ihm, der Wald, wenn man in ihm steht. Die ästhetische Wirkung ist hier Raum- und Lichtwirkung, Eingeschlossenheit in der heilig-heimlichen Fülle des Naturlebens. Damit Waldwirkung entstehe, müssen die Bäume hochstämmig sein, Platz lassen für Unterholz, Kraut und Moos, sie müssen dicht sein, die Strahlen der Sonne dämpfen und nur in einzelnen Bündeln hindurchlassen; denn bei sonnigem Himmel im Dunkel des Waldes — das ist die rechte Waldwirkung. Man kann wieder sagen: Gestaltung. Denn durch den Gegensatz der hineinschimmernden Helle und des inneren Dunkels kommt erst die halbgeschlossene Raumwirkung zur Geltung, die den Hintergrund und Rahmen für die mannigfachen Scenen des Waldlebens abgiebt. Die Einheit ist hier der epischen verwandt, Bild geht in Bild, Scene in Scene über — aber diese Fülle ist doch durch den gemeinsamen Schauplatz abgetrennt und geeinigt. Ganz mit demselben Rechte jedoch kann man auch alle diese Eigentümlichkeiten als solche des Ausdrucks erklären. Abgeschlossenheit — das bedeutet ja Heimlichkeit, Friede, Unberührtheit, mütterlichen Schoss des Lebens. Zu alle dem gehört Dämmerung, leise nur belebt vom Strahle des Lichts. Und diesem dämmernd ruhenden Leben entspricht es wieder, dass hier nicht eines vom anderen in scharfen Kontrasten sich abhebt, sondern alles in und mit und neben einander auf dem gemeinsamen Waldgrunde lebt.

Für das Naturschöne möchte im allgemeinen die Einheit von Gestaltung und Ausdruck leichter zugegeben werden als für die Kunst. Bei ihr stehen, scheint es, beide Seiten einander viel selbständiger gegenüber. Es wurde bereits darauf hingewiesen, dass dies inbezug auf die Objektivierung nicht der Fall ist, dass vielmehr jedes Material der Darstellung auch einen besonderen Ausdruckscharakter bedingt. Es sei daran noch eine prinzipielle Bemerkung inbezug auf die Unterscheidung der Künste angeknüpft. Es ist oben gezeigt worden, dass sich diese Unterscheidung nur unter dem Gesichtspunkt der Objektivierung klar vollziehen lässt. Jetzt wird erkennbar, warum man mit einem grossen Schein von Recht immer wieder versucht hat, sie von dem ausgedrückten Inhalt her zu machen. Man spricht von epischer Ruhe, lyrischer Stimmung, dramatischer Leidenschaft, von der inneren Festigkeit plastischer Gestalten, dem vieldeutig geheimnisvollen Lichtleben der Malerei, den ahnungsvoll unbestimmten Seelenregungen der Musik. Sicher liegt in allen solchen Ausdrücken ein Kern von Wahrheit. Man hat in dieser Beziehung oft darauf hingewiesen, dass die successive Ausbildung der einzelnen Künste dem jeweiligen Grundcharakter der Zeit und des Volkes entspreche. Besonders die Entwickelung der griechischen Poesie ist ein berühmtes, oft ausgeführtes Beispiel. Aber so nahe dadurch die Ableitung der Kunstarten aus dem ausgedrückten Inhalt auch gelegt wird, kein begriffliches Schema dafür lässt sich aufrecht erhalten, wenn man die Gesamtheit der kunstgeschichtlichen Thatsachen in Betracht zieht. Sehr lehrreich ist in dieser Beziehung die Konstruktion Hegels. Er ignoriert die Plastik der Renaissance fast ganz und weiss mit der griechischen Malerei, deren Grösse wir aus den wenigen dürftigen dekorativen Fragmenten bewundernd ahnen, nichts Rechtes anzufangen[1]). Es lassen sich eben diese Beziehungen von Material und Ausdruck nicht in eindeutig einfache Formeln bringen. Wenn der bildende Künstler eine Handlung nur andeutungsweise durch ruhende Körper schildern kann, so ist doch nicht von vornherein zu sagen, wie viel und was an der Handlung sich so andeuten lässt. Man kann ziemlich leicht gewisse Verirrungen bezeichnen, auch ein gewisses Kerngebiet bestimmen,

---

[1]) Hegel: Ä. III. 12. ff.

§ 2: Erläuterung durch Beispiele.

das einer besonderen Kunst in besonderem Masse eigen ist; unmöglich dagegen erscheint es, die Stoffe eindeutig und endgültig abzugrenzen. Eine genauere Verfolgung dieser Beziehungen, eine Untersuchung der Mittel insbesondere, durch welche bahnbrechende Künstler das Ausdrucksgebiet ihrer Kunst erweitert haben, gehört zu den reizvollsten Aufgaben der besonderen Kunsttheorieen. Hier müssen diese allgemeinen Andeutungen genügen.

In wie mannigfaltiger Art die Formung eines Kunstwerkes zngleich Ausdrucksmittel ist, soll hier nur an dem Prinzip der Einheit dargelegt werden. Die Einheit eines Kunstwerkes ist zunächst Einheitlichkeit des Inhaltes. Es gehört zu den wichtigsten Aufgaben künstlerischer Gestaltung, den Gegenstand so zu bestimmen, dass er als ein einheitlicher aufgefasst werden kann. Eine derartige Wahl des Gegenstandes hat aber nicht nur formelle Bedeutung. Die Einheit erst erlaubt überall dem Hauptinhalt ungestörte Entfaltung, sie dient daher ebenso gut der vollen Durchsetzung des herrschenden Inhalts wie den formalen Bedingungen unserer Auffassung. Neben dieser Beschaffenheit des Inhalts aber helfen noch besondere formelle Mittel, wie gezeigt wurde, bei der Hervorhebung dieser Einheit mit. Es ist nun klar, dass dieselben formellen Mittel die Herrschaft des inhaltlich Wesentlichen vermehren helfen. Als wichtigstes Einheitsmittel in den Künsten der Succession haben wir die Wiederholung kennen gelernt. Die wiederholten Elemente sind in einem wahren Kunstwerk auch die inhaltlich herrschenden. Ein lyrisches Gedicht, in welchem der Reimklang auf gleichgültige Worte fällt und in seinem stimmungsmässigen Klangcharakter nicht der Grundstimmung des Gedichtes Ausdruck giebt, ist tot. Der epische Rhythmus ferner dient dazu, das Epos als Einheit aus der gemeinen Wirklichkeit herauszulösen, seinem Flusse bestimmte Grenzen zu geben, er dient aber zugleich und eben so sehr einer gewissen Hoheit und Idealität der epischen Stimmung. Nun kann die Ausdehnung, in der solche formalen Mittel gebraucht werden, und die Art, in der sie sich geltend machen, eine verschiedene sein. Diese verschiedene Form des Einheitsbezuges aber dient ganz und gar dem Ausdrucke. Als Beispiel werde die malerische Komposition betrachtet. Die strenge Symmetrie mit ihrer feierlichen Ruhe herrscht im Andachtsbilde. Man könnte hier einwenden, dass diese strenge Symmetrie eben die einfachste Art ist, Einheit hervorzubringen, und dass unter den älteren Bildern die Andachtsbilder weit überwiegen. Aber ein Blick auf Giottos erzählende Fresken genügt, um zu zeigen, dass schon im 14ten Jahrhundert eine ganz andere Art der Komposition ebenfalls bekannt war, und ferner darf darauf hingewiesen werden, dass auch Raffael z. B. in der sixtinischen Madonna wieder zu einer strengeren, wiewohl nicht starren Symmetrie zurückkehrte, wenn er zur Zeit seiner Reife ein Andachtsbild zu schaffen hatte. Die strenge Symmetrie erlaubt ein Hervorheben der zu verehrenden Person in der herrschenden Mittellinie und entspricht in ihrer befriedigten Ruhe dem beseligenden Frieden der Versenkung in die Gottheit. Mit welchem hohen Bewusstsein Raffael dieses Kunstmittel anwendete, zeigt vielleicht am besten sein letztes Bild, die Transfiguration, wo sich die disharmonische Gruppierung der im Dunkel bleibenden verwirrten Menge durch die halbe Symmetrie der geblendeten Apostel hindurch in die vollendete Regelmässigkeit der Verklärungsgruppe auflöst. Wo Raffael die Madonna als Mutter, nicht als Angebetete auffasst, wie in der Madonna della Sedia, da durchbricht er die strenge Symmetrie. Dasselbe zeigt sich bei den Venezianern seit Tizian. Ihre Bilder, auch wo sie Heiliges darstellen, sind Ausdruck eines frei bewegten Lebens, daher auch nicht symmetrisch angeordnet. Doch ist in dieser Freiheit stets eine symmetrische Abwägung beider Seiten des Bildes vorhanden, die sich dem Beschauer als beruhigende Sicherheit des Raumbildes verkündigt. Es giebt nun aber Gegenstände, deren Darstellung jene beruhigende Sicherheit gerade nicht aufkommen lassen darf. In einem Schlachtenbilde soll das Getümmel des Kampfes wirken;

Unruhe, Verwirrung darf hier dem Eindrucke nicht fehlen. Trotzdem muss selbst in diesem Falle eine Einheit vorhanden sein — sonst entstünde kein künstlerisches Bild —, nur muss diese Einheit gleichsam versteckt erst bei etwas schärferem Zusehen aus der Verwirrung sich aufbauen. So liegt die Einheit in dem berühmten, antiken Mosaik der Alexanderschlacht wesentlich in den gegen einander gewendeten Gestalten des Alexander und des Darius. Diese sind auch durch die Energie und die vollkommene Sichtbarkeit ihrer Bewegung als die Hauptpersonen hervorgehoben, aber die Richtungen der Lanzen, die durcheinandergehenden Bewegungen der Pferde und der Kämpfenden durchkreuzen diese Einheit.

Wenn historische Stilwandlungen erklärt werden sollen, so zeigt sich wohl ein Gegensatz zwischen solchen Forschern, die alles aus technischen und formalen Momenten abzuleiten suchen, und anderen, deren Neigung dahin geht, in dem veränderten Stile den Ausdruck einer neuen Gesinnung, einer veränderten Grundstimmung der Zeit zu erblicken[1]). Die ersten werden etwa das ganze Formensystem der Gothik aus dem Wunsche ableiten, hohe Räume zu gewinnen, denn dadurch werde das System der Strebepfeiler und Spitzbogen notwendig gefordert; die anderen werden in demselben Stile den Ausdruck des hohen Mittelalters finden, jener Zeit, in welcher die Sehnsucht nach religiöser Erlösung, der erhabene Gedanke eines Aufsteigens zu der unendlichen Gottheit das irdische Leben selbst organisiert und in seinen Dienst gezogen hatte, wo daher die Religion diesem Leben nicht mehr feindlich gegenüber stand,

---

[1]) Abgesehen kann hier werden von Versuchen, die Stilwandlung aus dem allgemeinen Wunsch nach Neuem, aus der Ermüdung zu erklären, da solche Momente stets nur die Thatsache einer Stilwandlung, nie ihre Art und Richtung erklären können. Ein solcher Versuch z. B. bei Carstanjen: Entwicklungsfaktoren der niederländischen Frührenaissance, V. f. w. Ph. XX (1896). Ähnliche Bestrebungen Göllers widerlegt H. Wölfflin: Renaissance und Barock, S. 59 ff.

sondern es durch und durch nach ihrem Bilde zu formen strebte. Der Zug nach schlanker Höhe, die Durchbrechung der irdisch stabilen Mauer, die Betonung der aufstrebenden Vertikalen, die vorwaltende Höhendimension der Innenräume, alles das diene dem Ausdrucke dieses Zeitgeistes. Solche Erklärungen sind von den technisch Gesinnten oft als leere Allgemeinheiten verspottet worden, aus denen so bestimmte Dinge wie Strebepfeiler und Gewölbesystem nicht erklärt werden können. Und in der That ist der Strebepfeiler nur verständlich als Mittel, den Seitendruck des hohen Gewölbes auszuhalten. Aber wozu denn überhaupt das hohe Gewölbe? Praktisch war diese Steigerung der Höhendimension durchaus nicht gefordert — in keiner alten Kirche sitzen die Andächtigen wesentlich über einander, und die Luftmenge dürfte schon in romanischen Kathedralen für das Atembedürfnis ausreichen. Also muss das Streben nach der Höhe anders erklärt werden und diese Erklärung liegt in dem Erhebungsbedürfnis der Zeit, nicht etwa in einem blossen Bedürfnis nach Grösse; denn dieses kann ebenso gut durch vorwiegend weite, als durch vorwiegend hohe Bauten befriedigt werden. Dass dieses längst vorhandene Bedürfnis nun gerade diese bestimmten Formen fand, hat technische Gründe, dass es aber eben jetzt die Technik völlig in seinen Dienst zog und alle technisch geforderten Formen mit seinem Geiste belebte, hängt sicher damit zusammen, dass es jetzt überhaupt das ganze Leben der Völker nach seinen Bedürfnissen organisiert hatte [1]).

Heinrich Wölfflin hat in seinem Buche „Die klassische Kunst" [2]) überzeugend nachgewiesen, dass die Hochrenaissance der Frührenaissance gegenüber sich ebensowohl durch eine neue

---

[1]) Dem widerspricht nicht, dass die Blüte des gotischen Stiles zeitlich mit dem beginnenden Verfalle des mittelalterlichen Geistes zusammentrifft — sehr oft findet ja eine grosse historische Erscheinung erst bei ihrem Ende hre höchste künstlerische Verkörperung.

[2]) München 1899.

Gesinnung wie durch eine neue Bildform auszeichnet. Aber sein eigenes Buch scheint seine Behauptung zu widerlegen, dass die Entwickelung des künstlerischen Sehens von einer besonderen Gesinnung und von einem besonderen Schönheitsideal im wesentlichen unabhängig ist[1]). Die „formalen Momente", das einheitliche Zusammensehen des Vielen und das Zusammenbeziehen der Teile zu einer notwendigen Einheit ist doch ganz untrennbar von dem Gefühl erhöhter Würde, vornehmer Zurückhaltung, dramatisch gesteigerten und doch massvollen Affektes, von jenem Streben nach der Harmonie reifer und vollendeter Schönheit, das jetzt den Reichtum lebensvoller aber zerstreuender Details zurückdrängt. Ohne diesen innigen Zusammenhang wäre es auch unbegreiflich, dass jene formalen Eigenschaften zugleich mit dem Geiste der Hochrenaissance verschwinden, dass im Barock ein neuer Geist auch die Bildform wiederum verändert.

In der ästhetischen Wirkung vereinigen sich alle Faktoren zu einem untrennbaren Ganzen. Man fühlt sich von der Analyse eines solchen Eindruckes oft unbefriedigt, man möchte ausrufen: Das soll nun alles sein! — weil die Analyse ihrer Natur nach die einzelnen Momente isoliert, durch diese Isolation aber unwirksam macht. Die Auffassung des ästhetischen Eindrucks als einer blossen Summation verschiedener „Lustquellen" thut dem Wesen des Schönen das entschiedenste Unrecht und führt zu den albernen Bemühungen, Kunstwerke nach Rezepten zusammenzubrauen, oder rettet sich vor solchen Ausartungen nur durch Verleugnung des eigenen Prinzips. Eine Einsicht in die Natur des künstlerischen Schaffens ist erst möglich, wenn man die Einheit von Gestaltung und Ausdruck erkannt hat.

§ 3. **Anwendung auf das Schaffen des Künstlers.**

Am 24. November 1797 schrieb Schiller, während er mit der Versifikation des Wallenstein beschäftigt war, an Goethe:

---

[1]) a. a. O. S. 275.

„Ich habe noch nie so augenscheinlich mich überzeugt, als bei meinem jetzigen Geschäft, wie genau in der Poesie Stoff und Form, selbst äussere, zusammenhängen. Seitdem ich meine prosaische Sprache in eine poetisch-rhythmische verwandle, befinde ich mich unter einer ganz andern Gerichtsbarkeit als vorher; selbst viele Motive, die in der prosaischen Ausführung recht gut am Platz zu stehen schienen, kann ich jetzt nicht mehr brauchen"[1]. Die Einheit von Ausdruck und Form, welche dem Dichter hier in einem ziemlich späten Stadium seiner Arbeit so klar wird, beherrscht den ganzen Prozess des künstlerischen Schaffens. Sehr eigentümlich und begrifflich nicht ganz leicht zu fassen ist dabei das Verhältnis von Beginn und Ziel der Arbeit. Schon im Keime liegt beides, Gehalt und Form, untrennbar bei einander, aber erst im vollendeten Werke ist die notwendige Einheit beider überall erreicht. Es wird daher am Platze sein, an dieser Stelle die Entstehung, oder besser die Entfaltung und Durchsetzung der vollendeten Einheit von Gestalt und Form im Geiste des Künstlers zu verfolgen. Freilich ist diese Aufgabe äusserst schwierig, ein verwirrend mannigfaltiges und doch für manche Fragen unzureichendes Material an Selbstbekenntnissen, Beobachtungen, Skizzen und Plänen der Künstler liegt vor uns, der Mut der Verallgemeinerung droht zu sinken, wenn man diese Fülle und jene Lücken betrachtet. Aber in der bisher gewonnenen Erkenntnis vom Wesen des vollendeten Werkes bietet sich vielleicht auch ein Mittel, die wesentlichen Züge seiner Entstehungsgeschichte zu erkennen. Nur um diese wesentlichen Züge kann es sich hier handeln, nicht um die Fülle an sich sehr interessanter Details, die zudem in jeder Kunstart sich durchaus abweichend darstellen und vielfache Beziehungen zu ausserkünstlerischen Thätigkeiten zeigen [2].

---

[1] Schiller's Briefe V, 289.
[2] Die im Plane dieses Buches begründete Begrenzung lässt es zugleich als unmöglich erscheinen, ein grösseres empirisches Material, wie es

§ 3: Anwendung auf das Schaffen des Künstlers. 137

Man kann für die weitere Betrachtung den Stoff ganz zweckmässig, wiewohl etwas äusserlich in drei Teile ordnen, indem man zuerst die künstlerische Anlage, gleichsam den Mutterboden der Werke, untersucht, dann das Entstehen des Keimes, welches man als Inspiration bezeichnen kann, heraushebt und endlich der eigentlichen bewussten Arbeit eine besondere Betrachtung widmet.

Die Aufnahmefähigkeit für Erlebnisse ist bei den Menschen sehr verschieden entwickelt. Der Eine wird stark und in seinen Tiefen aufgeregt, sobald etwas erfreuend oder störend sein Gefühlsleben in Anspruch nimmt. Bei einem Anderen gleiten alle Erlebnisse wie von einer glatten Oberfläche ab, nichts vermag seine Ruhe zu erschüttern. Oder wenn das Phlegma nicht bis zu diesem äussersten Grade entwickelt ist, so bleibt doch der Eindruck ein wenig tiefgehender, seine Wirkung wird leicht überwunden, etwa durch verständige Einsicht in den Zusammenhang des Ereignisses oder durch Beobachtung derjenigen Formen, die die Sitte für den besonderen Fall vorschreibt. Ebenso verschieden ist der Umfang der Erlebnisse, für die ein Mensch zugänglich ist. Der Eine gleicht einer Stimmgabel, die nur beim eigenen Ton in Schwingungen gerät; der Andere einer Aeolsharfe, die jeder Windhauch zum Tönen bringt. Man pflegt dem Künstler

---

den hier gegebenen Verallgemeinerungen zu Grunde liegt, wirklich mitzuteilen. Einzelne Fälle können nur als Beispiele herangezogen werden. Ebenso wäre eine Aufzählung von Selbstbiographieen, Briefen, Skizzen, Arbeitsplänen, von Spezialstudien über einzelne Künstler etc. hier nicht am Platze. Nur einige zusammenfassende Arbeiten seien genannt: F. Vischer: Ä. II, 370—402; III, 14—50 etc. Dilthey: Die Einbildungskraft des Dichters, in: Philos. Aufsätze Ed. Zeller gewidmet, Leipzig 1887. R. Maria Werner: Lyrik und Lyriker, Hamburg 1890 (B. z. Ä. I). E. Grosse: Kunstwissenschaftliche Studien, Tübingen 1900, S. 45—112. — Wenn man die Darstellung des Textes liest, möge man übrigens bedenken, dass es Aufgabe der Wissenschaft überall ist, das Geheimnisvolle aufzuklären, das Sagbare zu sagen. Wo die ewig unanalysierbare Wirklichkeit des einzelnen, immer einzigen Genies beginnt, da hört die Möglichkeit allgemeiner Bestimmungen auf. Es scheint mir angemessener, hierüber zu schweigen, als mit grossen Worten dieses heilige Dunkel zu stören.

in Bezug auf Tiefe und Umfang der Erregbarkeit eine besonders ausgebildete Anlage zuzuschreiben und sicherlich mit Recht. Die bekannten Erscheinungen der Reizbarkeit, der Verletzlichkeit, die sich fast bei jedem Künstler in der Jugend beobachten lassen, selbst wenn strenge Selbstbeherrschung sie später unterdrückt, sprechen dafür; denn Erregbarkeit und Reizbarkeit oder Verletzlichkeit gehen im seelischen wie im körperlichen Leben stets mit einander. Leicht wird sich bemerken lassen, dass die beiden hier unterschiedenen Eigenschaften der Erregbarkeit, Tiefe und Umfang, nicht immer in gleicher Weise ausgebildet sind. Es giebt Künstler, die durch den Umfang dessen, was sie aufnehmen und wiedergeben können, in Staunen setzen. Oft wird man bei diesen, wie bei Adolf Menzel, eine gewisse Kühle der Anteilnahme beobachten. Andere gestalten eigentlich immer nur denselben engen Kreis von Stimmungen und Erscheinungen aus, aber man fühlt, dass eben diese wenigen Dinge ihr ganzes Sein erfüllen; ihre Kunst erhält dadurch eine besondere Innigkeit. Als Beispiel kann man dafür viele grosse Landschafter anführen, einen Hobbema etwa oder unter den Neueren einen Corot. In jedem Falle aber wird man bei einem bedeutenden Künstler Tiefe oder Umfang der Erregbarkeit oder beides besonders ausgebildet finden. Wo dies fehlt, kommt höchstens eine äusserliche Virtuosität zu stande.

Indessen ist leicht zu sehen, dass die bisher beschriebenen Eigentümlichkeiten noch nicht genügen, um einen Menschen zum Künstler zu machen. Es giebt zahlreiche Personen, die ausserordentlich stark und vielseitig erregbar sind und doch scheitern, sobald sie versuchen, diesen Erregungen künstlerische Gestalt zu geben; dieses Misslingen liegt dann nicht etwa an einem Mangel künstlerischer Ausbildung, sondern in der Anlage selbst. Wenige Menschen wird es gegeben haben, deren Sinn für alles Menschliche so offen, deren Herz so warm war, wie das Herders. Wenn man etwa sein Reisetagebuch von 1770 liest, erstaunt man immer von neuem über dieses kräftige und ursprüngliche

Gefühlsleben. Und doch war Herder nie im vollen Sinne des Wortes ein Künstler. Seine Gedichte sind es nicht, die seine Bedeutung begründen. In solchen Fällen fehlt eben die Fähigkeit, den Erlebnissen Gestalt und Form zu verleihen, und erst, wo diese Fähigkeit zu der erregbaren Natur hinzutritt, kann man von künstlerischer Anlage reden. Diese Fähigkeit ist durchaus nichts Einfaches und noch weniger etwas für alle Künste Gleiches, vielmehr gehört zu ihr jedesmal das Zusammentreffen einer ganzen Gruppe von Begabungen. Verschieden sind die Menschen schon durch den Grad von Genauigkeit, mit dem sie anschauliche Dinge auffassen; es bemerkt z. B. einer jede feinste Eigentümlichkeit einer Stimme, während er vielleicht die körperlichen Eigenschaften nur sehr obenhin beobachtet. Gewiss ist die Genauigkeit der Beobachtung stets der Ausbildung fähig und bedürftig, aber ebenso sicher liegen hier doch auch Verschiedenheiten der Anlagen vor, wie man beim Vergleiche von Kindern oder etwa von Studenten in einem naturwissenschaftlichen Laboratorium sofort wahrnehmen wird. Nun ist es klar, dass fast jede Art künstlerischer Thätigkeit eine scharfe Auffassung irgend welcher Eigentümlichkeiten der Anschauung voraussetzt. Um aber ein grösseres Ganzes in klarer Anschauung zu besitzen, muss ein Mensch auch die Fähigkeit haben, das Aufgefasste mindestens eine kurze Zeit hindurch im Gedächtnis festzuhalten. Mannigfaltige Beobachtungen der neueren Psychologie haben wahrscheinlich gemacht, dass das sogenannte kurze Gedächtnis oder, wie Fechner sagte, Gedächtnisnachbild wesentlich anderen Gesetzen folgt als das Behalten durch längere Zeiträume hindurch. Man kann das kurze Gedächtnis vielleicht als Fähigkeit, die erregte Vorstellung festzuhalten, das lange als Fähigkeit, sie wiederzuerwecken, bezeichnen. Auch für die künstlerische Anlage bedeuten diese beiden Formen des Gedächtnisses sehr Verschiedenes. Das kurze Gedächtnis für sein besonderes Gebiet ist jedem Künstler notwendig, sonst ginge dem Maler auf dem ohnehin so langen

Wege vom Auge bis zur Hand allzuviel verloren, dem Dichter entschwände die Einheit seines Planes, der Musiker vermöchte nicht, in allen Variationen sein Thema festzuhalten. Das lange Gedächtnis dagegen ist dem Künstler zwar eine willkommene Förderung aber kein unbedingtes Erfordernis. Daher finden wir es auch bei grossen Künstlern nicht immer gleichartig entwickelt. Während Holbein seine erstaunlich naturgetreu wirkenden Portraits mit Hilfe einer blossen Zeichnungsskizze und weniger farbiger Andeutungen ohne Modell nach dem Gedächtnis ausführte, haben andere grosse Portraitisten stete Gegenwart ihres Modells nötig gehabt. Böcklin arbeitete ganz nach der Phantasie, die er nur vor der Arbeit durch Anschauung bereichert hat; Anselm Feuerbach erzählt, dass er keine Figur ohne gründliches Modellstudium ausgeführt habe. Sehr verschieden kann auch je nach Art und Richtung der künstlerischen Begabung die Fähigkeit der Gedächtnisbilder sein, sich zu freien Kombinationen der Phantasie selbstthätig zu verbinden. Es giebt Künstler, bei denen derartige freie Kombinationen, wie sie am reinsten im Traum oder Halbtraum auftreten, eine grosse Rolle spielen, andere, bei denen nichts davon bemerkt wird.

Zu alle dem muss nun endlich die Fähigkeit hinzutreten, die Mittel der besonderen Kunst zu beherrschen. Ganz augenscheinlich sind verschiedene Personen z. B. inbezug auf die Leichtigkeit und Mannigfaltigkeit sprachlicher Association verschieden begabt. Entsprechend gehorcht die zeichnende Hand dem Willen nicht bei jedem gleich leicht und sicher. In allen bildenden Künsten und teilweise wohl auch in der ausübenden Musik kommt es auf feine, rasche und sichere Koordination komplizierter Bewegungen an. Es mag sein, dass die Wichtigkeit gerade dieser Begabung vom Laien leicht überschätzt wird. Unzweifelhaft ist dem Maler das Auge wichtiger als die Hand; mangelnde Geschicklichkeit ist am ehesten durch energische Übung zu ersetzen. Immer gehört doch die angeborene oder erworbene

§ 3: Anwendung auf das Schaffen des Künstlers. 141

Herrschaft über die Mittel zum Künstler. Eine weitere notwendige Anlage des Künstlers ist die Fähigkeit der unmittelbaren Gefühlsreaktion auf seinem besonderen Gebiete, die man oft als „Geschmack" bezeichnet. Sie ist ohne Feinheit der Empfindlichkeit unmöglich, aber doch davon noch verschieden. Ebensowenig ist diese Feinheit des Gefühls notwendig mit Stärke und Umfang der Erregbarkeit gegeben oder verbunden. Es giebt ziemlich flache Menschen, die für Rhythmus, räumliche Anordnung oder Farbenharmonie den feinsten Sinn besitzen, und umgekehrt begegnet man bei reich beanlagten Künstlern öfter gerade hier empfindlichen Mängeln. So hatte der grosse Maler Fra Filippo Lippi einen merkwürdigen Mangel an Verständnis für räumliche Anordnung, und ähnliches zeigt sich auch bei dem Vlaamen Jordaens. Überblickt man diese Aufzählung notwendiger Eigenschaften, die doch auf Vollständigkeit keinen Anspruch erheben kann, so begreift man, wie selten ein Zusammentreffen aller dieser Begabungen mit einer reich und tief erregbaren Natur ist. Inbezug auf die mannigfaltigen Fähigkeiten, die zur Gestaltung nötig sind, ist es sehr schwer, den Anteil, den Anlage und Übung haben, zu trennen. Sicherlich bedeutet frühe Übung hier sehr viel, sie legt gewissermassen die Mittel bereit, so dass zur Zeit, wo die innere Entwickelung des Menschen zu selbständiger Produktion treibt, keine äusserlichen Schwierigkeiten mehr zu überwinden sind. Das Kind einer Künstlerfamilie ist dadurch von vornherein bevorzugt. Fast immer bemerkt man bei Künstlern frühe Versuche, die oft weniger durch das Bedürfnis, einem inneren Erlebnis Ausdruck zu geben, als durch einen unbestimmten Trieb, die gestaltenden Fähigkeiten in Thätigkeit zu setzen, eingegeben sind. Goethe schildert derartige Produktionen in Dichtung und Wahrheit, Lessings Jugenddichtung gehört fast ganz hierher. Wenn der Erregbarkeit oder, wie man auch sagen kann, Erlebensfähigkeit eine besondere Reizbarkeit des Künstlers entspricht, so wird dem in gewissem Masse das

Gleichgewicht gehalten durch die Besonnenheit, die im Prozesse der Gestaltung Herrschaft über die Gefühle gewinnt. Wenn man davon redet, dass sich der Künstler im Schaffen von dem Pathologischen seiner Erlebnisse befreit, so meint man damit doch noch etwas mehr als nur die allgemeine Erleichterung und Entspannung, die jedem Affekte durch die Ausdrucksbewegungen zu Teil wird. Das Erlebnis löst sich in der künstlerischen Gestaltung von der innersten Persönlichkeit des Künstlers los, es wird ein selbständiges Werk. Der Schaffende gewöhnt sich daran, es objektiv zu betrachten, dadurch wird es ihm ein Fremdes, der Gefühlsanteil erlischt nicht etwa, aber er erhält eine gewisse Dämpfung, als ob der mildernde Luftton der Ferne sich darüber legte. Durch diese Besonnenheit gelangen die ganz grossen Künstler trotz aller Reizbarkeit oft zu einer hohen geistigen Klarheit und Gesundheit, während geniale Naturen, bei denen die Fähigkeiten der Objektivierung hinter der Erregbarkeit zurückbleiben, stark gefährdet erscheinen.

Das Geheimnisvolle, Seltene der künstlerischen Genialität liegt in dem Zusammentreffen eines bestimmten Ausdrucksbedürfnisses mit den ihm genau entsprechenden Begabungen der Gestaltung. „Zusammentreffen" ist dabei auch hier eigentlich wieder ein schlechter Ausdruck des Analytikers für das Ganze, dessen Teile er erst durch seine Zerlegung isoliert hat. Durchaus verwandter Natur ist das Geheimnis, welches die Entstehung des einzelnen Kunstwerkes auf der Grundlage einer künstlerischen Anlage umgiebt. Man hat darin von jeher etwas Unerklärliches gefunden, schon die Alten reden von dem göttlichen Wahnsinn des Dichters, in neuerer Zeit bezeichnet man etwas Verwandtes mit dem Worte „Inspiration". Undurchdringlich ist dieser Vorgang zunächst für den Künstler selbst. Bei genauer Analyse findet er vielleicht, wie die Elemente seiner Schöpfung in ihm auftraten; wie sie sich aber zusammenfanden, wie und warum gerade zu dieser Zeit eine lebendige Einheit aus ihnen entstand, bleibt ihm unbekannt. Diese Unerklärlichkeit teilt die künstlerische Inspiration mit sehr vielen anderen Erscheinungen unseres Seelenlebens, bei denen vorher getrennte Vorstellungsmassen plötzlich miteinander in Berührung treten und dadurch in neuer Weise fruchtbar werden. mit raschen, genialen Entschlüssen grosser Feldherren, Staatsmänner oder Kaufleute, mit vielen wissenschaftlichen Entdeckungen und Erfindungen, in anderer Art auch mit Erscheinungen des Traumlebens. Während aber beim Traumleben das Resultat des Zusammentreffens kaum je Dauer und Wert hat, während beim praktischen Entschluss und bei der wissenschaftlichen Arbeit dieser Wert sich vor dem Denken erst erweisen muss, liegt beim künstlerischen Werke der Wert grösstenteils gerade in jener unzerlegbaren Einheit des Keimes, die sich wohl entfalten aber nie zersetzen darf.

Die Elemente sind bei der künstlerischen Inspiration so wenig unvorbereitet als irgendwo sonst, nur ihr Zusammentreffen, ihre Verbindung ist das Neue. Darum ist von dem Keime eines Kunstwerkes eigentlich erst zu reden, wenn die Stimmung den Kern einer Gestalt, oder wenn der Stoff seine wesentliche gefühlsmässige Bedeutung gefunden hat. Im Keime eines lyrischen Gedichtes ist sein Grundklang, das Wesentliche seiner rhythmischen Form mitgegeben; Goethes Iphigenie hatte eine poetische Sprache von ganz besonderem Rhythmus gebildet, noch ehe Goethe das Drama aus der Prosa in den Vers umsetzte. Anselm Feuerbach[1]) sagt einmal: „Alle meine Werke sind aus der Verschmelzung irgend einer seelischen Veranlassung mit einer zufälligen Anschauung entstanden." D. h. also, das Kunstwerk entstand, wenn eine vorhandene Stimmung in einer Anschauung ein Mittel zu ihrer Gestaltung fand, oder wenn umgekehrt eine Haltung oder Bewegung, die der Künstler, wie er sagt, oft jahrelang mit sich herumtrug, plötzlich von einer neuen Stimmung ergriffen

---

[1]) Ein Vermächtnis, 2. Aufl. Wien, 1885 S. 82 f.

und belebt wurde. Es wurden hier zwei verschiedene Wege des Zustandekommens konstruiert, man findet diese beiden verschiedenen Wege auch thatsächlich wieder. Goethe hatte eine Fülle innerer Erlebnisse und Kämpfe, jene ganze Welt hochgespannten Gefühles in ihrem Widerstreite mit den Ansprüchen der Wirklichkeit durchlebt, ehe er den Werther schrieb. Durch die Nachricht vom Selbstmorde Jerusalems fanden alle diese Erlebnisse ihre Gestalt, den festen Faden gleichsam, um den herum sie, wie die Krystalle in einer Salzlösung, sich ausbilden konnten. Gerade umgekehrt verhält es sich bei Hermann und Dorothea; hier hatte Goethe die Anekdote, wie sie ursprünglich von Salzburger Protestanten berichtet wurde, längere Zeit vorher interessiert. Tiefere Bedeutung gewann sie aber erst, als die Ereignisse der Koalitionskriege ähnliche Zustände herbeiführten und dem Dichter nahelegten, die alte Überlieferung in die Gegenwart zu übertragen und zum reinsten Ausdruck des Gegensatzes eines ruhigen Bürgertums gegen die Stürme der Revolution und des Krieges zu machen.

Nicht immer ist es, wie in diesen Fällen, ein ganz bestimmtes Erlebnis, das seinen Ausdruck und seine Gestalt sucht, oft geht nur eine allgemeine Erregung, ein „unbestimmter Drang nach Ergiessung strebender Gefühle", eine musikalische Stimmung gleichsam, voran. Dann wird oft zuerst eine unwesentliche Seite des Stoffes ergriffen, die später vielleicht sogar wegbleibt[1]). In jedem Falle aber, wie auch immer das Werk des Dichters entsteht, sind seine Personen mit dem Herzblute gleichsam seines Schöpfers ernährt. Nicht kalte Beobachtung einzelner Züge giebt ihnen Leben und Einheit. Nur ein Dilettant, wie G. Kellers Viggi Störteler (in der Novelle: „Die missbrauchten Liebesbriefe") oder ein unsicherer Anfänger geht auf die Jagd nach

---

[1]) Schiller, Briefe III, 202 (an Körner 25. Mai 1792), vgl. auch IV, 430 (an Goethe 18. März 1796); ähnlich Otto Ludwig: Gesammelte Schriften (Ausgabe v. E. Schmidt und A. Stern, Leipzig 1891, VI, 215).

poetischen Eindrücken. Der grosse Dichter schöpft seine Menschenkenntnis in erster Linie aus dem eigenen Inneren, oder — anders gesagt — er vermag jede Erfahrung zu verwerten, weil er sie mitfühlend nachschafft. Goethe sagte einmal zu Eckermann, er sei zehn Jahre später über die Wahrheit seiner Darstellung im Goetz erstaunt gewesen, da er doch zur Zeit, als er den Goetz schrieb, noch keine Lebenserfahrung gehabt habe[1]).

Gegen die vorstehende Schilderung der Entstehung von Kunstwerken könnte man vielleicht einwenden, dass eine grosse Zahl von Werken, besonders der bildenden Künste, auf Grund eines Auftrages geschaffen worden sind. Hier war also der Stoff gegeben, nicht nach künstlerischem Bedürfnis gewählt. Diese äusserliche Gegebenheit und die damit notwendig verbundene Zufälligkeit des Stoffes, wie sie z. B. bei der Mehrzahl der Portraits vorhanden ist, hat manche Theoretiker und Kritiker seit Lessing dazu veranlasst, das künstlerisch Wesentliche solcher Werke lediglich in dem Beweis der Geschicklichkeit des Künstlers zu sehen. Es bedarf nur eines aufmerksamen Hinblickes auf das, was uns an künstlerisch bedeutenden Portraits ergreift, um das Verfehlte dieser Ansicht einzusehen. Fast jeder grosse Bildnismaler hat gewisse Seiten des menschlichen Wesens und damit gewisse Gruppen von Modellen besonders sich zu eigen gemacht und darzustellen gewusst. Von Raffaels Papstportraits hat man gesagt, dass sie Historienbilder seien, das weltgeschichtliche Wesen Julius II. und Leo X. unübertrefflich zur Darstellung brächten. Velasquez hat sich in den decadenten Adel der spanischen Habsburger ganz versenkt; in Rembrandts Werken

---

[1]) 26. Februar 1824. Eckermann: Gespräche mit Goethe I, 4. Aufl. Leipzig 1876, S. 89. Verwandte Gedanken äussern mit Bezug auf Shakespeare: Schopenhauer: Welt als Wille und Vorstellung I, herausgeg. von Grisebach, S. 297 f. Grillparzer: Studien zur englischen Litteratur (Werke — 5. Ausgabe in 20 Bd.; herausgeg. von A. Sauer, XVI, 164 f.), vgl. auch Schiller an Reinwald 14. April 1783. Briefe I, 113, und F. Th. Vischer: Altes und Neues, 3. Heft, Stuttgart 1882, S. 371 f.

bildet sein eigenes lebensvolles Gesicht und die Züge seiner nächsten Angehörigen gleichsam das Zentrum, Lenbachs Ruhm wird stets in erster Linie an einigen unter seinen Bismarckbildnissen haften. So ist doch auch hier der innere Anteil durchaus nicht gleichgültig, und nur das wird man hervorheben dürfen, dass es den grossen Portraitmaler auszeichnet, leicht an einer Person inneren Anteil zu gewinnen. Unter den Stoffen, die ausser den Bildnissen den Künstlern gegeben wurden, bilden die religiösen eine besonders wichtige Gruppe. Aber diese Stoffe sind doch eben nicht als nur äusserlich gegebene zu betrachten. Der Künstler lebt vielmehr selbst in der Welt religiöser Vorstellungen und Gefühle, die er darstellt. Auch wenn er persönlich nicht mehr fromm ist, wie das von manchem Meister der italienischen Renaissance wahrscheinlich ist, so hat er doch mindestens als Kind diese Gefühlswelt ganz in sich aufgenommen, und sie vermag ihn, wie Faust in der Osternacht, trotz allen Unglaubens doch noch wieder in ihren Bann zu ziehen. Ist eine solche unmittelbare Gefühlsbedeutung des gegebenen Stoffes nicht vorhanden, so entstehen in der That sehr leicht kalte, künstlerisch gleichgültige Werke, wie viele allegorische Bilder des 17. und 18. Jahrhunderts und Historienbilder unserer Zeit beweisen. Ein echter Künstler hat zwei Wege, sich sogar mit solchen ungünstigen Stoffen abzufinden. Häufig erfüllt er den Auftrag nur äusserlich, benutzt ihn lediglich zum Anlass, etwas darzustellen, was ihn interessiert. So hat Paul Veronese seine Freude an Leben und prächtiger Erscheinung in grossen Gastmahlsbildern niedergelegt und den biblischen Stoff, den seine Auftraggeber von ihm verlangten, nur durch einige Nebensachen angedeutet. Ähnlich nahm Raffael das Wunder des durch päpstliches Gebet gelöschten Borgobrandes nur zum Vorwand, um heroische Menschengestalten rettend, fliehend, in mannigfachen Leidenschaften darzustellen. Die andere Möglichkeit liegt darin, dass der Künstler sich den gegebenen Stoff zu eigen macht und in ihm einen Gegenstand seines künstlerischen Anteiles gewinnt.

§ 3: Anwendung auf das Schaffen des Künstlers. 147

So gelang es Raffael mit der Vertreibung des Heliodor oder mit der Befreiung Petri; ähnlich schildert Goethe die Art, wie er in seiner Jugend ein Gelegenheitsgedicht, etwa den Liebesbrief eines Mädchens an einen Jüngling, in fremdem Auftrag verfasste: „Sogleich fasste ich die Situation in den Sinn und dachte mir, wie artig es sein müsste, wenn irgend ein hübsches Kind mir wirklich gewogen wäre und es mir in Prosa oder in Versen entdecken wollte"[1].

Es ist ein Zeichen echt künstlerischen Schaffens, dass der Ausdruck sogleich den Anfang der Gestaltung in einer ganz bestimmten Kunstart mit sich bringt. Aber nur selten, fast nur bei kleinen lyrischen Gedichten, ist damit das Kunstwerk wesentlich vollendet — meist muss der Kern sich erst entfalten; was als Anlage da war, muss lebendige Wirklichkeit werden. Dazu aber bedarf es strenger, bewusster Arbeit. Von diesem angespannten Thun des Künstlers sagt Friedrich Theodor Vischer: „Freie poetische Initiative und häufiges Umändern und Nachbessern schienen mir einander nicht auszuschliessen. Dem Dichter schwebt ein Bild vor, wie ein Traumbild, hell in allen wesentlichen Zügen und doch noch schwebend, unbestimmt in Umrissen" „Er sucht und sucht, ringt und ringt, er reibt, wie man reibt, um einen verdunkelten Firniss zu entfernen, der über einem Gemälde liegt, endlich gelingt es der saueren Mühe, herauszuarbeiten, was ganz frisch, ganz leicht, ganz ein Guss und Fluss, aus eigener Tiefe, von Anfang an vor der Seele stand"[2]. Diese Sätze geben eine vortreffliche Darstellung des Verhältnisses von künstlerischer Inspiration und Arbeit. Man versteht unter Arbeit immer ein zielbewusstes Thun, das meist auch mit einem Gefühle der Anspannung verbunden ist. Arbeit in diesem Sinne hat der Künstler in den verschiedensten Stadien seines Schaffens aufzuwenden. Zunächst entspringt schon der Keim eines Kunstwerkes keinem

---

[1] Dichtung und Wahrheit 5. Buch, Werke XX, 154.
[2] Auch Einer, II, 9. Aufl., 57—58.

unvorbereiteten Boden; die Anschauungen, die sich den Gefühlen als Gestalt anschmiegen, müssen gewonnen sein, und diese Gewinnung fordert Achtsamkeit, Beobachtung. Der Dichter muss sich zur Beherrschung aller der Strebungen ausbilden, die das Denken und Fühlen seiner Zeit bestimmen. Der bildende Künstler muss immer neue Anschauungen in sich aufnehmen. Wiewohl diese Aufnahme dem künstlerisch Begabten durch seine Anlage erleichtert wird, ist sie doch nichts Passives, kein blosses Geschenk. Ferner muss jeder Künstler die Darstellungsmittel seiner Kunst so beherrschen, dass sie sich im Augenblicke der Begeisterung mühelos seinem Willen fügen. Zu diesem Zwecke müssen Bewegungen oder Associationen eingeübt, muss die Hand des bildenden Künstlers, der Sprachschatz des Dichters zu einem freien, beweglichen Instrument umgeschaffen sein. Wir finden daher nicht etwa nur beim Maler oder Musiker Studien- und Übungsjahre, sondern auch fast bei jedem Dichter Produktionen oder Nachrichten von Produktionen, die sich als Übungsarbeiten darstellen. Kann man alles dies als allgemeine Vorbereitung des Künstlers bezeichnen, so erfordert in den meisten Fällen das einzelne Werk noch spezielle Vorbereitung. Ist der Stoff irgendwie dem Künstler gegeben, so muss er ihn sich so zu eigen machen, dass ein wirklicher innerer Anteil und damit eine Inspiration möglich wird. Entspringt der Gedanke dem Künstler selbst, so ist damit doch nicht alles gegeben. Den Dramatiker z. B. ergreife irgend ein historischer Stoff, nun muss er suchen, ein volleres Bild jener Zeiten, jener Vorgänge, jener Menschen zu gewinnen, damit sein Werk lebensvoll werde.

Zu der vorbereitenden Arbeit gesellt sich dann die Arbeit am Kunstwerke selbst. Hier handelt es sich darum, festzuhalten, was die glückliche Eingebung dem Genie geschenkt hatte. Meist schwinden in unserem Geiste die Produkte der Einbildungskraft rasch dahin. Es ist schwer, das, womit wir in müssigen Stunden unsre Phantasie unterhalten, woran wir einen wohlig leichten

Anteil genommen hatten, nachher wieder zu vergegenwärtigen oder auszusprechen. Einer besonderen Anspannung bedarf es, um solche flüchtigen Gebilde festzuhalten. Und dasselbe wie von den reinen Phantasiebildungen gilt auch von jenen Erscheinungen der äusseren Welt, die wir einmal als ausdrucksvolle Schönheit empfunden haben. Der Glanz der Freude oder der Schimmer des Anteils, der ein Menschenantlitz erstrahlen liess, die natürlich anmutige Bewegung eines geschmeidigen, jungen Körpers, der besondere Reiz einer abendlichen Himmelsfärbung gehen schnell vorüber, und selbst, wenn sie bleiben oder wiederkehren, werden wir schwerlich dieselben sein und sie mit gleichem Anteil sehen. Festhalten, was so rasch vergeht, ist also die Aufgabe des Künstlers. Dazu gehört eine besondere Anspannung seiner Aufmerksamkeit, dazu bietet ihm das äussere Mittel oft eine vorläufige flüchtige Verkörperung durch das Material seiner besonderen Kunst. Auch wenn der Maler ohne sein Skizzenbuch ausgeht, formen sich ihm die Eindrücke im Kopfe in Bilder um, und diese Umformung hilft ihm, das Wesentliche des Gesehenen zu behalten. Aber die Bemühung, dem Erlebnis Gestalt zu geben, hat für das Erlebnis selbst noch eine viel weitergehende Bedeutung. Wenn wir, die wir keine Künstler sind, uns von einer Schöpfung unserer Phantasie oder von dem, was wir an einem uns beschäftigenden Naturgegenstande wirklich auffassen, ernstlich Rechenschaft geben, so bemerken wir, wie lückenhaft und vielfach unbestimmt unsere Anschauungen sind. Diese Unbestimmtheit muss bestimmt, diese Lücken müssen gefüllt werden, wenn das Erlebnis objektiviert werden soll. Die künstlerische Darstellung erweist sich so als eine Ausbildung des Erlebten, damit zugleich aber als eine Erziehung des Künstlers zu bestimmterem Wahrnehmen und Vorstellen[1]). Man kann mit Recht sagen, dass die genaue Vorstellung des Körpers, die

---

[1]) Diese Gedanken führt bes. Fiedler näher aus.

Durchführung eines Ausdrucks, einer Bewegung durch alle Glieder nicht eher da war, als bis der bildende Künstler sie in seinem Werke herstellte. Dasselbe gilt von dem Zusammenhang der Motive und Handlungen in einem Drama, von der Gliederung und Verflechtung der Gefühle in einem lyrischen Gedicht. Diese Bestimmung vollzieht sich zunächst soweit als möglich als ein Ausspinnen, Ausführen dessen, was in der Inspiration angelegt war. Aber dabei werden sich bei grösseren Werken meist Schwierigkeiten ergeben, leere Stellen, mangelhaft gesehene Verbindungen oder Einzelheiten. Diese Schwächen, die dem bloss in seiner Phantasie schwelgenden Menschen ewig verborgen geblieben wären, zwingen nun den Künstler zu neuer Arbeit, zu neuen Vorstudien. Freilich nicht leicht wird verständige Überlegung, vorbedachtes Thun genügen, um schwerere Schäden von dieser Art zu bessern. Vielmehr wird sich alles bewusste Arbeiten hier auf Vorbereitung neuer Inspiration richten. Die Aufmerksamkeit ist nach der bestimmten Richtung gelenkt, Material ist vorbereitet, eine glückliche Stimmung, ein Einfall oder Eindruck, der geeignet ist, die Lücke zu füllen, kann ergriffen werden. So ist alle Arbeit des Künstlers von Inspirationen durchsetzt und dauernd abhängig. Besonders merklich wird das bei grossen Werken der Dichtung, die im Umriss bestimmt, nun, wie Immermann einmal sagt[1]), das Leben des Dichters mitleben; ein solches Werk zieht Nahrung aus allem, was seinem Schöpfer begegnet. Zeigt sich schon hier, wie mit vorschreitender Gestaltung und Formung der Ausdruckswert zugleich wächst, so giebt es sogar Fälle, bei denen die innere Wärme eines Werkes wesentlich in der Arbeit gewonnen wird. Schiller hatte, von seinem allgemeinen Bedürfnis nach Gestaltung getrieben, den Plan des Wallenstein mit einer fast erschreckenden Kühle aufgesetzt. Er

---

[1]) Immermanns Ausspruch bezieht sich auf die Epigonen. Karl Immermann, sein Leben und seine Werke, aus Tagebüchern, Briefen etc. herausgeg. von G. zu Putlitz. II, 135. 1870.

erlebte dann bei der Arbeit „dass selbst der Plan, bis auf einen gewissen Punkt, nur durch die Ausführung selbst reif werden kann. Ohne diese ist man wirklich in Gefahr, kalt, trocken und steif zu werden, da doch der Plan selbst aus dem Leben entspringen muss".[1])

Zu den bisher betrachteten Arten künstlerischer Arbeit tritt nun aber noch eine andere hinzu, die dem gewöhnlichen verständigen Thun der Menschen verwandter erscheint. Der Künstler lebt zunächst selbst in seinem Werke. Er hat jeden Strich, jeden Ton oder jedes Wort empfunden, für ihn liegt überall eine Bedeutung eingeschlossen, die kein Anderer versteht. Darum muss er, wenn er sein Werk nun doch auch Andern zugänglich machen will, sich in einen fremden Zuschauer zu verwandeln suchen. Der Maler tritt von seiner Staffelei zurück. Nicht nur das räumliche Bild kann er erst dadurch in seiner Ganzheit übersehen, nein, er beginnt auch sich aus dem liebenden Schöpfer in den objektiv strengen Kritiker zu verwandeln. Nicht immer wird das sogleich gelingen, darum verbinden Künstler oft das räumliche Zurücktreten oder die blosse Abkühlung des Geistes mit einer zeitlichen Distanz. Im Arbeiten vieler Meister kann man solche Pausen bemerken, während deren sie ihrem Werke fremd werden, um es nun mit den Augen eines Zuschauers zu sehen. Dabei entdecken sie dann Mängel der Wirkung und suchen diesen abzuhelfen. Solche Abhilfe erfolgt häufig durch eine Art von experimentellem Verfahren. Der Künstler prüft, wie diese Linie oder Farbe, dieses Motiv oder Wort an der betreffenden Stelle wirken würde. Auf Raffaels Zeichnungen sieht man häufig eine Nacken- oder Armlinie in leichter Veränderung mehrfach ausgeführt. Dürer hat einmal auf der Skizze eines Frauenportraits, die sich im Berliner Kupferstichkabinet befindet, das Kleid auf beiden Seiten mit verschiedenen Farben

---

[1]) An Körner, 27. Dez. 1796. Briefe V, 136.

auszuführen begonnen. In fast krankhafter Steigerung finden wir das experimentelle Verfahren in den nachgelassenen Dramenentwürfen Otto Ludwigs angewendet.

Die Unterscheidung von Stadien und Arten der künstlerischen Arbeit darf ebenso wenig wie die Unterscheidung von Arbeit und Inspiration so gedeutet werden, als ob es sich dabei um zeitlich getrennte Vorgänge handeln müsse. Wohl kann dergleichen vorkommen; meist aber greifen alle hier unterschiedenen Arten in einander ein, so dass garnicht zu sagen ist, wo die eine anfängt und die andere aufhört. Hat man doch sogar nicht mit Unrecht von einer Spaltung im Seelenleben des Künstlers gesprochen, da ein Teil seiner Persönlichkeit ganz im Gegenstand versenkt lebe, der andere kritisch die Wirkung berechne. Vor allem wird klar sein, dass es ganz verfehlt wäre, die Arbeit als den Teil des künstlerischen Schaffens anzusehen, der den Werten der Gestaltung dient. Man vergegenwärtige sich nur einmal die Art der Arbeit, für welche eine solche einseitige Zuweisung am ehesten denkbar erscheint, das experimentelle Verfahren. Der Künstler hat sich in die Lage des Beschauers zu versetzen gesucht, er hat sich bemüht, sein Werk wie ein fremdes zu betrachten, und findet nun einen Mangel. Dieser Fehler braucht durchaus nicht nur in der Gestaltung zu liegen, im Gegenteil wird in den meisten Fällen gleichzeitig ein Zurückbleiben des Ausdrucks vorhanden sein. Wenn Dürer zwei verschiedene Farbenkombinationen für das Kleid einer Frau probiert, so wird er nicht nur die Einheit der koloristischen Haltung des Bildes beachten, sondern gleichzeitig empfinden, dass die eine zu dem Charakter der dargestellten Frau, ihrem Stimmungsgehalte nach, besser passe. Es wurde gesagt, dass der Künstler durch Zurücktreten in Raum und Zeit sich in einen fremden Betrachter zu verwandeln suche. Aber das heisst doch nicht, dass er sein Werk einer äusserlichen Rechnung nach Gestaltungsprinzipien unterwirft, sondern lediglich, dass er

§ 3: Anwendung auf das Schaffen des Künstlers.

die Stellung eines Menschen annimmt, der das Wesentliche des Werkes erst aus dem Werke selbst gewinnen muss, es nicht wie der Künstler in sich trägt und hinzubringt. Immer wieder muss der Schaffende zum Erleben zurückkehren, sonst gerät er in die Gefahr, über der äusserlichen Glättung den inneren Gehalt seines Werkes zu verlieren. Es ist bekannt, dass Künstler häufig auf diese Weise ihre Werke schädigen, man zieht dann die lebensvolle Skizze trotz des Mangels an Vollendung dem glatten, kalten Werke vor. In der Skizze ist die Einheit von Ausdruck und Gestaltung nicht vollendet, nur angedeutet. Ihre Vollendung wird gewissermassen dem Beschauer überlassen, der sich dafür in den Künstler hinein versetzen muss. So weist die Skizze noch auf ihren Schöpfer zurück, sie hat noch einen transgredienten Rest in sich, der erst in der Ausführung der vollen Immanenz des Kunstwerkes zu weichen hat. Freilich liegt in dieser Hinweisung auf die Person des Künstlers auch wiederum der Reiz der Skizze.

Was in der Skizze der Anlage nach vorhanden ist, von der nachfühlenden Betrachtung ergänzt, geahnt werden kann, das soll im Werke vollendet, wirklich werden. Je grösser die Aufgabe, je reicher der Gehalt ist, dessen Verkörperung der Künstler erstrebt, desto schwerer muss er um diese Vollendung ringen, desto leichter bleibt auch ein ungestalteter Rest zurück. Von Michelangelos gewaltigen Plänen ist viel unvollendet geblieben, und selbst vor dem Vollendeten wird uns oft zu Mute, als sei das Grosse noch nicht gross genug, als stehe hinter dem Gegebenen ein ungestalteter Rest, da selbst dieser Mann solchen Ideen nicht ganz vermocht habe, Körper zu geben. Der Faust, der Goethe durch sein ganzes Leben begleitete, hat im zweiten Teile so manches Sprunghafte, Unvollendete zurückbehalten — es ist, als ob die Übergrösse des Planes selbst von dem reichsten, mächtigsten, besonnensten Geiste nicht völlig beherrscht werden konnte. Daher müssen wir an mancher Stelle ahnend, wie aus den lebensvoll unbestimmten Strichen einer Skizze, die Zusammenhänge im Geiste herstellen. Trotz aller Durcharbeitung haben solche Werke tiefsten Gehaltes etwas von den Mängeln und freilich auch von dem höchsten Reiz der Skizze behalten. Wo man nach der vollen Einheit von Gestaltung und Ausdruck allein Kunstwerke beurteilt, da wird man oft ungerecht gegen jene tiefsten problematischen Erzeugnisse des Genies. Und doch muss man anerkennen, dass dieser Massstab als rein ästhetischer im Recht ist. Aber neben ihn tritt ein anderer, der ausser nach dem Erreichten auch nach der Grösse des Gewollten fragt. Diese zweite Art der Beurteilung geht mehr auf die Bedeutung des Werkes für unser Leben, nimmt damit ein transgredientes Element in sich auf und ist weniger rein ästhetisch. Aber sachlich ist sie doch im Rechte; denn jene begrifflichen Scheidungen im Reiche der Werte schwinden vor der lebendigen Wirklichkeit der grossen Persönlichkeit. Freilich führt diese zweite Wertungsart leicht dazu, den Willen für die That zu nehmen, während ihr Recht nur darin besteht, an der Grenze menschlicher Kraft noch die Grösse des Willens zu verehren. Denn zuletzt ist es doch das Können, worauf es in der Kunst ankommt. Nur wo auch die erstaunlichste künstlerische Kraft der Grösse ihrer Aufgabe nicht ganz gerecht wird, da tritt mit Fug jener andere Massstab ein.

Indessen, die Grenzen solchen Rechtes lassen sich naturgemäss niemals mit Sicherheit ziehen, daher bleibt es zuletzt eine Verschiedenheit des persönlichen Urteils, ob die Fülle des Gehaltes oder die harmonische Vollendung mehr geliebt wird. In der Beurteilung von Künstlern, die auf engstem Gebiete gross sind, (manchen niederländischen Malern z. B.) einerseits, von ringenden Naturen, wie F. Hebbel andererseits, wird sich diese Verschiedenheit des Urteils zeigen. Schiller hat einem verwandten Gegensatze welthistorische Bedeutung zugeschrieben, er hat gezeigt, dass der Antike mehr die Vollendung, der mittelalterlichen und neueren Kunst mehr das Ringen um tiefere Probleme entspricht. Schelling und Hegel haben diesen — doch immer nur ungenügend die Fülle der historischen Erscheinungen bezeichnenden — Gegensatz ihrer philosophischen Konstruktion der Kunstgeschichte zu Grunde gelegt.

§ 4. Erläuterung des Prinzips aus seiner Geschichte.

Dass alles Ästhetische nicht nur zugleich Ausdruck und Gestaltung ist, sondern dass Ausdruck und Gestaltung hier innerlich eines sind — die Gewinnung dieser Einsicht und ihre Befreiung von störenden Nebengedanken, mit denen versetzt sie anfangs auftrat, ist eine der wichtigsten Entwickelungsreihen in der Geschichte der neueren Ästhetik. Es ist daher an dieser Stelle ein historischer Rückblick um so mehr am Platze, als Wert und Inhalt der gewonnenen Erkenntnis durch die Einsicht in ihr Werden erst recht erleuchtet wird. Ohne zu verkennen, dass schon früher Ansätze verwandter Art aufgetreten sind, wird man doch sagen dürfen, dass erst in der deutschen Ästhetik seit Kant die wirkliche Herausarbeitung des Prinzips erfolgt ist. Auf diese Periode wird sich daher die folgende Darstellung im wesentlichen beschränken dürfen[1]).

Es war für die deutsche Ästhetik ein günstiges Geschick, dass vor ihrer endgültigen Begründung durch Kant Herders enthusiastische Natur, Hamanns Anregungen folgend[2]), in aller Kunst wie in der Sprache einen Ausdruck des Volkslebens sah. Herder vertrat aber nicht nur in dieser einen Beziehung sondern überall das Ausdrucksprinzip ausserordentlich wirksam. So ist für ihn der Ursprung der Musik in dem affektvollen Sprachgesange gegeben[3]). Die Schönheit des menschlichen Körpers

---

[1]) Parallel geht dieser Entwickelung die innerlich verwandte Ausbildung der Kritik und Hermeneutik, die das behandelte Werk als Ganzes erfassen lehrt; vgl. W. Dilthey: Die Entstehung der Hermeneutik, in: Philos. Abhandlungen Chr. Sigwart gewidmet. Tübingen 1900.

[2]) Vgl. Haym: Herder I, 135 ff.

[3]) Viertes kritisches Wäldchen. Werke IV, 114 ff.

wird Ausdruck innerer Vollkommenheit¹). Ausser in diesem unklaren Begriffe der Vollkommenheit tritt die mehr dem Logischen zugewandte Seite des Ästhetischen, die Formung, bei Herder nicht sehr hervor. Um so entschiedener wird sie von Kant betont. Aber Kant, der ja selbst dem blossen Begriffe die lebendige Zeugungskraft abgesprochen hatte, musste den Versuch machen, die Einseitigkeit seines formalen Schönheitsbegriffes zu überwinden. Unter den vielen Ansätzen zu einer solchen Überwindung, die sich in seinem Werke finden, ist besonders einer folgenreich geworden, der Gedanke nämlich, dass das Schöne Symbol des Sittlichen sei. Durch den Symbolbegriff hat man seitdem immer wieder das Geheimnis der ästhetischen Einheit zu erfassen versucht. An sich scheint das Wort „Symbol" sich zu diesem Zwecke nicht besonders zu eignen. Symbol heisst ja ursprünglich ein Zeichen, woran oder woraus man etwas erkennt, ein Wahrzeichen oder Merkmal. Ein Spezialfall dieser allgemeinen Bedeutung ist dann die des Sinnbildes, d. h. eines Bildes, welches eine das Bild überragende Bedeutung hat. In doppelter Weise erhält weiterhin das Wort kirchliche Bedeutung, als Kennzeichen der Zugehörigkeit zu einer Kirche in der symbolischen Formel, als Sinnbild im sakramentalen Symbol²). Die Erinnerung an diese zweite kirchliche Bedeutung hat Kant vermutlich veranlasst, mit dem Worte Symbol eine innigere Verbindung als die eines Bildes und seiner — an sich willkürlichen — Bedeutung, zu bezeichnen³). Denn das Sakrament ist nicht

---

¹) Plastik bes. Vierter Abschnitt. Werke VIII, 55 ff.; vergl. Haym II, 69; vergl. auch diese Arbeit S. 58 Anm. 1.

²) Vgl. die Artikel σύμβολον in Stephanus Thesaurus linguae graecae und Passows Handwörterbuch der griechischen Sprache, sowie den Artikel Symbol in Wetzer und Weltes Kirchenlexikon, 2. Auflage.

³) Der Sprachgebrauch der „Religion innerhalb der Grenzen" etc. giebt freilich keine eindeutige Auskunft. Ganz im Sinne des Symbolbegriffes der K. d. U. heisst es (Werke VI, 271) von der Gnade, „dass Gott sie uns höchstens in einer symbolischen Vorstellung, worin das Praktische allein für

äusseres Zeichen einer religiösen Weihe, sondern enthält diese Weihe gleichsam in sich verborgen. Kant nun hatte nachgewiesen, dass jeder Begriff erst durch eine Anschauung, auf die er sich bezieht, Erkenntniswert erhält. Die Art dieser Beziehung ist verschieden je nach der Art des Begriffes. Der empirische Begriff, etwa der einer Tiergattung, muss im Beispiel nachgewiesen werden können; der reine Verstandesbegriff bezieht sich auf die Anschauung durch das Schema, welches die reine Anschauungsform der Zeit ihm darbietet, also z. B. die Kausalität durch das Schema der Folge der Ereignisse in der Zeit. Auch der Vernunftbegriff fordert nun die ihm entsprechende Anschauung. Als unerreichbare Idee kann er nicht in einzelnen Beispielen nachgewiesen werden, als alle Anschauung überschreitend kein Schema in den Anschauungsformen haben: er kann sich daher auf eine Anschauung nur durch Analogie beziehen. Der Vernunftbegriff ist uns nun ja nur zugänglich als sittliches Ideal der praktischen Vernunft. Dieses sittliche Ideal, das als solches nie anschaulich werden kann, hat zum Symbol das Schöne; und zwar sind es die formalen Eigenschaften des Geschmacksurteils, Unmittelbarkeit, Interesselosigkeit, Freiheit und Allgemeinheit, welche die symbolische Analogie vermitteln. Damit scheint der Kantische Gedanke ganz in den Grenzen der formalen Charakteristik des Schönen zu bleiben. Doch zeigt sich in einem späteren Beispiel, in der Hinweisung nämlich auf ästhetische Prädikate mit sittlicher Bedeutung wie majestätisch, unschuldig, bescheiden, zärtlich, dass Kant hier der Ausdruckswert des Schönen mit vorschwebt, an dessen voller Erkenntnis er durch den früher nachgewiesenen methodischen Grundcharakter seiner Ästhetik verhindert wird. Das Wichtigste ist aber, dass Kant die symbolische Erkenntnis als eine intuitive bezeichnet und dabei „neuere

---

uns verständlich ist, offenbaren könnte". An anderer Stelle (Werke VI, 199) wird dagegen von „willkürlichen Symbolen" gesprochen.

Logiker", die sie zu einer diskursiven machen, ausdrücklich tadelt[1]).

Kants Symbolbegriff wirkte zunächst auf Schiller. Wort und Begriff lagen dem Dichter nahe, hatte er doch schon in den Künstlern gesagt:

> „Was erst, nachdem Jahrhunderte verflossen,
> Die alternde Vernunft erfand,
> Lag im Symbol des Schönen und des Grossen,
> Voraus geoffenbart dem kindlichen Verstand."

In den Vorlesungen über Ästhetik, die er im Winter 1792/3 hielt, gab Schiller dann ein Referat von Kants Lehre, dass das Schöne infolge der formalen Eigenschaften des Geschmacksurteils Symbol der Sittlichkeit ist[2]). Sehr bald aber begann er, den Kantischen Gedanken in der von Kant selbst bereits begonnenen Richtung umzubiegen. Das Schöne wird Symbol der Sittlichkeit, weil es sich uns als Erscheinung eines freien, nur von sich selbst bestimmten Wesens darstellt[3]). Schönheit ist Freiheit in der Erscheinung, das bedeutet ja, die ganze Gestalt erscheint uns so, als sei sie freies Produkt eines sich selbst bestimmenden Wesens. Damit wir beim Anblicke eines Dinges diese Idee der Freiheit bilden, muss das Objekt geformt sein, d. h. seine Gestalt muss auf eine Regel deuten; diese Form darf aber nicht von aussen bestimmt, sie muss von innen hervorgebracht erscheinen. Schiller denkt bei diesen Formeln an die freie Regelmässigkeit organischer Gebilde, aber auch an den natürlichen Fluss der Linien bei griechischen Gefässen; er spricht von Technik in der Freiheit[4]), anknüpfend an Kants Ausspruch: „Die Natur war schön, wenn sie zugleich als Kunst aussah; und die Kunst kann nur schön

---

[1]) Kant, K. d. U. § 59 S. 228 ff.; vgl. Kühnemann: Kants und Schillers Begründung der Ästhetik. München 1895, S. 49—63.
[2]) Werke X, 55.
[3]) In dem grossen Briefe an Körner, 23. Febr. 1793. Briefe III, 284 f.
[4]) In demselben Briefe; vgl. H. v. Stein: Goethe und Schiller, Leipzig J. (Reclam) S. 37 ff.

genannt werden, wenn wir uns bewusst sind, sie sei Kunst, und sie uns doch als Natur aussieht"[1]). In zwiefacher Beziehung hatte Schiller in den Briefen an Körner den Symbolbegriff über Kant hinaus zu entwickeln begonnen, erstlich fasste er, entschiedener als jener, das Symbol als Ausdruck, zweitens suchte er, einen anderen Gedanken Kants hineinziehend, dieses Ausdrucksprinzip mit dem Formprinzip zu vereinigen. In beiden Richtungen schritt er noch weiter vor; in der ersten lag es, wenn er in der Rezension über Matthissons Gedichte sagte, die Kunst suche die landschaftliche Natur durch eine symbolische Operation in die menschliche zu verwandeln, wobei neben der Symbolisierung von Vernunftideen, die in der Form der Beschäftigung der Einbildungskraft liegt, ausdrücklich die Darstellung der Empfindungen (wir würden sagen, Gemütsbewegungen) ihrer Form nach, wie sie in Musik und Landschaft möglich ist, hervorgehoben wird[2]). In der zweiten Richtung führte er seine Gedanken in den Briefen über die ästhetische Erziehung des Menschen weiter. Hier leitete er, allerdings mit Benutzung anderer systematischer Hilfsbegriffe den Satz ab, dass Schönheit lebende Gestalt ist. Damit aber, so fährt er fort, wird die Schönheit nicht auf das physisch Lebendige beschränkt und ebensowenig über das ganze Gebiet des Lebendigen ausgedehnt. „Ein Mensch, wiewohl er lebt und Gestalt hat, ist darum noch lange keine lebende Gestalt. Dazu gehört, dass seine Gestalt Leben, und sein Leben Gestalt sei"[3]). Schiller hat eine wirkliche Durchführung dieses Gedankens nicht gegeben, ihn vielmehr stets mit anderen Ideen untermischt dargestellt.

---

[1]) K. d. U. § 45, S. 173. Kant setzt damit einen Gedanken Longins fort: Vom Erhabenen, übersetzt von Schlosser 1781, Kap. XXII: „Und das ist eben der Triumph der Kunst, wenn sie Natur wird; und glücklich die Natur, wenn ihr die Kunst unbemerkt zur Seite steht."
[2]) Werke X, 243 f.
[3]) 15. Brief. Werke X, 323.

II. Teil. III. Kapitel: Die Einheit des Ausdrucks und der Gestaltung.

In Goethes Anwendung des Wortes Symbol liegt der Ton hauptsächlich darauf, dass der einzelne Fall, z. B. der poetisch dargestellte, oder die einzelne Handlung, z. B. das Sakrament, ein allgemeines Verhältnis darstellt, „nicht als Traum oder Schatten, sondern als lebendig augenblickliche Offenbarung des Unerforschlichen" [1]. Dieser Symbolbegriff entspricht durchaus der anschaulichen Natur von Goethes Denken, er erinnert an den Begriff des Urphänomens und steht in Beziehung zu dem typischen Gehalt besonders seiner späteren Dichtungen.

Von Kant, Schiller und Goethe aus ist dann der Symbolbegriff bei Schelling zu verstehen. Für Schelling ist die Natur die Entwicklung des unendlichen Geistes, der das wahre Sein ist, zu seiner Freiheit. So spricht also der Geist aus der Natur zu uns. Die Natur ist innerlich belebt, wie bei Goethe. Wenn nun der Künstler auf der Stufe des selbstbewussten Geistes den allgemeinen Inhalt in einer besonderen Form darstellt, thut er etwas der Natur Analoges. Wo es vollkommen gelingt, den Geist in eine Erscheinung zu bannen, da entsteht das Schöne. In einer Terminologie, die deutlich von Kant ausgeht, dabei aber Kants Gedanken völlig umbildet, nennt er ein Allgemeines, das ein Besonderes bedeutet, z. B. eine sprachliche Bezeichnung in ihrer Anwendung auf ein einzelnes Ding, Schematismus, ein Besonderes, das ein Allgemeines bedeutet, Allegorie. Sind Allgemeines und Besonderes, Erscheinung und Geist vollkommen eins, so entsteht das Symbol. Symbol in diesem Sinne ist die griechische Mythologie [2]. Das Christentum, in welchem das

---

[1] Sprüche in Prosa II, No. 273. Werke, XIX, 63; vgl. die symbolische Behandlung der Sakramente im 7. Buch von Dichtung und Wahrheit und Loepers Bemerkungen dazu, Werke XXI, 301 ff. und XXIII S. XXX. Der Stimmungston der Farbe als Vermittler des Ausdrucks — z. B. Purpur als Bezeichnung der Majestät — wird symbolisch genannt: Zur Farbenlehre. Didakt. Teil § 916.

[2] Philosophie der Kunst (Vorlesungen 1802/3, 1804, 1805). Werke I. Abt., 5. Bd. 406 ff.

§ 4: Erläuterung des Prinzips aus seiner Geschichte.

Universum nicht mehr als Natur sondern als moralische Welt gefasst wird, kann darum auch nicht das Unendliche im Endlichen darstellen. Denn in der Moral setzt sich das Endliche in seiner Freiheit dem Unendlichen entgegen und die Aufhebung dieses Gegensatzes, die Unterordnung also des Endlichen unter das Unendliche, wird zur absoluten Forderung. Darum hat das Christentum nicht symbolische Gestalten wie die griechische Mythologie, sondern nur symbolische Handlungen[1]). Man sieht, wie hier bei Schelling der Kantische Gedanke, dass das Symbol eine intuitive Erkenntnis ist, und dass das Schöne Symbol ist, eine metaphysische Begründung erhalten hat und zum Zentralgedanken der Ästhetik geworden ist.

Den Symbolbegriff Schellings nahm Solger von ihm an, suchte nun aber auch das Wort Allegorie auf eine höhere Stufe zu erheben, indem er das Aufstreben der christlichen Welt zur Einheit mit der Idee als Allegorie bezeichnete. Dies blieb aber ohne Folge für die weitere Entwickelung[2]). Ja, für die nächste Zeit wurde durch Hegel auch dem Worte „Symbol" ein grosser Teil seiner Würde wieder genommen.

Hegels Ästhetik hat die Lehre, dass das Schöne eine Einheit von Inhalt und Form sei — um hier absichtlich in unbestimmten, wenig klaren Worten zu reden — wohl am

---

[1]) a. a. O. bes. 433.
[2]) Vorles. ü. Ä. 123, 126—136. Längst vorher hatte Herder in der „Plastik" das Wort „Allegorie" auf das Verhältnis von Körper und Seele angewendet. Er sagt (Werke VIII, 79) vom Bildhauer, der der Seele „Fleisch und Gebein" schafft, „er allegorisiert also durch alle Glieder". Indessen (a. a. O. S. 80) hatte er selbst Bedenken gegen diesen Sprachgebrauch, der auch nicht fortwirkte und nur als Vorspiel zu dem späteren entsprechenden Gebrauch von „Symbol" Interesse hat. Herder selbst wandte in der Kalligone (Werke XXII, 323) das Wort Symbol auf die Erscheinung der Seele im Körper an — terminologisch sichtlich durch die Polemik gegen Kant bestimmt. — Schon Winckelmann hat in seiner Lehre von der Allegorie den Gedanken, dass der Geist sich die Gestalt baut, allerdings mit ganz anderen Ideen vermischt; vgl. Justi: Winckelmann I, 2. Aufl. S. 366.

Cohn, Ästhetik.

entschiedensten herausgearbeitet und am umfassendsten systematisch durchgeführt[1]). Er drückt diese Einsicht freilich in einer Form aus, die zunächst einen ganz abweichenden Sinn zu ergeben scheint. Ihm ist das Schöne das einzelne, sinnlich erscheinende Sein, sofern es die Idee vollständig in sich darstellt. Hierbei überrascht zunächst das Wort „Idee". Aber „Idee" bedeutet bei Hegel nicht den abstrakten Begriff; vielmehr ist die Idee der Begriff, wie er sich selbst verwirklicht, oder der konkrete Geist, dessen Entwickelung die Welt ist. Der Begriff gewinnt durch diese Gleichsetzung mit dem Geiste Realität, aber er verliert zugleich auch seine abstrakte Reinheit und Starrheit. Hegel sieht die Verwirklichung der Idee in erster Linie in den vollendeten vergöttlichten Menschengestalten der griechischen Plastik. Dies zeigt besonders klar, dass die „Idee" dem Geiste gleichgesetzt wird, der in der vollendeten organischen Gestalt die Materie beseelt. Indem der Geist zugleich lebendig und logisch, zugleich Seele und Vernunft ist, müssen dabei die beiden Seiten, die ich als Ausdruck und Gestaltung unterschieden habe, zusammenfallen, ja Hegel hat keinen Grund, sie überhaupt streng zu trennen. Damit ist — bei aller Verwandtschaft — zugleich der Grundunterschied des hier dargestellten Einheitsgedankens von der Hegelschen Ästhetik berührt. Hegel geht von letzten Abstraktionen aus, er stellt „Idee" und „Erscheinung" einander gegenüber. Mein Ausgangspunkt enthält bereits die anschauliche Natur alles Ästhetischen in sich auch der Ausdruck ist seiner Natur nach anschaulich, auch die Gestaltung ist nicht blosse Materie der Empfindung sondern wesentlich geformt. Diese Veränderung der Grundbegriffe ist nicht zufällig, sie muss eintreten, wenn man die Hegelsche Identifikation von logischer Idee und lebendigem Geiste aufgibt und damit Hegels Anspruch fallen lässt, die Wirklichkeit aus der Entwickelung des Begriffes heraus zu konstruieren. Damit aber fällt auch eine

---

[1]) Für das Prinzip seiner Ästhetik bes. Ä. I, 117-147; vgl. Hartmann I, 107.

andere eigentümliche Beschränkung des Hegelschen Gedankens hinweg. Die Offenbarung der Idee in einem einzelnen Werke kann nach Hegel nie wirklich adäquat sein; denn die wahre, ihm ganz entsprechende Verwirklichung gewinnt der Geist erst in der Philosophie, da diese eine Einsicht in das eigene Wesen des Geistes ist. Die Kunst ist also nicht die höchste und im letzten Sinne wahre Offenbarung der Idee, vielmehr kommt die Idee erst in der Vollendung des wissenschaftlichen Bewusstseins ganz zu sich selbst. Damit wird dann der Kunst eine bestimmte Stelle in der Entwickelung der Idee angewiesen. Obwohl diese Entwickelung mit der Geschichte des menschlichen Geistes nicht identisch ist, so zeigt sie sich doch in dieser Geschichte. Darum erhält die Idee als Kunst auch ihre besondere historische Stellung. Sie ist im Griechentum endgültig verwirklicht. Die Einheit ist nur hier erreicht; in der symbolischen Kunst der Orientalen wird sie erst angestrebt, in der romantischen des Mittelalters strebt die Idee stets wieder aus dieser Einheit heraus. In der Neuzeit oder in der Gegenwart ist die Kunst zwar ebenso wenig als irgend eine andere niedere Objektivationsstufe des Geistes verschwunden, aber ihre Bedeutung ist geringer, unselbständiger geworden. Man sieht, wie bei Hegel die Einheit von Idee und Erscheinung auf eine einzige Periode der Kunst beschränkt wird; man erkennt auch, wie dieser Glauben an eine historisch gewissermassen überwundene Bedeutung der Kunst ganz und gar abhängt von der stolzen Grundüberzeugung Hegels, dass in der Wahrheit seiner Philosophie der Geist zu sich selber gekomen sei, d. h. dass der Mensch nun die höchste innere Einheit der Welt durch das Denken voll erfassen könne.

Der Anspruch des Hegelschen Systems, aus der Entwickelung der logischen Idee, die der lebendige Geist ist, die Welt zu verstehen, musste aufgegeben werden, sobald man einsah, dass wir niemals im Stande sind, die Zufälligkeiten der Gegebenheit aus dieser Notwendigkeit abzuleiten, dass ebenso wenig aber ohne Hinzunahme einer solchen zufälligen Gegebenheit sich irgend ein realer Inhalt gewinnen lässt[1]). Man musste nun, wenn die Einsicht in die ästhetische Einheit festgehalten werden sollte, eine andere begriffliche Fassung suchen. Es lag da nahe, auf das Wort Symbol zurückzugreifen, das Hegel zur Bezeichnung einer noch unvollkommenen Einheit von Idee und Bild degradiert hatte. Aber die Bedeutung, in der Hegel das Wort gebraucht hatte, wirkte dabei nach. Als Vorstufe der vollen ästhetischen Einheit hatte Hegel das Symbol bezeichnet. Dadurch bekam das Wort einerseits eine historische Bedeutung — symbolische Kunst ist die Kunst der Orientalen — andererseits ist die Schönheit der untermenschlichen Natur symbolisch, da nur die Menschengestalt der wirklich entsprechende Ausdruck des Geistes ist. An diese letzte, bei Hegel im ganzen zurücktretende Seite knüpft die weitere Entwickelung an, deren bedeutendster Träger F. Th. Vischer wurde, als er dem dialektischen Systeme entsagte. Er subsumiert vor allem die gesammte Naturbelebung, allen Ausdruckswert von Formen und Tönen unter das Wort Symbol, hält aber daran fest, dass hier Form und Inhalt sich nicht einfach decken, dass die Erscheinung, die Form Bild ist im Sinne des blossen Bedeutens[2]). Aber man fühlt, wie diese „Unangemessenheit" nicht mehr die Hauptsache ist. Das Wichtigste wird, alle ästhetische Form als eine beseelte zu erklären. In diesem Bestreben verbindet sich der Symbolbegriff mit Lotzes und seiner Nachfolger Bemühungen, die Allgemeinheit des Ausdrucksprinzips zu erweisen. Die „Unangemessenheit", die in der Naturbeseelung liegen soll, gehört eigentlich nicht mehr dem ästhetischen Gebiete als solchem an, sondern entsteht erst, sobald gefragt wird,

---

[1]) In der Ästhetik hat Weisse — noch als Anhänger vieler Positionen des Systems — diese Einsicht wieder gewonnen, vgl. z. B. Ä. I, 6.
[2]) Kritik meiner Ästhetik. Kritische Gänge N. F. V, 137. 1866. Vgl. auch F. Vischer: Goethes Faust. Stuttgart 1875. S. 120 ff.

ob dieser Beseelung eine wirkliche Seele entspricht. Dies wird dann im Sinne des Pantheismus von Vischer und Volkelt dahin beantwortet, dass die Anthropomorphisierung unberechtigt, die Beseelung an sich berechtigt ist. Diese metaphysischen Ausdeutungen gehen aber die Ästhetik als solche nichts mehr an. Ebenso wenig ist es für die Ästhetik wichtig, die Frage der psychologischen Entstehung des Einfühlens in die Natur zu erörtern. Dieses Problem hat in der letzten Zeit die Diskussion wesentlich beherrscht. Insbesondere wurde darüber gestritten, ob die Einfühlung auf Associationen zurückführbar sei oder nicht. Dieses Problem ist im Grunde ein Teil der allgemeinen Frage nach dem Genügen oder Ungenügen der Association als psychologisches Erklärungsprinzip. Für die Ästhetik ist es belanglos[1]).

Als wesentliches Ergebnis der geschilderten Entwickelung darf angesehen werden, dass der Ausdruckswert alles Ästhetischen und zugleich die notwendige Zusammengehörigkeit von Ausdruck und Gestaltung erkannt worden ist. Friedrich Theodor Vischer hat dafür und zugleich für die Aufgabe der Ästhetik — soweit sie es mit dem Inhalte des ästhetischen Wertgebietes zu thun hat — die treffende Formel gefunden. Am Schlusse der Selbstkritik seiner Ästhetik sagt er[2]): „Die Ästhetik ist vereinte Mimik und Harmonik. Gleich gross und schwer ist die Aufgabe der ersten, der zweiten und ihrer Vereinigung." Das Wort Symbol, glaube ich, können wir für die Darstellung dieser Verhältnisse entbehren, und wir thun gut daran, es aufzugeben, da

---

[1]) Die weitere Entwickelung hat geschildert und gefördert Volkelt: Der Symbolbegriff in der neueren Ästhetik, Jena 1876. Ihm antwortet F. Th. Vischer: Das Symbol. Philos. Aufs. Ed. Zeller gewidmet, Leipzig 1887, und führt zugleich seine früher angedeuteten Gedanken weiter aus. Eine Erneuerung der psychologischen Diskussion knüpft sich dann an Paul Sterns Arbeit: Einfühlung und Association in der neueren Ästhetik. B. z. Ä., V. 1898. Volkelt antwortet Z. f. Ph. CXIII, 161 (1898), darauf wieder Stern: Z. f. Ph. CXV, 193 und Volkelt CXV, 204 (1899). Vgl. auch Lipps Z. f. Ps. XXII, 415.

[2]) Kritische Gänge N. F. VI 131. 1873.

seine Etymologie und historische Belastung missverständliche Nebengedanken nahe legt, und da überdies der Symbolbegriff an anderer Stelle, bei der Beziehung des Ästhetischen zu anderen Wertgebieten, nicht entbehrt werden kann. Um das Wort dort gebrauchen zu können, thut man wohl am besten, als symbolisch eine anschauliche Darstellung zu definieren, welche etwas prinzipiell Undarstellbares unmittelbar ahnen lässt.

IV. Kapitel.
Die wichtigsten Arten des Ästhetischen.
§ 1. Allgemeines.

Seit alter Zeit weiss man, dass unter den ästhetischen Eindrücken verschiedene grosse Klassen zu unterscheiden sind. Ein ganz anderes Erlebnis gewährt uns eine blühende Frühlingslandschaft als ein stürmisches Meer. Lieblicher Gesang eines jugendlichen Chores, der furchtbare Ernst der Tragödie und die tollen Sprünge der komischen Muse bieten zunächst dem vergleichenden Verstande weit mehr Unterschiede als Ähnlichkeiten dar. Wenn man alle diese Fälle unter den Gesamtbegriff des Ästhetischen oder des Schönen im weiteren Sinne zusammenfasst, so muss man diesen Begriff in verschiedene Artbegriffe zerlegen. Diese Arten oder, wie man auch gesagt hat, Modifikationen des Schönen sollen jetzt betrachtet werden. Erst eine solche Untersuchung wird Auskunft darüber geben können, wie die Einheit von Gestaltung und Ausdruck zustande kommt. Denn sofern diese Einheit den wesentlichen Inhalt des ästhetischen Wertes bildet, müssen sich die Arten dieses Wertes durch die Art der Einheit unterscheiden. Es ist leicht, dies durch eine allgemeine Betrachtung noch näher zu erläutern.

Gestaltung im ästhetischen Sinne ist nicht gleich irgend einer beliebigen Gestalt. Vielmehr bedeutet Gestaltung eine nach den Normen der Vollständigkeit, Einheit, Klarheit und Deutlichkeit geformte Gestalt. Diese Formungsprinzipien haben aber zugleich einen bestimmten Ausdruckswert. Darum entspricht der ästhetisch durchgeformten Gestalt direkt nur eine bestimmte Art des ausgedrückten Innenlebens. Ein erfolgloses Streben oder ein solches, das unerreichbaren Idealen nachtrachtet, hat seine Vollständigkeit nicht in sich. Ein Mensch, in dessen Innerem entgegengesetzte Triebe sich befehden, bildet keine vollständige Einheit. Der Kampf eines Mannes mit der verwirrenden Menge kleiner, alltäglicher Schädlichkeiten, die bald hier, bald dort sein Streben hemmen, wird keine leuchtende Klarheit des Ausdrucks gewinnen. Die überwältigende Grösse wird uns als solche nur dadurch eindringlich offenbar, dass sie unsere Auffassungsfähigkeit überschreitet, d. h. den Prinzipien der Formung zunächst widerspricht. Nun ist alles Ästhetische diesen Prinzipien unterworfen; die erwähnten Inhalte und, was ihnen ähnlich ist, müssten also von der ästhetischen Darstellbarkeit ausgeschlossen erscheinen, wenn es keine Mittel gäbe, durch den Bruch hindurch die Einheit von Form und Ausdruck und die Herrschaft der Formungsgesetze wieder herzustellen.

Es ergeben sich demnach zwei Hauptgruppen unter den ästhetischen Werten. Der ersten gehören diejenigen Fälle an, in welchen der ausgedrückte Inhalt direkt den Prinzipien der Formung entspricht und umgekehrt. Hier besteht die ästhetische Einheit wie von selbst, ohne Kampf, Bruch oder Zwang. So ist es bei allen den Inhalten, die wir als schöne im engeren Sinne des Wortes bezeichnen; das Schöne im engeren Sinne, so kann man sagen, ist die konfliktlose Modifikation des ästhetischen Wertes. Im Gegensatze dazu findet bei den übrigen Arten ein Widerstreit statt; die Einheit ist hier nicht von selbst da, sie ist auch nicht vollständig da — sie muss errungen werden und lässt gleichsam einen ungestalteten Rest zurück. Man kann diese Modifikationen als konflikthaltige bezeichnen[1]).

---

[1]) Diese Terminologie ist von Vischer und Hartmann abhängig. H. fasst allerdings den Begriff „Konflikt" anders und daher das Erhabene als konfliktlos.

168 II. Teil. IV. Kapitel: Die wichtigsten Arten des Ästhetischen.

Aus dem Gesichtspunkte, unter den die Betrachtung der Modifikationen hier gestellt wird, ergeben sich zugleich die Grenzen dieser Darstellung. Sie darf sich auf diejenigen Arten des Schönen beschränken, bei denen eine wesentliche Verschiedenheit im Zustandekommen der ästhetischen Einheit vorliegt; daher werden hier manche Zwischenformen und Nebenarten übergangen werden können, die sich aus den Hauptfällen leicht ableiten lassen.

§ 2. Das Schöne im engeren Sinne. (Das rein Schöne.)

Das Schöne im engeren Sinne wurde als die konfliktlose Modifikation des Ästhetischen bezeichnet. Die Erläuterung und der Beweis dieses Satzes umfasst zwei verschiedene Aufgaben. Zuerst ist der Begriff der konfliktlosen Modifikation zu erörtern, sind die Forderungen darzulegen, die in ihm, als in einem normativen, enthalten sind. Weiterhin muss dann erwiesen werden, dass die als schön im engeren Sinne bezeichneten Naturgegenstände und Kunstwerke diesem Begriffe entsprechen.

Konfliktlos ist diejenige Modifikation, bei welcher die Formungsprinzipien an sich Ausdrucksmittel sind, oder, anders gesagt, bei welcher der Ausdruck ganz und gar in der Form sich offenbart. Dieser Fall wird eintreten, wo das Innenleben, das sich äussert, in sich volle Befriedigung und Einheit hat. Man kann ebenso gut umgekehrt sagen: Sobald wir eine harmonische Form als Ausdruck einer lebendigen Kraft, d. h. ästhetisch auffassen, werden wir das sich äussernde Leben als ein innerlich befriedigtes, harmonisches verstehen. So viel ist schon durch diese allgemeinste Bestimmung klar geworden, dass der hier gekennzeichnete Fall mit dem zusammentrifft, der bei Betrachtung der Ausdrucksseite des Ästhetischen hervorgehoben und vorläufig als das rein Schöne bezeichnet wurde[1]). Man kann nun dieses

---

[1]) Die hier gegebene Lehre vom Schönen stimmt, nicht in der Art der Ableitung und Formulierung, wohl aber im Resultate fast völlig mit

§ 2: Das Schöne im engeren Sinne. (Das rein Schöne.)

rein Schöne als eine dreifache Einigkeit näher beschreiben. Vom Prinzipe des Ausdrucks her betrachtet ist schön im engeren Sinne die Äusserung eines in sich einigen Lebens; unter dem Gesichtspunkte der Gestaltung erscheint schön die Vereinigung aller Teile eines Gegenstandes unter der Herrschaft der Formprinzipien; sieht man endlich auf die Einheit von Ausdruck und Gestaltung, so ist schön eine vollständige, mühelose, selbstverständliche Erreichung dieser Einheit. Alle diese Einheiten fallen zusammen. Im Schönen ist das Leben harmonisch und die Harmonie Leben, darum ist geradlinige Starrheit der Form hier so gut ausgeschlossen, wie wilde Empörung der Kraft.

Man begreift durch diese allgemeine Bestimmung auch das Verhältnis, in welchem das sinnlich Angenehme zum Schönen steht. Man wird nicht leicht einen Gegenstand schön nennen, dessen Qualitäten nicht sinnlich angenehm sind. Schrille Töne, dumpfe Farben, unreine Oberflächen können in anderer Weise ästhetisch sehr wirksam werden, dem rein Schönen widersprechen sie. Das sinnlich Angenehme schmiegt sich unseren Sinnen an, es wird gern aufgenommen, wie von selbst rechnen wir seine Freundlichkeit dem Träger an. Der Singvogel scheint schon durch seinen Ton ein reineres Wesen zu sein als das gackernde Huhn oder der krächzende Rabe; schon ihre schöne Farbe hebt die Kornblume über missfarbiges Unkraut empor. Aber man kann weiter sagen, dass die Bedingungen des Angenehmen mit den formalen Gesetzen des Schönen eine kontinuierliche Reihe bilden. Sinnlich angenehm sind Eindrücke, die der Auffassung durch unsre Sinne sich leicht entsprechend und dabei doch anregend und mannigfaltig darbieten. Der Kontrast gesättigter Komplementärfarben, z. B. von orangegelb und blau, ist angenehm, sofern nicht durch übermässige Helligkeit oder Ausdehnung eine

---

Schillers Theorie zusammen, wie sie in den Briefen an Körner vom 8., 18., 23., 28. Febr. 1793, Briefe III, 239—299, niedergelegt ist.

Ermüdung unsres Auges eintritt. Jeder nicht direkt schmerzliche Reiz, der sich vom vorhergehenden Zustand klar abhebt und seine Zeit ausdauert, dann aber wieder verschwindet, hat dadurch ein gewisses Moment der Annehmlichkeit in sich. Jeder flackernde Reiz umgekehrt, der die Anpassung des Sinnesorgans nicht zustande kommen lässt, ist unangenehm. Man sieht, wie die Eigenschaften des Angenehmen, wenn sie an einem Gegenstande der ästhetischen Versenkung vorhanden sind, dem einfach Schönen entsprechen. Grillparzer hat in seiner Novelle „Der arme Spielmann" einen Menschen geschildert, dessen einfache und reine Natur die einfache Reinheit des klar ausgehaltenen Tones, die ungebrochene Harmonie der primitivsten melodischen Verbindungen nicht etwa als Annehmlichkeit sondern mit wahrhaft religiöser Andacht als Schönheit geniesst. Ihm offenbaren sich in diesen Tönen und Harmonieen, die für andere leicht leer und unbedeutend werden, die innere Einheit und Schönheit der Welt, wie er sie zu fassen vermag.

Die Eigenschaften des rein Schönen lassen sich aus den Bedingungen des ästhetischen Inhaltes selbst ohne Hinzunahme irgend welcher ausserästhetischen Hilfsprinzipien ableiten. Das rein Schöne ist die dem Ästhetischen vollkommen adäquate Modifikation, gleichsam der Kern des ästhetischen Wertgebietes. Dadurch rechtfertigt sich der scheinbar verfehlte wissenschaftliche Sprachgebrauch, die Gattung und eine ihrer Arten mit demselben Wort „schön" zu benennen. Das Beiwort „rein" drückt lediglich die Freiheit von ausserästhetischen Rücksichten aus, es ist kein Wertprädikat, welches etwa das Schöne im engeren Sinne irgendwie über die anderen Modifikationen stellen soll.

Die zweite Aufgabe dieses Abschnittes ist es, nachzuweisen, dass die gegebene Begriffsbestimmung dem entspricht, was wir als schön im engeren Sinne empfinden. Nicht durch umfassende Beispielsammlungen sondern nur durch Untersuchung einiger typischer Fälle, an die jeder leicht ähnliche aus seiner Erinnerung

§ 2: Das Schöne im engeren Sinne. (Das rein Schöne.)

anreihen wird, kann hier diese Forderung erfüllt werden[1]). Es sei erlaubt, mit dem Beispiele blosser Linien zu beginnen, obgleich man diesen wohl mit Recht den Namen der Schönheit absprechen möchte. Sind sie doch jedenfalls wichtige Elemente des Schönen in der Natur wie in den Werken der bildenden Kunst. Hogarth hat die Wellenlinie oder, auf drei Dimensionen übertragen, die Schlangenlinie als Linie der Schönheit gepriesen. Wenn man Hogarths Figuren betrachtet oder wenn man selbst versucht, verschiedene gebogene Linien sich aufzuzeichnen, so wird man leicht finden, dass zur Schönheit einer solchen Linie Verschiedenes gehört. Zunächst die Reinheit ihres Zuges, die sanfte Gleichmässigkeit, mit der sie an- und abschwillt, weiterhin eine gewisse Energie ihrer Krümmung, die doch nicht bis zur Härte ansteigt; eine Wellenlinie z. B., die aus zwei Halbkreisen zusammengesetzt ist, erhält etwas Gezwungenes, eine solche, die aus sehr flachen Bogen besteht, wirkt matt und kraftlos. Eine schöne Linie ist eine solche, die mühelos und dabei lebendig zu entstehen scheint[2]). Dabei bilden wir wie von selbst eine solche Linie regelmässig; durch eine halbe Wellenlinie entsteht noch nicht das Gefühl der Schönheit, erst eine vollendete Schwingung lässt es erwachen, erst sie erlaubt uns, die vollständige Einheit der Bewegung zu sehen. Wird die Wellenlinie über die erste volle Schwingung hinaus wiederholt, so vermindert sich für mein Gefühl, dessen Allgemeinheit ich hier freilich bezweifle, die Gefälligkeit — wenigstens wenn die Linie für sich wirkt, nicht etwa als fortlaufende Begrenzung einem grösseren Ganzen dient; denn die Zahl der Wiederholungen wird dann beliebig, das Gefühl willkürlicher Fortsetzbarkeit, langweiliger Endlosigkeit entsteht. Bei Tapetenmustern kann dieses Gefühl geradezu quälend

---

[1]) Eine systematisch geordnete Phänomenologie z. B. bei F. Th. Vischer und bei Hartmann II in dem Abschnitt über die Konkretionsstufen des Schönen.

[2]) Vgl. die S. 58 Anm. dieser Arbeit angegebene Litteratur.

werden. Unter den regelmässigen Formenspielen sind wohl Sterne, die aus Curven gebildet sich zu entfalten und in sich zurückzuziehen scheinen, der reinsten Schönheit fähig. Hier ist die Regelmässigkeit nicht wie bei Reihenmustern äusserliche Wiederholung, sondern die unserer Auffassung entgegenkommende Form eines sich leicht entwickelnden einheitlichen Lebens. Man vergleiche mit einem solchen Sterne etwa Arabesken, die in mannigfachen Ecken und Winkeln sich verschlingen und überall unerwartete Formen zeigen — ein barockes Spiel, das uns sehr anzieht, ästhetisch höchst wirksam werden kann, aber nicht der Schönheit im engeren Sinne angehört.

Was hier von abstrakten Linien gesagt wurde, lässt sich auf Naturformen leicht übertragen. Die Bergumrisse des Odenwaldes, wie sie sich von der Bergstrasse her darstellen, sind schön. Diese abgestuften Höhen, die sich in sanften und doch vollen Curven vom Himmel abheben, scheinen wie aus reiner Lust am Aufsteigen dem Schoosse der Erde entwachsen zu sein, sie gewähren zugleich eine vollkommene Anschauung, die nirgends durch Unklarheit oder Wirrnis gequält erscheint, — und dies beides ist ganz dasselbe, es lässt sich gar nicht trennen, es ist nur schön, weil es vereint ist. Wilde, nackte, zerrissene Felsklippen bieten einen ganz anderen Eindruck; dem modernen Geschmack sind diese erhabenen Gegenden meist lieber, aber das beruhigende Gefühl der Schönheit gewähren sie nicht.

Bei organischen Gestalten werden die Bedingungen der Schönheit weit mannigfaltiger und verwickelter. Hier äussert sich ein ganz bestimmt gerichteter Lebenstrieb in für jede Gattung besonderer Weise[1]). So entsteht eine Fülle schöner Typen. Schon bei Linien ist der Anspruch, eine als die schönste hervorheben zu können, ein Aberglaube, der lediglich auf dem Bedürfnis unseres

---

[1]) Es ist wohl kaum nötig, hervorzuheben, dass der hier erwähnte „Lebenstrieb" durchaus nur ästhetisch, nicht biologisch gemeint ist.

§ 2: Das Schöne im engeren Sinne. (Das rein Schöne.)

Denkens beruht, für einen allgemeinen Begriff einen besonderen einzelnen Repräsentanten sich vorzustellen. Wo eine in sich einige Kraft leicht und frei sich so äussert, dass die Gestalt den Bedingungen unserer Auffassung wie von selbst entspricht, da entsteht Schönheit. Die Art der Kraft, ihre Richtung, der Reichtum des Innenlebens, die Fülle der Gliederung, das alles lässt dabei unzählige Verschiedenheiten zu. Nicht etwa so ist diese Gleichgültigkeit des Schönheitsbegriffes gegen den besonderen Inhalt zu verstehen, als sei die äussere Form in jedem Falle dieselbe — vielmehr jeder Art des Inhalts entspricht eine andere Form. Die festgegründete Kraft der Buche breitet ihr Astwerk zu dichter Krone allseitig aus, ein schützender, liebender Wirt ist dieser Baum, wo er, wie leider so selten, Raum zur Entfaltung hat. Leicht und zierlich steigt die Birke auf, ihr schimmernder Stamm löst sich in ein Lockenspiel hängender Äste, die kleinen, losen Blätter bewegen sich leicht hin und her. Trotz dieser Verschiedenheit gehören vollendete Exemplare beider Bäume zu den schönen Gebilden, während die Eiche, die ihre knorrigen Äste wie mit Gewalt aufrichtet, deren zerrissene Rinde wie das Panzerhemd eines Ritters erscheint, einer ganz anderen Klasse ästhetischer Gegenstände angehört.

Bei den Tieren tritt zur Schönheit der Form vor allem die der aktiven Bewegung hinzu. Schön ist eine Bewegung, die leicht, stetig und doch kraftvoll ausgeführt erscheint. Der klare Verlauf befriedigt unsere Auffassung, die dagegen z. B. von den unverstandenen Wendungen des Schwalbenfluges leicht beirrt wird, zugleich scheint in der leichten Bewegung die innere Einheit des Lebens mit sich selbst hervorzuquellen. Auch hier giebt es zahlreiche Arten schöner Bewegung; der rasche, zierliche Sprung des Rehes, das ruhige Schweben des Raubvogels, der zielbewusste Sprung des katzenartigen Raubtieres, der stolze Trab des Pferdes — alle sind sie schön, während das Wippen der Bachstelze, das Klettern des Affen, die massige Wucht des Stieres oder des

Elephanten ganz anderen Arten des ästhetischen Eindrucks zuzurechnen sind. Jede Form des Tierkörpers wird noch in anderer Weise als jeder andere körperliche Umriss von uns auf Bewegungen hin angeschaut, sie wirkt nicht nur selbst als Erzeugnis einer bewegten Kraft, sondern sie enthält die Anlage zu mannigfaltigen neuen Bewegungen in sich. Erscheint das Organ eines Tieres als geeignet zu schöner Bewegung, so ist es selbst schön. Dazu kommen alle anderen, früher erörterten elementaren Schönheitsbedingungen der Farben und des Umrisses. Vor allem macht sich aber beim Tiere weit mehr als bei der Pflanze die Einheitlichkeit des Organismus geltend. Damit das Leben, welches sich in dem Tiere ausspricht, ein harmonisches sei, darf kein Organ verkümmert erscheinen, keines auch sich übermässig hervordrängen. Besonders hässlich wirken unbewegliche Auswüchse, wie die Höcker des Kameels oder die Hautverdickungen des Rhinoceros, während Mähnen, Schweife und ähnliche Anhänge, welche jeder Bewegung eine vollere Würde geben, indem sie sie mit ihrem eigenen schwungvollen Rhythmus begleiten, die Schönheit fördern. Woher aber, so kann man fragen, nehmen wir das Mass für die rechte Ausbildung der Organe, das doch unserer Beurteilung schöner Tiere zu Grunde liegt? Hier spielt augenscheinlich unsere Erfahrung, unsere Kenntnis verwandter Formen eine Rolle. Aus dem Anblicke vieler ähnlicher Tiere gewinnen wir sozusagen ein Durchschnittsmass, einen Typus. Dieser Typus ist für sich durchaus nicht schön; aber es ist eine der Bedingungen der Schönheit, dass sich die einzelne Form nicht allzu weit vom Typus entfernt, denn sonst würde sie monströs erscheinen. Dabei beschränkt sich unser Gefühl für das Typische nicht auf die Art. Wir haben auch gewisse Typen für das Säugetier oder den Vogel überhaupt, — das Schnabeltier, die Giraffe, die Fledermaus, die Lumme, der Strauss widersprechen in verschiedener Art diesem Typus, erscheinen daher allerdings in sehr verschiedenem Grade unschön. Hiermit glaube ich

§ 2: Das Schöne im engeren Sinne. (Das rein Schöne.) 175

die wirkliche Bedeutung des Typischen für die Schönheit gezeigt und zugleich abgegrenzt zu haben. Denn diese Bedeutung ist durchaus abgeleitet und untergeordnet. Der Typus, wie er sich uns als Durchschnitt vieler Erfahrungen recht unbestimmt und wechselnd in Einzelheiten festgestellt hat, giebt lediglich das Mass für die normale Bethätigung der Lebenskraft und verleiht zugleich unserer Auffassung die entschiedene Richtung, ein Wesen als dieser Art und Gattung angehörig zu betrachten. Der Typus an sich ist nicht schön; es ist nur Vorbedingung der Schönheit, dass nicht über gewisse Grenzen hinaus von ihm abgewichen wird. Aber dabei ist nicht etwa jede Abweichung vom Typus gleichwertig; es giebt deren ästhetisch günstige und ungünstige. Ein Bernhardinerhund von ungewöhnlicher Grösse und Stärke, mit auffallend klugem Ausdruck des Auges, mit bei aller Gewichtigkeit behenden Bewegungen ist ein ungewöhnlich schönes Tier, obwohl oder vielmehr gerade weil es dem Durchschnitt des Bernhardiners oder gar des Hundes nicht entspricht. Aber freilich über ein gewisses Mass hinaus dürfte keine der Eigenschaften gesteigert erscheinen, die uns an ihm gefallen. Ein Bernhardiner von der Grösse eines Pferdes, mit meterlangen Haaren, mit ungemessener Kraft, aus dessen Auge die Seele eines Menschen strahlte, wäre ein verzaubertes, unheimliches Wesen für uns. Man hat diese Verhältnisse dadurch darzustellen versucht, dass man von dem normalen Durchschnittstypus einer Art einen Idealtypus unterschied, der das Wesen der Art besonders rein wiedergiebt. Die Annäherung eines Exemplars an diesen Idealtypus lasse es dann schön erscheinen. An dieser Ansicht ist so viel richtig, dass sich schöne Exemplare einer Art von dem Durchschnitt dieser Art durch eine vollendete Ausbildung der einzelnen Glieder bei vollendetem Ebenmasse und durch hervorragendes Auftreten aller Schönheit befördernden Eigenschaften, welche die Art besitzt, abheben. Aber die Lehre vom Idealtypus will meist mehr besagen; sie meint, dass wir in schönen Wesen gleichsam den Bauplan der Natur am reinsten erkennen, der sonst durch störende Bedingungen an voller Verwirklichung gehindert werde. Die mehr oder minder klar hervortretende metaphysische Unterlage dieser Ansicht ist der Glaube, dass das wahre Wesen der Einzeldinge in ihrem Teilhaben an allgemeinen Begriffen besteht, und dass es die Aufgabe jedes Exemplares ist, diesen Begriff möglichst rein hervortreten zu lassen. Es ist hier nicht der Ort und gegenwärtig auch kaum mehr notwendig, gegen diesen Begriffsrealismus zu kämpfen; nur das soll hervorgehoben werden, dass er auch den Grund unseres ästhetischen Gefallens falsch angiebt. Nach dieser Theorie nämlich müsste das Wesentliche unserer ästhetischen Freude an einem schönen Pferde darin bestehen, dass wir in ihm die Pferdheit, sozusagen, recht vollkommen dargestellt finden. So aber verhält es sich nicht, wir bewundern vielmehr das Individuum als solches, wir sehen, wenn wir uns wirklich ästhetisch verhalten und nicht etwa als Pferdekenner oder Reiter vergleichend prüfen, nur dieses eine Pferd, und dieses scheint uns ein in sich harmonisches Wesen. Dass es uns so erscheint, dazu trägt unsere Kenntnis von dem durchschnittlichen Bau des Pferdes bei, aber die intellektuelle Freude am Wiedererkennen der Hauptmerkmale hat nichts mit dem ästhetischen Verhalten zu thun. Dazu kommt aber weiter, dass nicht alle Typen schön sind. Man hat oft behauptet, nur Tiergattungen, die als solche atypisch sind, seien unschön. Aber das ist nicht der Fall. Warum ist z. B. der Esel so viel hässlicher als das Pferd? Er repräsentiert den Einhufer oder das Säugetier so gut als dieses, aber er ist dürftig gebaut, seine langen Ohren wirken wie Auswüchse, sein kurzer Hals, seine graue Missfarbe, seine eckigen Bewegungen stören uns. Ferner sind auch nicht alle atypischen Erscheinungen hässlich. Das stolze Gefieder des Pfauen weicht gewiss von dem Durchschnitt der Vögel weit ab, und doch ist es schön. Nur wo in der ganzen Gestalt gleichsam zwei Prinzipien im Kampfe

§ 2: Das Schöne im engeren Sinne. (Das rein Schöne.)

mit einander liegen, da entstehen zwiespältige Gestalten, die uneins mit sich, monströs erscheinen [1]. In ähnlicher Weise und mit ähnlicher Beschränkung wie beim Tiere spielt auch bei der menschlichen Schönheit unsere Kenntnis des Typus eine Rolle. Die verschiedenen Schönheitsideale verschiedener Rassen lassen sich zum Teil daraus erklären. Aber in diesen Idealen spiegelt sich doch noch mehr wieder, die verschiedene Ansicht über die Kräfte und Eigenschaften nämlich, deren Herrschaft als wahrhaft menschlich erscheint. Man muss

---

[1] Die Behauptung, dass die Schönheit sich als Annäherung an einen idealen Typus bestimmen lasse, findet sich meist mit mannigfaltigen anderen Elementen vermischt. So bei Winckelmann und seinen Vorgängern, vgl. Justi: Winckelmann III, 2. Aufl., 161. Stein: Entstehung 370. Bei Kant versteckt sie sich in die Lehre von der anhängenden Schönheit, K. d. U. § 16, S. 77. Mit der Ideenlehre überhaupt tritt sie bei Schelling hervor: Philosophie der Kunst. Werke I. Abt. V. Band, S. 388 ff., bleibt aber hier wesentlich auf den Menschen beschränkt. Ausgeführt wird die Lehre von Schopenhauer im III. Buch seines Hauptwerks, vgl. bes. die §§ 35 und 41 des ersten Bandes. Vom Standpunkt der Hegelschen Lehre aus wird bei F. Th. Vischer im Typus eine Entwickelungsstufe der Idee gesehen — aber seine physiognomische Betrachtungsweise nähert die Typuslehre stets dem Ausdrucksprinzip, Ä. I, 67 und II bes. 79—156. Sehr gut isoliert ist die Lehre von der Schönheit des Gattungsideals bei Hartmann II, 176—185, wo das Gattungsmässige eine niedere Konkretionsstufe des Schönen bildet. An diese klare Fassung wurde bei den Einwänden des Textes besonders gedacht. Lévèque: La science du beau. Paris 1861. I, 17—80 und 132—176 stützt seine platonisierende Lehre vom Idealtypus durch das Ausdrucksprinzip. Der ideale Typus ist schön als Ausdruck einer spezifischen Lebenskraft, die sich in ihm offenbart. — Die Schönheit des Durchschnittstypus wurde früher meist mehr an Stelle des Idealtypus unbemerkt eingeschmuggelt. Recht charakteristisch ist dafür Reynolds: Zur Ästhetik und Technik der bildenden Künste. Akademische Reden, übersetzt von Leisching, Leipzig 1893, vgl. bes. die III. Rede. Neuerdings aber ist diese Lehre ausdrücklich vertreten worden durch Helwig: Eine Theorie des Schönen, Amsterdam 1897, der sie auf alles Schöne anwendet, im Schönen einen Mittelwert sämtlicher Erlebnisse einer Art findet und darauf mathematische Formeln begründet, und durch Herckenrath: Problèmes d'esthétique et de morale, Paris 1898, der freilich seinerseits, wenn er die Tugend S. 20 zu einer „normalen" Eigenschaft macht, den Idealtypus dem Durchschnittstypus unterschiebt.

sogar betonen, dass nicht alle Völker und Zeiten die Harmonie der schönen Gestalt in erster Linie suchten. Ein Indianerkrieger will schrecklich, als erhabene Macht erscheinen, nicht schön; mittelalterliche und manche moderne Ideale zeigen den Körper vom Geist nicht sowohl beherrscht als vielmehr aufgezehrt. Schönheit im engeren Sinne besitzen diese Gestalten nicht, zu ihr gehört das Gefühl der Harmonie aller Teile, wie es etwa die schönsten Statuen der Griechen oder Raffaels Madonnen gewähren. Aber auch innerhalb des Bereiches reiner Schönheit giebt es eine Fülle von Abänderungen. Schön kann ein ruhig sein Dasein geniessendes Kind der Südsee in der Jugendblüte so gut sein als die athletische Gestalt eines griechischen Epheben. Freilich wird sich nun gegen alle voranstehenden Bestimmungen leicht ein Vorwurf erheben. Die Bedingungen des rein Schönen wurden durch verschiedene Stufen hindurch verfolgt, — darf man aber wirklich sagen, dass ein Baum oder eine Blume ebenso schön ist wie ein Mensch? Die Antwort ist doch nicht allzu schwer. Den allgemeinen Bedingungen der Schönheit vermögen beide in gleicher Weise zu genügen — insofern können sie mit gleichem Rechte schön genannt werden; aber das sich äussernde Leben ist im Menschen ungleich reicher, vielfältiger, wertvoller. Man sollte nicht sagen, der schöne Mensch ist schöner als der schönste Baum, denn eine solche Vergleichung ist wertlos, wohl aber kann man dem Menschen eine reichere Schönheit zuerkennen als dem Baume. Dieser Reichtum ist zugleich Mannigfaltigkeit des Lebens und Tiefe des Geistes; auch innerhalb der Menschenwelt lässt er zahlreiche Stufen zu. Und hier tritt leicht ein Konflikt ein: je vielfältiger der Inhalt des Lebens wird, desto schwerer wird eine Gestalt ihn ganz harmonisch ausdrücken; je tiefer, in sich versenkter der Geist ist, desto weniger wird er vollkommen Gestalt werden. Die reinste menschliche Schönheit ist da vorhanden, wo alle die mannigfaltigen Kräfte des Menschen in voller Harmonie stehen, wo jedem Gliede des Körpers erlaubt ist, seine Kraft zu entfalten, und doch jedes dem Ganzen sich dienend einfügt. Hier erscheint der Organismus als vollkommen von harmonischem Leben erfüllt, zugleich bildet er eine Einheit, in der nichts Überflüssiges stört, nichts Fehlendes Ergänzung fordert. Aber uns sind nicht alle Fähigkeiten des Menschen gleichwertig. Die Herrschaft des Denkens, die Harmonie der Liebe bedeuten uns mehr als die volle Gesundheit organischer Funktionen. So entstehen Schönheitstypen, bei denen diese höheren Kräfte auf Kosten der niederen zu herrschen scheinen. Man kann solche Fälle noch Abarten der reinen Schönheit nennen. Denn in der Mutter etwa, die, wie Millet es wollte, nur durch den Blick auf ihr Kind schön ist, herrscht eine innere Harmonie, und diese Harmonie spricht sich in der ganzen Gestalt aus. In dem Schönen selbst liegt hier kein Konflikt — nur sind andere Teile der Gestalt gewissermassen ausserhalb der Schönheit geblieben; die plumpen Formen, die ärmlichen Kleider dienen gleichsam als Folie, um die herrschende Schönheit hervorzuheben. Der Maler hat uns gelehrt, eine verborgene Schönheit zu entdecken. Hier nun liegen Übergänge zu anderen Modifikationen nahe. Sobald die Unvollständigkeit der Harmonie dazu dient, eine besondere Grösse der erscheinenden Kraft auszudrücken, stehen wir im Banne des Erhabenen. Die Übergänge sind unmerklich und niemals genau abzugrenzen.

§ 3. Das Erhabene[1]).

Alle Grösse ist relativ. Wo ein Ding sich uns wie selbstverständlich angemessen darstellt, da kommt uns seine Grösse kaum zum Bewusstsein. Damit wir Grösse schlechthin verspüren, damit die Gewalt einer Kraft uns hinreisst, muss eine Unangemessenheit in der Gestaltung vorhanden sein[2]). Eine

---

[1]) Zur Geschichte der Theorie dieser und der folgenden Modifikationen sei ein für alle Mal verwiesen auf Hartmann I, 363—461.
[2]) Vgl. Kant, K. d. U. § 26 S. 103 ff.

wohlgebaute menschliche Gestalt von ungewöhnlicher Höhe erscheint uns erst riesig, wenn wir andere Menschen daneben sehen oder hinzudenken, wenn uns in den Sinn kommt, dass dieser Mann zu gross ist für das menschliche Mass. Bei einer Statue, die für sich frei dasteht, bemerken wir kaum, ob sie lebensgross, verkleinert oder vergrössert ist. Ein Gebäude, dessen Breite, Höhe und Länge ein angemessenes Verhältnis zu einander haben, dessen Dekoration in Mass und Art seiner Grösse entspricht, wirkt nicht absolut gross, auch wenn es bedeutende Dimensionen hat. Bei einem Innenraum kommt leichter das Gefühl des Riesigen auf, weil wir ihn mit den Dimensionen des Menschen vergleichen, aber gross gehaltene dekorative Gemälde oder Statuen vermögen auch hier grosse Räume ihres Unangemessenen und damit ihrer Grösse zu entkleiden. Ganz anders wird das, wo eine Richtung der Ausdehnung sich vordrängt; ein gotischer Dom ist schlechthin hoch, eine enge Schlucht, in die man hinabsieht, schlechthin tief.

Schon bei Gelegenheit des Ausdrucks wurde der Fall überwiegender Grösse als ein ästhetisch günstiger ausgezeichnet. Seine Bedeutung liegt in der dabei auftretenden Erweiterung unserer nachlebenden Persönlichkeit. Soll nun Grösse als solche uns zum Bewusstsein kommen, so muss, wie gezeigt wurde, eine Unangemessenheit der Form vorhanden sein; diese Unangemessenheit ist aber andererseits der Grösse doch wieder als Ausdruck angemessen. Man kann auch sagen, die Formprinzipien sind durchbrochen; aber, da es sich doch immer um einen ästhetischen Eindruck handelt, müssen sie in der Durchbrechung gewahrt sein. Den Eindruck der Grösse, wenn er in der im Vorstehenden allgemein gekennzeichneten Weise ästhetisch wirkt, nennt man erhaben. Will man das ästhetisch Zusammengehörige hier wirklich zusammenfassen, so darf man in die Definition dieses Begriffes nicht irgend eine Bestimmung über Art und Inhalt der grossen Kraft aufnehmen. Es wurde hier bisher nur von Grösse der sich äussernden Kraft gesprochen; man hat vielfach geglaubt, diese Grösse als unendlich bestimmen zu müssen, um dem Erhabenen wirklich gerecht zu werden. Das hat dann viel Widerspruch hervorgerufen, weil doch keineswegs eine wirkliche Unendlichkeit vorliege, und weil man fürchtete, mystische Begriffe würden so verdunkelnd in die Ästhetik eingeführt. Das Motiv, welches Kant dazu trieb, hier an Stelle von Grösse Unendlichkeit zu setzen, liegt in jener Unangemessenheit des Erhabenen für unsere Auffassung, die als Masslosigkeit erscheint. Dies Motiv hat sein gutes Recht; die Einführung des Wortes „unendlich" bleibt aber bedenklich, weil sich mit diesem Worte Vorstellungen ganz anderer Art zu verbinden pflegen; man verzichtet daher besser darauf.

Die genauere Beschreibung des Erhabenen wird mehrere Unterfälle zu trennen haben, die sich durch die besondere Art der Unangemessenheit und ihres Ausgleichs von einander unterscheiden. Die ästhetische Einheit ist eine dreifache: Einheit der Form, Einheit der sich äussernden Kraft mit der Form, Einheit der Kraft in sich. Der Bruch, der Konflikt des Erhabenen kann in jeder dieser drei Einheiten liegen. In der Gestaltung liegt er, wenn diese unserem Auffassen Schwierigkeiten macht. Hierher gehört, was Kant das mathematisch Erhabene genannt hat. Die ungeheure Ausdehnung des Meeres, dessen Ganzheit wir nicht fassen können, das unseren Horizont völlig erfüllt und uns zwingt, es über den Horizont hinaus ausgedehnt zu denken, ist das bekannteste Beispiel dieser Form. Die Erhabenheit liegt aber auch hier nicht in der blossen Zahl oder Ausdehnung. Eine unendliche Reihe von Strichen wird so wenig erhaben wie die Zahl $\sqrt{2}$, wenn ich sie mir auch auf noch so viele Stellen berechnet und doch ewig fortsetzbar denke. Die unvorstellbare Grösse der Anschauung ist erst erhaben, wenn sie als ein Wesen, als eine Kraft aufgefasst wird. Darum gehört Eintönigkeit, Mangel an Wechsel dazu, damit eine Fläche erhaben wirke. Eine in Felder geteilte fruchtbare

Ebene ist nicht erhaben, weil sie nicht wie Meer oder Haide eine Einheit bildet. Gern verbindet sich diese erste Form des Erhabenen mit der zweiten, bei welcher die Äusserung trotz ihrer Grösse im Vergleich zu der sich äussernden Macht klein und unbedeutend erscheint. Homers Zeus, der durch das leise Nicken den grossen Olymp und den Himmel erschüttert, ist ein berühmtes und treffendes Beispiel dafür. Hier liegt die Unangemessenheit, durch welche die Grösse zum Bewusstsein gebracht wird, zwischen dem sich ausdrückenden Wesen und der Gestaltung des Ausdrucks. Schon eine unbedeutende Bewegung bringt etwas Ungeheures hervor. Die ganze Grösse erscheint in keiner Äusserung. Es ist der höchste Ausdruck der Bewunderung, wenn in Uhlands Ballade „Bertrand de Born" der König durch das Lied des Sängers im Innersten bewegt und in seinen stärksten Entschliessungen umgestimmt, ausruft: „Deines Geistes hab' ich einen Hauch verspürt". Denn damit wird Grösse und Macht jenes Geistes ins Unfassliche gesteigert. Man sieht, wie leicht diese Form mit der vorigen zusammen bestehen kann; denn doppelt erhaben muss es uns erscheinen, wenn eine uns unfassliche Kraftäusserung doch für die sich äussernde Kraft als ein Spiel, als eine ganz inadäquate Äusserung erscheint. Diese Verbindung ist z. B. bei dem Homerischen Zeus vorhanden, sie wird im alten Testament oft für die Schilderung von Gottes Macht verwendet, aber sie ist an sich für diese Form der Erhabenheit nicht notwendig. Vielmehr gehört hierher alles, was man als das Erhabene der Ruhe bezeichnen kann. Der General, der still auf einem Hügel haltend durch leise Winke Regimenter in Bewegung setzt, den Kanonendonner zum Ertönen und zum Schweigen bringt, ist eine erhabene Verkörperung der Macht des menschlichen Geistes. Sitte und Zeremoniell haben sich dieser Form des Erhabenen vielfach zu bedienen gewusst: ein Vornehmer, ein Herrscher soll gemessen und ruhig in Bewegung,

Gebärde und Wort sein. Da schon ein leise tadelnder Ton des Gewaltigen den Untergebenen vernichtet, so wäre lauter Zorn unwürdige Verschwendung.

Diesem zweiten Falle des Erhabenen ganz entgegengesetzt ist der dritte. Die Grösse einer Kraft wird uns offenbar, wenn diese Kraft kämpft, wenn sie mit aller Anstrengung sich zu erhalten und durchzusetzen ringt. Hier liegt die Unangemessenheit zunächst in dem sich Ausdrückenden selbst. Es ist nicht mehr ein in sich befriedigtes Sein, das sich ruhig äussert, sondern ein in Zwiespalt befindliches, das seine ganze Kraft in seine Äusserung hineinlegen muss. Wenn der Sturm das Meer aufwühlt oder die gewaltigen Stämme alter Bäume biegt, so ringen gleichsam zwei Mächtige miteinander, ihre Kräfte werden uns klar in ihrem Kampfe. Dasselbe zeigt sich in menschlichen Kämpfen, in denen der Held seine ganze Kraft anstrengen und offenbaren muss. Bei dem notwendigen Zusammenhange von Ausdruck und Gestaltung muss auch in die Gestaltung des kämpfenden Erhabenen ein Bruch, ein Kampf eintreten. Er liegt hier hauptsächlich in dem Formungsprinzip der Einheit. Die Einheit ist ja hier in zwei mit einander kämpfende Kräfte zerspalten; sie stellt sich nur aus einer Entzweiung wieder her. Dagegen kann man sagen, dass in der ersten Art des Erhabenen hauptsächlich das Formungsprinzip der Vollständigkeit einen inneren Bruch aufweist. Denn hier ist ja das Aufgefasste niemals die vollständige Verwirklichung der in der Kraft liegenden Möglichkeiten sondern regt stets zu einem Hinausgehen über seine Grenzen an. Dabei ist aber die Anschauung doch in einem höheren Sinne vollkommen, insofern die Anregung dazu, über sie hinauszugehen, doch in ihr selbst liegt. Ähnlich verhält sich der zweite Fall des Erhabenen zum Prinzip der Klarheit. Dies ist hier insofern durchbrochen, als die Verbindung zwischen der kleinen Bewegung und der grossen Wirkung zunächst unklar bleibt. Aber auch hier stellt sich durch das Gefühl der Grösse der sich so leicht und dabei mächtig äussernden Kraft die Klarheit aus der Unklarheit wieder her.

Nur wenn man alle Gestaltung im ästhetischen Gebiete als Gestaltung eines Ausdruckes erkannt hat, wird man den wahren Grund einsehen können, warum die Unangemessenheit im Erhabenen sich in eine Angemessenheit auflöst. Da diese Einsicht bei Kant fehlte, so musste er nach einer anderen Erklärung suchen, und eine solche schien sich ihm darin zu bieten, dass das Erhabene zwar die Beschränktheit unserer sinnlichen Natur bedroht, aber die Hoheit unsres Erkennens und unsres sittlichen Willens desto vollständiger zur Erscheinung bringt. Das Erhabene der Ausdehnung und der Zeitdauer, das mathematisch Erhabene, wie Kant es nennt, ist zwar unsrer Sinnlichkeit unangemessen, unsre Vernunft aber kann über jede gegebene Grösse hinaus zu einer noch grösseren fortschreiten, ja sich zur Idee einer Totalität erheben, im Vergleiche mit welcher auch die grösste Anschauung unendlich klein erscheint. So ist also das Erhabene der Ausdehnung eigentlich nur der Anlass, uns der Erhabenheit unsres Gemütes bewusst zu werden. Ähnlich steht es mit dem Erhabenen der Kraft, dem dynamisch Erhabenen. Eine grosse Kraft bedroht unser physisches Sein, aber wir werden uns ihr gegenüber bewusst, dass wir die moralische Kraft in uns besitzen, sie wenigstens im Geiste zu überwinden[1]). Schon Solger[2]) hat mit Recht Kant gegenüber darauf hingewiesen, dass wir uns im Anblick des Erhabenen nicht in unserer Grösse fühlen sondern uns dem Erhabenen unterordnen. Eine Erweiterung der anschauenden Persönlichkeit liegt allerdings vor, insofern diese sich in das Erhabene hineinversetzt und so das Grosse, welches sie anschaut, gewissermassen selbst wird. Aber diese Erweiterung der Persönlichkeit findet im Erhabenen und durch das Erhabene

---

[1]) K. d. U. § 26, bes. S. 110; § 28, bes. S. 116 f.
[2]) Vorles. ü. Ä. 37 f.

statt, nicht, wie Kant meinte, im Gegensatze zum Erhabenen. Wäre Kants Anschauung richtig, so würde das Erhabene ausserhalb des ästhetischen Einlebens liegen, ja mit diesem geradezu in einem Gegensatz stehen. Kants Irrtum beruht auf der methodologischen Einseitigkeit, die ihn überhaupt hindert, die Ausdrucksseite des Ästhetischen zu fassen, auf dem Wunsche nämlich, den Forderungscharakter des Ästhetischen durch Anknüpfung an die Logik und wie hier auch an die Ethik streng zu beweisen[1]).

Die Ableitung des rein Schönen folgte ganz einfach aus den Bedingungen des ästhetischen Inhaltes. Harmonie ist, wenn man so sagen darf, die naturgemässe Form des Ästhetischen. Dass der Mensch auch das Grosse ästhetisch erleben will, erscheint dem gegenüber fast wie eine fremde Einmischung in das ästhetische Gebiet. Dementsprechend musste, als die konflikthaltige Natur dieser Modifikation abgeleitet wurde, ein psychologischer Hilfssatz herangezogen werden, der die Bedingungen unserer Auffassung des Grossen betraf. Dieser eine Hilfssatz genügt hier streng genommen, eine weitere Anleihe bei der Psychologie ist unnötig. Aber der Konflikt im Erhabenen spiegelt sich psychologisch in einer so viel besprochenen Erscheinung, dass es schwer ist, sie ganz zu übergehen. Das Gefühl des Erhabenen enthält nämlich eine Beimischung von Unlust. Es ist bisher ohne rechtes Resultat darüber gestritten worden, ob

---

[1]) Schiller macht Kants Theorie dadurch ästhetisch anwendbar, dass er die erhabene sittliche Kraft zunächst in dem Objekt der Anschauung, nicht in dem Betrachter sieht. Aber auch diese — ohne Bewusstsein einer Differenz von Kant — vollzogene Umdeutung genügt nicht. Daher setzt Schiller für sittlichen Widerstand die Möglichkeit solchen Widerstandes, d. h. Kraft überhaupt ein. So zwingt die falsche Theorie ihn zu seltsamen Umwegen, weil er den Forderungen der Kunst gerecht werden will. Vgl. bes. die Abhandlung „Über das Pathetische", Werke X, 175. — Gegen die Einschränkung des Erhabenen auf das Sittliche übrigens schon J. G. Schlosser in dem Anhang zu seiner Übersetzung des Longin (1781) S. 275 f.

„Gefühlsmischung" möglich sei oder nicht. Hier kann von dieser Frage abgesehen werden. Für unsere Zwecke ist es gleichgültig, ob man von einer Gefühlsmischung spricht oder sagt, dass ein einheitliches Gefühl vorhanden ist, unter dessen Ursachen sich ebensowohl Momente finden, die für sich allein Lust, wie andere, die für sich allein Unlust erzeugen würden. Näher liegt die Frage nach der Art und dem Ursprunge des Unlustmomentes im Erhabenen. Es ist hier vor allem hervorzuheben, dass dieses Unlustmoment nicht auf einer Furcht vor Gefährdung unsrer Person zu beruhen braucht sondern allgemeiner auf dem Schrecken, den jeder ungewöhnlich starke Eindruck an sich hervorruft. Die Furcht kann z. B. bei Böllerschüssen, wenn wir genau wissen, dass blind geladen ist, ganz wegfallen, das Unlustgefühl dabei aber doch erhalten bleiben. Es ist nicht unwahrscheinlich, dass diese Wirkung starker Eindrücke sich phylogenetisch auf jene Furcht vor Bedrohung zurückführen lässt; im erwachsenen Menschen ist sie etwas Anderes. Jedenfalls wirkt auch die Unangemessenheit für unsere Sinnesorgane dabei mit. Und ganz ebenso wie sinnlich Übermässiges wirkt auch, was unsere normale intellektuelle Auffassung übersteigt. Zu diesem Unlustmomente können sich noch andere gesellen, im Falle der kämpfenden Kraft z. B. die Trauer über das Leiden eines wertvollen Wesens. Die Lust am Erhabenen rührt zum Teil von der Freude an der angeschauten Grösse und, bei höherem Inhalt dieser Grösse, an ihrem inneren Werte, zum Teil von dem Verlangen nach starken Eindrücken her. Man kann psychologisch das Gefühl des Erhabenen sehr wohl dem Verlangen nach starken, selbst schmerzhaften Sinnesreizen, der Freude an ermüdender Bewegung zugesellen. In beiden Fällen entsteht ein Gefühl der Kraft, des Könnens, dem sich ein schmerzhafter Bestandteil beimischt. Das ganze Gefühl hat nicht wie das des Schönen den Charakter eines ruhigen Auslebens sondern den eines über sich Hinausstrebens, einer Anregung und selbst Aufregung. Diese flüchtige

§ 3: Das Erhabene. 187

psychologische Zergliederung sollte nur zeigen, wie der psychologische Charakter des Gefühls seiner ästhetischen Bedeutung entspricht.

Die Beziehungen, in welche das rein Schöne und das Erhabene zu einander treten können, sind mannigfaltiger Art. Beide Arten des ästhetischen Wertes können sich mit einander in demselben Gegenstande verbinden. Ein kämpfender Held von vollendeten Formen, die Pietà des Michelangelo, sind schön und erhaben zugleich. Der Bruch, den die kämpfende Kraft in die Schönheit bringt, ist nicht so stark, um diese zu zerstören. Besonders häufig wird eine solche Verbindung des Schönen mit der zweiten Art des Erhabenen vorkommen. Eine Macht, die durch leise Äusserung Ungeheures wirkt, kann in ihrem eigenen Erscheinen schön sein, wenn auch die leise Grazie des rein Schönen hier durch eine mehr gehaltene Würde ersetzt ist. Es giebt auch Fälle, in denen man nicht recht weiss, ob man von Schönheit oder von Erhabenheit reden soll. In Raffaels Madonna Sistina, in Tizians Assunta ist gleichsam ein Grenzfall beider Modifikationen gegeben. In der Natur hängt es oft an der Richtung unseres Geistes, ob wir eine Szene mehr schön oder erhaben empfinden. Die stille, liebe Schaar glänzender Lichtpunkte am Himmel in einer friedlichen Sommernacht ist schön; sie wird erhaben, sobald wir diese Sterne als Welten empfinden. Wo eine innere Ruhe und Einheit, eine volle Harmonie aus Kämpfen errungen ist, da erhält sich in dem Schönen ein Rest der Erhabenheit, wie auf dem schönen Antlitz des Menschen, der überwunden hat, die Spuren des Kampfes sich zeigen. Wenn Gott sich dem Propheten als das Säuseln nach dem Sturme offenbart, so behält das Säuseln die Erhabenheit des Sturmes. Diese Art der Verbindung wird besonders im Sittlichen wichtig. Oft geht die Schönheit einer im Sittlichen mit sich einigen Seele aus einem inneren Kampfe hervor, in welchem der rechte Wille Sieger blieb, und darin seine ganze Erhabenheit zeigte. Die unmittelbare Erscheinung etwa der Maria Stuart in der Abschiedsszene ist von kampfloser Schönheit; blickt man aber auf die Art zurück, wie eine heissblütige und oft verirrte Natur sich zu dieser Höhe bildete, so wird der Anblick erhaben. Denn hier tritt ein Widerstreit ein, und nun nimmt das Bewusstsein nicht mehr nur die reine Einheit des Wesens sondern den Kampf und dadurch die Grösse der sittlichen Überwindung wahr. Wir haben hier also das Erhabene als Ursache des Schönen vor uns, und infolge dieses Zusammenwirkens entsteht eine höchst bedeutende Mittelform.

Da in dem Erhabenen ein Widerstreit liegt, das Schöne aber im engeren Sinne die vollkommene Einheit ist, so hat die sich in Gegensätzen und ihrer Vereinigung bewegende Dialektik gesagt, dass in der Erhabenheit der Gegensatz des Schönen, das Hässliche, in das Schöne aufgenommen und im Hegelschen Sinne „aufgehoben" werde [1]). Wer die Wahrheit dieser Dialektik nicht anerkennt, wird doch dem Gedanken, der hier ausgedrückt ist, nachgehen können. Das Hässliche als der Gegensatz zum Schönen tritt überall da auf, wo ein Innenleben sich nicht frei, sondern gezwungen und verkümmert äussert, oder wo die Prinzipien der Formung willkürlich verletzt werden. Je nachdem die Seite des Ausdrucks oder der Gestaltung vorwiegt, kann man dabei zwei Hauptfälle unterscheiden. Entweder kann das Innenleben ein in sich kleinliches, widriges, unbefriedigtes, sich in inneren Widerständen aufreibendes sein, oder äussere Widerstände können es hindern, sich frei auszugestalten. Im ersten Falle entsteht das Hässliche des Nörglers, des Blöden, des Gierigen, des

---

[1]) So wohl am entschiedensten Schasler. Doch auch bei Vischer (z. B. Ä. I, 246) liegen ähnliche Formulierungen nahe. Weisse, Ruge etc. setzen das Hässliche hinter das Erhabene. Ich gebe im Text absichtlich die radikalste Form der Ansicht, — das Genauere über die Stellungnahme der verschiedenen Autoren bei Hartmann I, 363 ff. Die Phänomenologie des Hässlichen bei Rosenkranz: Ästhetik des Hässlichen. Königsberg 1853.

Keifers u. s. w., im zweiten Falle das Hässliche der Ungestalt, der unbegründeten Unregelmässigkeit, des Schmutzes, des Buckels, der Krankheit. Beide Fälle haben wieder innigen Zusammenhang, denn wir setzen voraus, dass ein in sich unbefriedigtes Leben sich nicht rein zu gestalten vermag, und wenigstens der naive Sinn rechnet in seiner Rohheit jede Ungestalt dem Innenleben an. Homers Thersites ist ein lebendiges Beispiel dafür. Insofern nun der innere Widerstreit für ein tieferes Wesen gerade der Anreiz werden kann, kämpfend seine ganze Grösse zu offenbaren, wird das Hässliche im Erhabenen aufgehoben. Des Sokrates Faungesicht verbirgt ein Götterbild, wie sich unter der starken Sinnlichkeit dieser vielspältigen Natur die höchste Sittlichkeit emporringt. Gerade in diesem Gegensatze liegt die erhabene Schönheit des Sokrates, und sie wird in dem hässlichen Körper selbst zum Ausdruck kommen, da in Haltung, Bewegung und Augenausdruck der Gott die Satyrmaske gleichsam durchbricht. Feuerbach hat in seinem Gemälde, das Gastmahl des Plato, das vollkommen auszudrücken verstanden. Aber nicht in jeder Erhabenheit braucht eine Hässlichkeit zu liegen, die überwunden ist, vor allem nicht in der Erhabenheit der zweiten Art. Auch wo nur das Bekämpfte, Widerstrebende von furchtbarer Hässlichkeit ist, wie in den Kämpfen des Herakles mit der Hydra und dem Höllenhund oder der Ritter mit den Ungeheuern und Drachen, wird die Hässlichkeit nicht eigentlich in das Erhabene aufgenommen, sondern sie ist hier nur ein äusseres Mittel, die eine der kämpfenden Kräfte unserem Mitfühlen zu entziehen und dadurch die Erhabenheit und Schönheit der anderen um so reiner hervortreten zu lassen.

§ 4. Das Tragische.

Dass eine Kraft gross ist, bewährt sie im Kampfe. Hier wird ihre Anspannung sichtbar, wir glauben zu spüren, wie sie mit dem Widerstande wächst, wir kämpfen und erstarken mit ihr. Der Kampf ist das Wesentliche dabei, nicht etwa der Sieg. Auch der Sieger erscheint hier erhaben, gerade weil die Mühe des Ringens noch an ihm sichtbar ist; der Gott, welcher mit einem Blicke den Gegner zerschmettert, gehört einer ganz anderen Art der Erhabenheit an. Da so der Sieg nicht das Wesentliche bei der Erhabenheit des Kampfes ist, kann es Fälle geben, in welchen der im Kampfe Unterliegende Gegenstand unserer ästhetischen Teilnahme ist, nicht der Sieger. Denn Leiden erregt unser Mitgefühl überall stärker als Lust. Indem wir mit dem Unterliegenden leiden, versetzen wir uns entschiedener in ihn hinein, fühlen wir nun auch die Grösse und den Wert seiner Person erst völlig. Damit ein solches Mitleiden und im Mitfühlen eine Anschauung der Grösse möglich werde, muss die unterliegende Kraft uns nahe stehen und innerlich wertvoll erscheinen, sie muss ferner im Leiden ihre Grösse bewähren. Damit sind die wesentlichen Momente im Begriff des Tragischen abgeleitet. Tragisch ist das Erhabene in Leid und Untergang, oder näher bestimmt, das Leiden einer wertvollen Person, die ihre Grösse im Leiden bewährt. Das Tragische wird im wesentlichen auf den Menschen beschränkt bleiben; nur in einzelnen Fällen, wo wir Untermenschliches ganz als Person empfinden, wird es auch dort auftreten. Die gewaltige Eiche, die der Sturm entwurzelt, der Hirsch, der mit der Meute vergeblich um sein Leben kämpft, kann tragisch erscheinen; ähnlich wirken gewaltige Ruinen, die der Naturgewalt unterliegend ihr zu trotzen scheinen.

Das Tragische ist eine Unterform des Erhabenen. Nur aus äusseren Gründen wird es hier dem Erhabenen nebengeordnet. Aber freilich, indem der Kampf die Erhabenheit erst recht hervortreten lässt, mindert doch auch wieder das Leiden die Ferne des Erhabenen; wir fühlen die Grösse, aber wir fühlen sie hier uns näher als in den anderen Formen des Erhabenen. Leiden macht mitleidig, und so entdecken wir im Mitleid leicht Wert und Grösse, die uns sonst verborgen geblieben wären[1]). Das Grosse geht im Tragischen unter, es unterliegt mindestens teilweise und zeigt sich demnach einer bestimmten Lage nicht gewachsen. Das Grosse selbst ist zu klein, kann man sagen, wenn man in paradoxer Weise zwei Massstäbe vermischt anwendet. Denn „gross" ist der tragische Held mit menschlichem Masse gemessen, klein im Verhältnis zu einer Kraft, die ihn vernichtet. Diese Kleinheit aller Grösse kann am Schlusse der Tragödie als eine religiöse Unterwerfung unter übermenschliche Mächte aufgelöst werden. Indessen geschieht dies keineswegs immer, während überall Grösse im Leiden Bedingung der Tragik ist. Ja, am Schlusse einer Tragödie kann, wie das Ungenügen der Grösse, so umgekehrt auch die Nichtigkeit alles Leidens gegenüber der moralischen Kraft des Menschen besonders hervortreten.

In Leiden und Untergang offenbart sich die Kraft; aus dieser Formel folgt, welcher Art ein Leiden sein muss, um tragisch zu wirken. Es muss geeignet sein, gerade die Art von Wert und Bedeutung, die der tragische Held hat, zur Erscheinung zu bringen. Ein blosser Unfall, der rasch den Tod herbeiführt, ist an sich nicht tragisch, aber auch der lange Jammer des Elends ist es nicht. Ein Unglücksfall, der wie zufällig von aussen hereinbricht, ist nur dann tragisch, wenn der Duldende im Dulden sich gross bewährt. Hiob, wenn wir von dem glücklichen Ausgange absehen, wirkt tragisch, das haltlos jammernde Elend ist nur traurig[2]).

---

[1]) Diese im Vergleich zu früheren Theorieen (z. B. Hegel, Schopenhauer, Schiller) allgemein gehaltene, daher inhaltsarme Bestimmung des Wesens des Tragischen rechtfertigt sich durch einen Überblick über die Mannigfaltigkeit der hier möglichen Fälle, wie man ihn aus Volkelt: Ästhetik des Tragischen, München 1897, leicht erhält. Meine Bestimmung trifft der Sache, wenn auch nicht der Form nach wesentlich mit Volkelt zusammen. Wenn dieser (S. 64) das Tragische nicht dem Erhabenen unterordnet, so liegt das an einer engeren Fassung des Erhabenen, das für ihn eine „ins Unermessliche gehende Kraft" ist. Auch Lipps (Der Streit über die Tragödie. B. z. Ä. II. bes. 46 f.) fasst das Tragische in derselben Allgemeinheit.

[2]) Man berufe sich dagegen nicht auf die Lebenssehnsucht z. B. der

Viel inniger und tiefer wird die Verbindung von Leiden und Grösse, wo das Leid oder der Untergang aus der Grösse der Persönlichkeit selbst hervorgeht. Das Ringen titanischer Naturen gegen die unübersteiglichen Schranken der Menschheit ist darum ein so ausgezeichnetes Beispiel des Tragischen. Ähnlich verhält es sich mit dem, der am Bewusstsein einer Schuld zu Grunde geht; wer mit dem Gefühl verlorener Reinheit nicht leben kann, beweist eben damit die Stärke seiner sittlichen Natur.

Innerhalb der hier allgemein bezeichneten Grenzen kann die Art des Leidens und des Kampfes äusserst mannigfaltig sein. Die Gegenmacht, der der Held erliegt, kann uns gleichgültig bleiben, oder sie kann selbst unsere Anteilnahme wecken; sie kann als blosser Widerstand, als dumpfe Masse wirken, oder sie kann erhaben sein, vielleicht erhabener, als der Held selbst. Im Oedipus des Sophokles ist das waltende Schicksal das schlechthin Erhabene. Übermächtig spielt es mit den Plänen der Klügsten und Gewaltigsten, es zerbricht Herrschergrösse wie einen Strohhalm; aber da es unpersönlich ist, bleibt unsere Teilnahme dem unterliegenden Menschen erhalten, und dieser erscheint in dem Ankämpfen gegen das Unbesiegbare ebenso wie in dem leidenschaftlichen Verzweifeln, als die schreckliche Wahrheit offenbar ist, in der gewaltigen Grösse seiner leidenschaftlichen Natur. Der Kampf des tragischen Helden kann in dem blossen würdigen Dulden des Ungeheuren so gut bestehen wie in der Anspannung aller Kräfte gegen einen übermächtigen Feind. Dieser Kampf kann ein äusserer sein oder ein innerer gegen feindliche Leidenschaften in der eigenen Seele. Es ist meine Absicht nicht, hier eine Klassifikation der möglichen Fälle zu versuchen, was zu einer speziellen Theorie des Tragischen vielleicht erforderlich erscheint.

Schon der Zusammenhang zwischen Leiden und Grösse

Antigone — diese zeigt die Grösse des Leides und damit die Grösse des Opfers, das Antigone mit ihrer That brachte.

§ 4: Das Tragische.

weist darauf hin, dass die starke Disharmonie, welche wir beim Untergange einer wertvollen Person empfinden, jede andere Willkür ausschliesst, wenn sie ästhetisch erträglich werden soll. Unsere Auffassung hat hier das Furchtbarste entgegenzunehmen; dies Furchtbare muss ihr als unbedingt notwendig dargeboten werden. So entsteht die Forderung der tragischen Konsequenz. Sie zeigt die Einheit von Ausdruck und Gestaltung in ganz eigenartiger Weise. Einerseits entspricht dem ernsten Inhalt das Gewicht, das auf die Motivation gelegt wird, andererseits bedarf das Konflikthaltige gewissermassen eines doppelt starken Bandes, um zusammengehalten zu werden. Jedes Kunstwerk muss ja innere Klarheit des Zusammenhanges besitzen. Bei allen Kunstwerken, die eine Handlung darstellen, gehört zur Klarheit, dass diese Handlung eine in ihren Hauptzügen deutlich motivierte sei. Indessen wird diese allgemeine Forderung für das Tragische noch eine ganz besondere Bedeutung erhalten. Eine heitere Stimmung hat etwas Leichtes an sich und trägt den Hörer über das Einzelne rasch hinweg. Hier wird Unwahrscheinliches weniger stark empfunden, das Abenteuerliche, das Zufällige wird hingenommen, wenn es nur der Grundstimmung entspricht. Die Bewegung des Ernsten dagegen ist langsam; hier hält das Einzelne die Aufmerksamkeit stärker gefesselt. Der gewichtige Vorgang vermag Unebenheiten nicht mehr zu überhüpfen. So fordert der Ernst überall strengere Konsequenz, besser durchgeführte Verbindung der Teile. Wo nun der Ernst gar bis zum Tragischen gesteigert wird, wo uns die Vernichtung einer bedeutenden Persönlichkeit vor Augen tritt, da muss dieser Untergang als unvermeidlich notwendig erscheinen, wenn wir nicht der krassen Dissonanz erliegen sollen[1]). Wodurch diese Notwendigkeit vermittelt wird, hängt von den

---

[1]) In diesem Zusammenhang führt schon Hegel, allerdings nur gelegentlich, den Begriff der tragischen Notwendigkeit Ä. III, 575 ein. — Sehr knapp und streng ist die Forderung der tragischen Konsequenz von Hebbel ausgesprochen worden: Tagebücher, herausgeg. von Bamberg, II. 4, 1887.

Umständen des einzelnen Falles ab. Sie kann in der Natur des Helden selbst liegen, sie kann aus dem Zusammentreffen eben dieses Menschen mit dieser Situation hervorgehen, sie kann als ein unentrinnbares Schicksal erscheinen, aber sie muss vorhanden sein. Dabei ist zu beachten, dass wir die Voraussetzungen eines Kunstwerkes in sehr weitem Umfange ungeprüft hinnehmen. Wie es möglich gewesen ist, dass Claudio den alten Hamlet mordete, wie er die Gunst der Königin gewann, danach fragen wir nicht. Das tritt uns vielmehr als vollendete Thatsache entgegen und gehört zu den hingenommenen Voraussetzungen. Ebenso ist die Unerbittlichkeit des Schicksals Voraussetzung der Oedipustragödie. Der Dichter glaubt sie und darum wird sie einfach als unbedingt notwendig eingeführt. Wir stehen im Banne dieses Glaubens, wenn wir sein Drama miterleben. Der moderne Dichter glaubt an ein solches Schicksal nicht. Darum wird seine Motivation schwächlich und überladen, wenn er eine Schicksalstragödie schreiben will, und wir geben ihm die innere Notwendigkeit nicht zu. Man wird vielleicht gegen diesen ganzen Begriff der tragischen Konsequenz einwenden, dass doch die tragische Handlung den Zufall nicht zu entbehren vermag. Indessen wird eine genaue Analyse echt tragischer Dichtungen stets zeigen, dass der Zufall zwar die besondere Veranlassung dafür sein kann, dass der Ausgang jetzt und hier, nicht früher und nicht später stattfindet, dass aber der Untergang selbst auch ohne jenen Zufall notwendig eintreten muss. Ist das nicht der Fall, so wirkt es beleidigend. Selbst in Romeo und Julia, wo doch die Zufälligkeiten schon fast übermässig gehäuft sind, besteht die tragische Wirkung wesentlich ungeschwächt; denn man fühlt: zwischen dieser heissen, alles gering achtenden Liebe und diesem Hasse der Geschlechter, dieser Wildheit der Sitten ist eine Versöhnung undenkbar! Wäre Pater Lorenzos List gelungen, so hätte die nächste Gelegenheit das Ende herbeigeführt. In Otto Ludwigs Erbförster dagegen wird eine Spannung des Eigen-

§ 4: Das Tragische. 195

sinns zwischen zwei im Grunde gutmütigen alten Leuten nur dadurch tragisch, dass einige Menschen nicht zur rechten Zeit ankommen, ein Gewehr verwechselt wird, und was dergleichen mehr ist. Bei aller Kraft der Charakteristik bleibt hier der Endeindruck quälend und zufällig.

So wenig wie für das Verständnis des ästhetischen Wertes überhaupt wird auch für die Einsicht in das Wesen des Tragischen eine bloss psychologische Ableitung zureichend sein. Der Psychologe wird die Frage zu stellen haben, wie es möglich ist, dass die Anschauung eines Leidens gesucht wird. Er wird also ganz allgemein fragen müssen, wie aus der Vorführung einer Unlust doch ein Lustvolles entspringt. Dabei wird etwa daran gedacht werden, dass der eigene Zustand gehoben erscheint gegenüber dem Unglück des Anderen, es wird sogar die Schadenfreude herangezogen werden. Wer sich das Wesen des Ästhetischen irgendwie klar gemacht hat, wird das Verfehlte solcher Versuche sofort einsehen. Denn alles ästhetische Anschauen ist ein Miterleben, beruht also auf einer Vereinigung mit dem Angeschauten, nicht auf einer Entgegensetzung gegen dasselbe. Natürlich soll nicht geleugnet werden, dass beim Anblicke fremden Leides die eigene Lage besser erscheint, und ebenso wenig, dass Schadenfreude existiert; nur hört, sobald derartiges eintritt, das ästhetische Anschauen auf. Aus demselben Grunde ist es falsch, die Lust an der Grausamkeit zur Erklärung herbeizuziehen und die Tragödie dadurch zu einer verfeinerten Abart der Stierkämpfe und Gladiatorenspiele zu machen. Indessen ist die sozusagen uneigennützige Lust an der Grausamkeit dem tragischen Gefühle verwandter als die Schadenfreude. Sie beruht nämlich, wenigstens teilweise, auf dem Streben, sich starke Eindrücke zu verschaffen, in welchem auch die Vorliebe für tragische Stoffe psychologisch begründet ist[1]). Indessen ist damit

---

[1]) So lehrte schon Du Bos — Stein: Entstehung 230 ff. — und im

nur gewissermassen der psychologische Ort des Tragischen angedeutet; seine besondere Bedeutung ist so nie zu verstehen, sondern muss aus seiner Stellung im ästhetischen Wertsystem abgeleitet werden.

Die psychologische Analyse des Tragischen nimmt leicht die Gestalt einer Abrechnung zwischen lustgebenden und unlustgebenden Momenten an. Daher legt sie ein grosses Gewicht auf alles das, was geeignet scheint, das Tragische zu mildern[1]). Das Leiden, welches denn doch in jedem Mitleiden liegt, soll durch anderes aufgewogen werden. Diese ganze Betrachtungsart ist recht äusserlich, aber die sogenannten mildernden Momente, welche sie aufführt, verdienen doch eine nähere Beachtung. Sie sind sehr verschiedener Art und stehen mit dem Wesen des Tragischen in verschieden enger Beziehung. Zunächst ist hervorzuheben, dass sie ganz fehlen können und z. B. im König Lear, im König Ödipus, im Nibelungenliede auch wirklich fehlen. Denn dass im Untergange die Grösse sich offenbart, ist kein milderndes Moment, sondern gehört zum Wesen des Tragischen selbst[2]). Gemildert erscheint die Furchtbarkeit des Endes aber überall dort, wo der Held sich über den Tod erhebt, wo der Tod ihm nichts mehr anhaben kann. Hier ist der Besiegte zugleich Sieger, aus der Erhabenheit des Kampfes ist die Schönheit der Vollendung hervorgetreten, in der Leid und Mühe nur noch nachzittert. Schiller liebte diese Art des Tragischen, seine Maria Stuart, seine Jungfrau von Orleans zeigen einen solchen Ausgang. In anderer Weise hat Goethe im

---

Anschluss an ihn Bürger: Lehrbuch der Ästhetik, herausgeg. von Reinhard. 1825. I, 66.

[1]) Recht bezeichnend dafür ist Fechner: V. d. Ä. II, 238 ff.

[2]) Volkelt, der nicht die mildernden, sondern die „erhebenden" Elemente im Tragischen aufführt, rechnet derartiges dann mit Recht mit dazu. Zur Vervollständigung der hier gegebenen Andeutungen sei auf seine ausführliche Behandlung (Ästhetik des Tragischen, 11. Abschnitt, S. 209) verwiesen.

Egmont ähnliches erreicht. Diese Art, das Tragische versöhnlich ausklingen zu lassen, geht aus dem Wesen des tragischen Konfliktes selbst hervor, sie ist eine ausgezeichnete Art des Tragischen selbst. In anderen Fällen erscheint uns der Sieg der Gegenmacht als Sieg des Rechtes. Hier muss der Dichter dem unterliegenden Helden viel Überlegenheit geben, wenn unser Interesse nicht von ihm abgelenkt und zersplittert werden soll. Im Macbeth ist es Shakespeare völlig gelungen, unsere Teilnahme zu konzentrieren, bei Richard III. kann ich wenigstens nicht zu voller Anteilnahme gelangen. Hier liegt die Milderung schon nicht mehr an derselben Stelle wie der tragische Untergang, aber sie ist doch noch innig mit dem tragischen Konflikte verbunden. Wo dagegen, wie etwa im Hamlet, sich nach Vernichtung eines ganzen Geschlechtes die Aussicht auf eine tröstliche Zukunft eröffnet, da steht die Milderung ausserhalb der Tragik und ist wohl für den Gesamtaufbau des betreffenden Kunstwerkes, nicht aber für das eigentlich Tragische in ihm wesentlich.

Als ein milderndes Moment wird vielfach auch angeführt, dass das tragische Leid ein verschuldetes sein müsse. Indessen ist dies nicht die einzige Begründung der weit verbreiteten Theorie von der tragischen Schuld, vielmehr tritt diese Ansicht in verschiedenen Formen auf, die sich im wesentlichen auf drei Hauptgedanken zurückführen lassen[1]). Entweder man stützt sich auf unser Gerechtigkeitsgefühl, welches durch das tragische Leid befriedigt werden soll; wir sollen uns also gewissermassen freuen,

---

[1]) Die Theorie von der tragischen Schuld, die lange Zeit hindurch — fast nur von Schopenhauer entschieden bekämpft — geherrscht hat, ist in den letzten Jahren vielfach angegriffen worden. Während Hartmann dabei stets von seiner Metaphysik ausgeht, giebt Lipps (Der Streit über die Tragödie) eine prinzipielle Widerlegung unter rein ästhetischen Gesichtspunkten, zeigt Volkelt (Ästhetik des Tragischen, 8. Abschnitt, S. 143) vor allem den Widerstreit der Theorie mit vielen grossen Kunstwerken. Vgl. noch Fr. Brentano: Das Schlechte als Gegenstand dichterischer Darstellung, Leipzig 1892, S. 13 ff; Elster: Prinzipien der Litteraturwissenschaft, Halle 1897, S. 25 ff.

dass der Schuldige bestraft wird. Als eine Vertiefung dieses Gedankens stellt sich die zweite Art der Begründung dar, wonach das Tragische ein Abbild der sittlichen Weltordnung im Kleinen sein soll. Während diese beiden Anschauungen die tragische Schuld zu einem wesentlichen Moment der tragischen Wirkung machen, will die dritte in ihr nur eine Milderung des tragischen Mitleids erblicken und schliesst sich, allerdings nicht genau aber doch ihrer Tendenz nach an den von Lessing aufgenommenen aristotelischen Satz an, dass das Leiden eines völlig reinen Menschen grässlich wäre. Man kann eine gewisse Verwandtschaft mit dieser Ansicht auch in der viel tiefer gehenden Behauptung erblicken, dass dem kämpfenden Menschen als einem endlichen Wesen die Schuld unmöglich erspart bleiben könne. Hier wird Schuld mit Endlichkeit gleichgesetzt. Der tragische Held ist nicht notwendig schuldiger als wir alle, nur dass bei ihm diese allgemeine Verstrickung in die Endlichkeit zur Anschauung gebracht wird. Man sieht deutlich, dass diese wesentlich von Hegel vertretene Anschauung auf einem ganz anderen Boden erwachsen ist als jene drei anderen, obwohl sie bei den späteren, von Hegel beeinflussten Ästhetikern sich mannigfaltig mit ihnen mischt. Sie soll daher auch hier besonders betrachtet werden, nachdem vorerst die drei anderen Gedankenrichtungen beleuchtet sind.

Was zunächst die erste Ansicht betrifft, welche die Befriedigung des Gerechtigkeitsgefühls betont, so ist ja der Wunsch nach Bestrafung eines Verbrechers an sich durchaus berechtigt. Nur scheint die Art der Stellungnahme, welcher das Verlangen nach Strafe entstammt, der ästhetischen gerade entgegengesetzt zu sein. Strafe fordern wir, wenn wir an die Verletzung des Rechtes denken, wenn wir die That in einen Zusammenhang einordnen und unter allgemeinen Begriffen betrachten. Sobald wir uns dagegen ganz in die Seele des Thäters versenken, die That von innen heraus begreifen, hört der Wunsch nach Strafe auf, und es bedarf einer entschiedenen Erinnerung an den Wert der Rechtsordnung, um auch dann noch ihre Notwendigkeit einzusehen. Die leicht erregbaren Geschworenen, besonders romanischer Völker, sind daher zur Freisprechung geneigt, wenn der Advokat versteht, sie für den Angeklagten menschlich zu interessieren. Da nun alles ästhetische Erleben auf einer intensiven Versenkung in den Helden beruht, steht es mit den Bedingungen, unter denen das Gerechtigkeitsgefühl herrschend wird, im Widerstreit; es kann also ein ästhetischer Wert, wie das Tragische unmöglich auf eine Befriedigung des Gerechtigkeitsgefühls begründet werden.

So prinzipielle Schwierigkeiten scheinen der zweiten Ansicht nicht entgegen zu stehen. Nach ihr soll die Tragödie die sittliche Weltordnung darstellen[1]). Alles Leid, alle Disharmonie, dieser Glauben liegt hier zu Grunde, gleicht sich aus, wenn man den ganzen Kosmos betrachtet; nur die Beschränktheit unseres Wissens hindert uns, dies zu sehen. Der tragische Dichter nun giebt uns ein Abbild des Kosmos im Kleinen, er stellt einen einzelnen Fall so dar, dass die sittliche Ordnung, nach der alle Schuld gesühnt wird, alles Leid sich als Busse und Läuterung erweist, auch für unser Auge sichtbar wird. Man wird gegen diese Ansicht sofort einwenden, dass doch ein Kunstwerk uns über das Verhalten der Welt nichts lehren kann. Gegen diesen Einwand könnte ein Anhänger der besprochenen Theorie sich dadurch schützen, dass er sagte, es handle sich nicht um ein

---

[1]) Diese Form der Theorie, die schon Lessing im 79. Stück der Hamburg. Dramaturgie vertritt — sie liegt einem Kenner der Leibnizischen Philosophie nahe — herrscht bei Schiller. Er giebt sie schon in den Künstlern — Vers. 220 ff. — vgl. dazu Briefe II, 266 f. an Körner 30. März 1789. Ähnlich später: Über die tragische Kunst, Werke X, 27. Hier nimmt Schiller aber dadurch vorsichtig auf die Thatsachen Rücksicht, dass er die Darstellung der Weltharmonie der „letzten und höchsten Stufe" des Tragischen vorbehält. Mit Unrecht freilich spricht er die Erreichung dieser Stufe den Griechen ab — vgl. U. v. Wilamowitz-Möllendorff: Griechische Tragödien. 2. Band (Äschylus: Orestie), die Einleitungen zu den einzelnen Dramen, bes. zu den Eumeniden.

Lehren sondern lediglich um ein Veranschaulichen. Dass eine solche Veranschaulichung einer moralischen Weltordnung in einer Tragödie möglich ist, muss ohne weiteres zugegeben werden. Einige Dramen Schillers und Grillparzers, die Orestie des Aeschylus und manche andere Werke zeigen zur Genüge, wie diese Möglichkeit sich verwirklichen lässt. Der Wert einer solchen „Veranschaulichung" soll darin liegen, dass sie uns dem Glauben an die sittliche Weltordnung zuführt. Aber ein derartiges transgredientes Moment kann unmöglich das Wesentliche an einem ästhetischen Werte sein, es kann nur eine sekundäre Rolle spielen. Zudem widersprechen viele grosse Tragödien dieser Ansicht. Wie Desdemonens Ermordung im Othello oder Cordeliens Tod im Lear, wie der Ausgang des Don Carlos oder der Emilia Galotti eine sittliche Weltordnung veranschaulichen soll, bleibt ganz unerfindlich. Konnte doch Arthur Schopenhauer, in voller Umkehrung dieser Theorie, in der Tragödie geradezu eine Darstellung der notwendigen Elendigkeit der Welt und der Verneinung des Willens zum Leben sehen [1]). Man erkennt, wie bedenklich es ist, eine ästhetische Kategorie von einer besonderen Weltanschauung abhängig zu machen. Fraglich kann auch erscheinen, ob eine sittliche Weltordnung in der That in jedem Leiden eine Busse für eine Schuld sehen muss. Wäre das nicht ein Zugeständnis an die Wohlweisheit von Hiobs Freunden? Viel tiefer und begründeter dürfte es doch sein, in dem Leid ein Mittel der Prüfung, Erhebung und Läuterung zu sehen. Thut man das aber, so kann nicht mehr davon die Rede sein, dass ein Verhältnis von Schuld und Strafe die sittliche

---

[1]) Welt als Wille und Vorstellung I. Band, 3. Buch § 51, II. Band 3. Buch, Kap. 37. Werke (Grisebach) I, 334 ff., II. 508 ff. E. v. Hartmann fasst ebenfalls die Willensverneinung als „transcendente Lösung" des eigentlich tragischen Konflikts auf, schränkt aber den Begriff des Tragischen sehr ein und versetzt Schopenhauers Lehre vielfach mit fremden Elementen (II, 372 ff.). — Treffende Widerlegung der Schopenhauerschen Theorie bei Lipps (Streit über die Tragödie S. 2 ff.).

Weltordnung zur Anschauung bringt. Überdies lässt sich gegen diese wie gegen die vorige Ansicht anführen, dass, wenn wir uns einmal auf den Standpunkt des Gerechtigkeitsgefühls stellen, wir nicht irgend eine Strafe für irgend eine Schuld, sondern eine der Grösse der Schuld entsprechende Strafe verlangen müssten. Wir kämen dadurch zu einer völlig kriminalistischen Auffassung des Tragischen, und auch wer Goethes Rat an die Ausleger, „legt Ihr's nicht aus, so legt was unter", noch so wacker befolgte, würde kein sehr vollkommenes Strafrecht aus den grossen Tragödien ableiten können.

Die dritte Theorie sieht in der Schuld lediglich ein milderndes Moment, macht also die Schuld nicht zu einem wesentlichen Bestandteile des tragischen Vorganges selbst sondern nur zu einem notwendigen Hemmschuh. Nicht ganz mit Recht beruft sie sich auf Aristoteles und Lessing[1]); denn diese sagen nur, dass der Held kein absolut reiner Mensch sein soll, nicht dass eine Schwäche vorliegen muss, die gesühnt werden soll. Was die unbestimmte aristotelische Fassung anbetrifft, so hängt ihre Haltbarkeit davon ab, wie scharf man den Begriff der Reinheit fasst. Nimmt man diesen Begriff ganz streng, so ist kein Mensch absolut rein; dann ist die Forderung haltbar aber selbstverständlich. Geht aber der Gedanke der Bestrafung irgendwie in diese Theorie ein, so ist sie aus denselben Gründen unhaltbar wie die vorige.

Der starke Schein von Berechtigung in den Schuldtheorieen entsteht dadurch, dass sie den Begriff der Schuld mit dem der tragischen Konsequenz fortwährend vertauschen. Natürlich kann sich die tragische Konsequenz so darstellen, dass die Notwendigkeit

---

[1]) Schiller über die tragische Kunst X, 38 begründet die Ausschliessung solcher Helden, die sich der ganz reinen Sittlichkeit zu sehr nähern, damit, dass diese zu geringer Leiden fähig wären — also ganz entgegengesetzt wie Aristoteles und Lessing — denn bei diesen beiden ergäbe sich zu starkes, bei Schiller zu schwaches Mitleid.

des Unterganges aus einer sittlichen Schwäche oder aus einer positiven Unsittlichkeit hervorgeht; aber erstens ist das nur ein Fall unter mehreren, nicht der einzig mögliche, und zweitens wird selbst in diesen Fällen die Beurteilung unter dem Gesichtspunkt der Schuld nicht die der tragischen Wirkung günstige sein. Denn indem wir ein Handeln als Schuld beurteilen, stehen wir ausserhalb des Beurteilten, anstatt uns in ihn hineinzuleben. Nur in dem einen Falle, wenn der Held selbst sich schuldig fühlt, liegt es anders.

Die bisher vorgebrachten Einwände treffen eine Auffassung des Schuldbegriffes nicht, welche in der Schuld die notwendige Folge der Endlichkeit aller menschlichen Bestrebungen sieht. Der Mensch ist niemals selbst das Ganze der sittlichen Welt, er ist vereinzelt und, indem er die seiner Stellung entsprechenden Bestrebungen durchführt, verletzt er dabei notwendig anderes, was ebenfalls seine innere Berechtigung hat. Darin liegt seine Schuld. Da aber nur durch den Kampf einander widerstrebender Tendenzen ein Fortschritt, eine Entwickelung stattfinden kann, so ist es Recht und Pflicht des Helden, einseitig zu sein und schuldig zu werden. Es ist die Auffassung Hegels, die so eben unter möglichstem Verzicht auf die Schulsprache seines Systems und in einer einigermassen erweiterten Fassung vorgetragen wurde[1]. Man sieht sofort, dass diese Ansicht von den Einwürfen nicht

---

[1] Sehr klar und knapp hat Hegel seine Ansicht Ä. III, 529 zusammengefasst. Andere Stellen klingen freilich etwas enger moralistisch, z. B. III, 486, wo von waltenden Mächten gesprochen wird, „die dem Menschen das gerechte Loos für seine Vollbringungen zuerteilen". Doch sind sie, wenn man Hegels Neigung für den möglichst konkreten Ausdruck erwägt, wohl mit seiner Grundansicht zu vereinigen. Freilich zeigen sie auch den Weg, wie man von dieser Ansicht aus durch Vermittelung der Theorie von der sittlichen Weltordnung in die gewöhnliche Schuldtheorie zurückfallen kann. Selbst F. Th. Vischer, der doch in der Lehre von der „Urschuld" I, 284 ff., Hegels Grundgedanken sehr rein fasst, geht dann leider zu der gewöhnlichen Art über (z. B. I, 307), die ihn gelegentlich auch dazu verführt, tragische Helden etwas pedantisch auf ihre Schuld hin anzusehen.

§ 4: Das Tragische.

getroffen wird, die gegen alle anderen Formen der Schuldtheorie erhoben wurden. Denn weder ist hier von einer Befriedigung des Gerechtigkeitsgefühles noch überhaupt von einer sich ausserhalb des Helden stellenden Beurteilung die Rede. Der Held unterliegt vielmehr dem allgemeinen Schicksal; dies stellt sich an ihm nur besonders klar heraus, vielleicht gerade, weil er bedeutender ist und seine teilweise berechtigte Endlichkeit mit entschiedener Kraft vertritt. In diesem Sinne kann Hegel sagen, dass es die Ehre der grossen Charaktere ist, schuldig zu werden [1]). Um den Wert dieser Theorie zu beurteilen, muss man also nicht fragen, ob sie den Thatsachen des Tragischen gegenüber haltbar ist, denn das ist sie wegen ihrer Allgemeinheit zweifellos, sondern, was sie für die Erklärung des Tragischen leistet. Da sieht man sofort, dass sie zur Erklärung der tragischen Wirkung nichts beiträgt. Diese liegt darin, dass sich die innere Grösse im Leiden äussert. Die notwendige Einseitigkeit aller Grösse ist eine Wahrheit, die uns vielleicht durch Reflexion über den tragischen Fall zum Bewusstsein kommt, deren Erkenntnis aber für die tragische Wirkung keineswegs wesentlich ist. Dagegen ist nun ja die Thatsache, dass die innere Grösse gerade in Kampf und Leiden sich äussert, selbst erklärungsbedürftig. Man mag hier wohl, wie ich das früher that, darauf hinweisen, dass Grösse als Grösse nur an einem Gegensatze offenbar werden kann. Indessen hat man damit nur eine Verallgemeinerung konstatiert, die Thatsache des Tragischen gewissermassen eingeordnet. Es ist bedeutsam, dass diese Einordnung über das ästhetische Gebiet hinausweist. Dass es ein Tragisches giebt, ist der ästhetische Ausdruck eines ausserästhetischen Verhältnisses. Dieses ausserästhetische Verhältnis wird nun von der Hegelschen Theorie eigentlich erklärt. Es wird als notwendige Folge der Endlichkeit nachgewiesen, und zugleich wird durch

---
[1]) Ä. III, 553.

den Gedanken der dialektischen Weltentwickelung alles Beschränkte und Traurige, was darin liegt, in eine höhere Einheit und Klarheit aufgelöst. Man kann sagen, in Hegels System liege eine tragische Spannung, die aber vom höchsten Standpunkt aus wieder schwinde. Es ist also keine ästhetische, sondern eine metaphysische Theorie, die Hegel vorträgt; und die Stellung zu dieser Theorie hängt nicht von ästhetischen Gründen sondern von der Zustimmung oder Ablehnung der philosophischen Grundgedanken Hegels ab, auf welche weiter einzugehen hier nicht der Ort ist.

Schon in der allem Tragischen notwendigen Konsequenz wurde die Einheit von Ausdruck und Gestaltung in einer besonderen Art nachgewiesen. Diese Einheit scheint sich hier aber noch anders zu zeigen; das Tragische hat sich in der Tragödie eine besondere Kunstform geschaffen, obwohl es nicht auf diese Kunstform beschränkt ist. Es muss daher noch untersucht werden, wodurch das Drama sich zur Darstellung des Tragischen besonders eignet. Stoffe, die tragische Wirkung ausüben können, findet man im Leben oft genug, aber diese Wirkung wird schwer rein ästhetisch bleiben können, weil die starken Strebungen, dem Ringenden helfen zu wollen, die reine Intensität der Betrachtung stören, und weil das Mitleiden so mächtig wird, dass es die Ruhe des Schauens nicht aufkommen lässt. Daher ruft gerade das Tragische besonders stark nach der Kunst. Unter den Künsten vermag aber nur die Poesie den Wert der Person, welcher ja eine Vorbedingung des Tragischen ist, wirklich vorzuführen; alle anderen Künste deuten ihn nur an. Ferner ist es nur der Dichtung möglich, die Konsequenz des Tragischen vorzuführen. Die bildenden Künste geben nur einen Moment, aus dem sich der Verlauf höchstens unserer Ahnung erschliesst — oft auch das nur dann, wenn dieser Verlauf uns im voraus bekannt war. Die Musik wiederum vermag ihrer Natur nach nur die allgemeine Form, nicht den besonderen Inhalt eines tragischen Kampfes auszudrücken. Das Drama hat nun unter den Arten der

§ 4: Das Tragische.

Poesie durch seine sinnliche Gegenwart die grösste Kraft, uns sofort in eine bestimmte Welt zu versetzen. Die Voraussetzungen, die wir ja ungeprüft hinnehmen müssen, treten sofort als etwas Bekanntes, Gegebenes auf; der Dichter braucht sie nicht selbst ausführlich zu entwickeln. Daher glauben wir hier von vornherein vieles, und das kommt dem Gefühle, dass der Ausgang notwendig ist, zu gute. Das Drama entwickelt sich dann in einer beschränkten Anzahl von Akten rasch vor uns, nur das Wesentliche erscheint auf der Szene, leicht kann alles, was sich dem kritischen Verstande störend gelten machen würde, in den Hintergrund geschoben werden. Diese Knappheit kommt der Unerbittlichkeit des Tragischen zu, ebenso wie die sinnliche Gegenwart die Stärke des Mitleids steigert, während doch der Rahmen, die künstliche Zeit, die Stilbedingungen der Bühne die nötige Isolation gewähren. Wie das Drama einen Abschluss fordert, so hat endlich auch das Tragische ein notwendiges Ende. Alle diese Verhältnisse zeigen, dass Tragik und Drama einander besonders gut entsprechen, während sie allerdings keineswegs notwendig zusammen gehören. Es wäre für ein solches Verhältnis einer Modifikation oder einer Stoffgattung zu einer Kunstform oder Stilart wohl ein besonderer Terminus am Platze, da die Kunsttheorie solche Zusammenhänge vielfach aufdeckt. Vielleicht könnte man von Affinität oder Verwandtschaft reden[1]).

---

[1]) Man wird vielleicht in dieser allgemeinen Behandlung des Tragischen die Rücksichtnahme auf des Aristoteles Katharsis-Theorie vermissen. Mag man indessen die „Reinigung" des Zuschauers mehr moralisch (mit der Tradition der älteren Erklärer) oder mehr medizinisch (mit Jakob Bernays: Zwei Abhandlungen über die aristotelische Theorie des Dramas, Berlin 1880) oder mehr religiös (mit E. Rohde: Psyche II, 2. Aufl. 1898 S. 48 Anm.) auslegen, jedenfalls handelt es sich nur um eine transgrediente Nebenwirkung des Tragischen, nicht um seinen immanenten ästhetischen Wert. Das haben schon A. v. Berger (in der Abhandlung, die er Th. Gomperz' Übersetzung der Poetik beigab, Leipzig 1897, S. 87 ff.) und J. Volkelt: Z. f. Ph. CXII, 1—16 anerkannt. Welche Nebenwirkung des Tragischen Aristoteles gemeint hat, ist sicher eine wichtige historische Frage, ob und wie eine „Läuterung" des Zuschauers wirklich vorhanden ist, mag in

§ 5. Das Komische in seiner ästhetischen Bedeutung.

Man hat sich häufig bemüht, die ästhetischen Modifikationen in Gegensatzpaare anzuordnen, und infolge dessen nach dem Gegenteil des Erhabenen gefragt. Niemand konnte dabei an etwas denken, was in jeder Beziehung dem Erhabenen entgegengesetzt wäre. Denn das würde die unangemessene Äusserung der Kleinheit, also ein ästhetischer Unwert sein. Es kann sich vielmehr nur um den Gegensatz des Erhabenen innerhalb der Sphäre des ästhetischen Wertes, also um die angemessene Äusserung der Kleinheit handeln. Es zeigt sich aber bald, dass man auch auf diese Weise nicht eine dem Erhabenen ebenbürtige Modifikation des Schönen erhält. Denn die Erscheinung des Kleinen als eines Kleinen vermag uns nicht zu fesseln. So könnte es sich danach hier nur um ein Kleines handeln, das in sich harmonisch, also schön im engeren Sinne wäre. Nun wird aber bei voller Harmonie die absolute Grösse gar nicht beachtet. Als klein wird ein Gegenstand immer erst erscheinen, wenn er im Vergleich zu dem Normalen seiner Art oder im Vergleich zu Erwartungen, die wir uns berechtigt glauben, an ihn zu stellen, klein ist. Ein Kind erscheint klein, nicht ein gleich grosser Hund; ein Zwergbaum erscheint klein, nicht ein gleich hoher Strauch. Was von körperlicher Grösse festgestellt wurde, gilt auch von innerer Bedeutung. Das Seelenleben einer Frau, die nur in den Zierlichkeiten der Erscheinung, in der liebenswürdigen Ausschmückung des Augenblicks lebt, erscheint klein. Das an sich viel dürftigere Leben eines Vogels macht diesen Eindruck nicht, wenn wir nicht etwa, wie bei verkleideten Tieren,

---

einer speziellen Theorie des Tragischen untersucht werden — die allgemeine Ästhetik geht dies nichts an. Goethe, den augenscheinlich die Transgredienz störte, verlegte die Katharsis in den Helden (Nachlese zu Aristoteles' Poetik; Werke XXIX, 490). Seine Ansicht, dass es sich um eine innere Aussöhnung handelt, passt sicher nur auf einen Teil des Tragischen; des Aristoteles Text erlaubt diese Deutung nicht.

willkürlich den Massstab des Menschlichen heranbringen. Etwas erscheint demnach nur klein, wenn es unseren Erwartungen, dem von uns aus irgend welchen Gründen herangebrachten Massstab gegenüber zu klein ist. Was nur dem Ansturm einer übermächtigen Gewalt erliegt, ist zwar dieser gegenüber klein, kann aber im Widerstande dagegen doch gerade seine Grösse, nach menschlichem Masse gemessen, zeigen. Dieser Fall würde dem Gebiete des Tragischen angehören. Absolut klein dagegen erscheint eine Kraft, die gewöhnlichen, für unser Gefühl leicht überwindlichen Gegnern erliegt. Wenn wir uns in eine solche versenken, wird nur ein peinliches Mitgefühl mit ihrer Ohnmacht entstehen. Anders ist das, wo dies kleine Wesen sein Ziel erreicht, dabei stolz triumphiert, während uns seine Mühe und sein Sieg als Spiel erscheint, oder wo ein Wesen, das sich mit sich selbst in Harmonie befindet, doch klein erscheint. Denn auch dieser letzte Fall ist möglich. Wir beurteilen ja das Angeschaute immer zugleich im Verhältnis zu uns und zu anderen seiner Art. Wo nun ein so aufgefasst Kleines in sich harmonisch d. h. schön erscheint, da reden wir von Niedlichem[1]). Niedlich sind Kolibris und kleine Eidechsen; in der Kunst hat das Niedliche als Putto einen grossen Raum, auch die graziösen Schäferinnen des Rokoko sind niedlich in ihrem nichtig-anmutigen Spiel, nur dass hier die kokette Freude an der eigenen Zierlichkeit einen eigentümlich raffinierten Nebenzug giebt. Im Niedlichen ist es zunächst das Schöne, nicht das Kleine, was ästhetisch wirkt; aber das Kleine giebt dieser Wirkung einen besonderen

---

[1]) Hartmann (II, 268—275) braucht für das „gewinnende Untermächtige" das Wort „anmutig" — kommt dabei aber mit dem Sprachgebrauch in Konflikt, der „Anmut" durchaus nicht lediglich der geringen Kraft zuschreibt — wiewohl freilich Anstrengung die Anmut ausschliesst. Seine Konstruktion, die — wie Schasler, wiewohl aus anderen Gründen — das Anmutige dem Erhabenen gegenüberstellt, hat etwas Künstliches, weil die Kleinheit nicht wie die Grösse ästhetisch wertvoll, sondern nur Begleiterin eines Wertvollen ist.

Charakter. Als niedlich erscheint das Schöne leicht, mehr als Erholung, als Zierrat, Spielwerk — andererseits können ausserästhetische Regungen, aus der Überlegung entspringend, dass hier ein Schutzbedürftiges vorliegt, dem Gefühle einen zärtlichrührenden Unterton geben. Aber alles Niedliche hat ästhetisch einen Fehler; da nämlich ästhetisches Erleben Versenkung in das Angeschaute bedeutet, wird man beim Genusse des Niedlichen gewissermassen selbst klein und niedlich. Eine solche Verengerung der Persönlichkeit darf aber nicht zugemutet werden, kann keinen ästhetischen Forderungswert besitzen. Es zeigt sich hier deutlich, dass aus dem Kleinen keine dem Erhabenen ebenbürtige ästhetische Modifikation hervorgeht. Soll nun aber das Niedliche trotzdem ästhetisch wertvoll werden, so muss es eine Form des ästhetischen Erlebens geben, bei welcher die betrachtende Persönlichkeit sich nicht ganz in den Eindruck versenkt, sondern, indem sie sich liebevoll zu dem Kleinen herablässt, doch zugleich in gewisser Weise darüber steht. Das wird möglich sein, wenn sich mit dem Niedlichen das Komische vereinigt, wenn das Niedliche, indem es seine kleinen Geschäfte ernst nimmt oder mit einem gewissen Anspruche auftritt, komisch erscheint. Putten sind fast immer in solchen Situationen dargestellt worden. Ich möchte diese Verbindung als das Drollige bezeichnen und glaube, dadurch den Sprachgebrauch dieses Wortes zwar etwas zu verengern aber doch nicht zu vergewaltigen. Mit dem Drolligen ist der Begriff des Komischen eingeführt, aber weder bestimmt, noch in seiner ästhetischen Bedeutung erschöpft. Vielmehr liegt die wichtigste ästhetische Funktion des Komischen nicht im Drolligen sondern im Humor. Ehe indessen dieser untersucht werden kann, muss das Wesen des Komischen selbst kurz erklärt werden.

Es ist leicht zu sehen, dass das Komische nicht vollständig in das Gebiet des Ästhetischen fällt. Das Wortspiel, der verspottende Witz, der Narrenstreich des Clown verlangt nicht die

§ 5: Das Komische in seiner ästhetischen Bedeutung.

Innigkeit des Ästhetischen und hat auch auf die Würde eines Forderungswertes keinen Anspruch. Da also das Komische wenigstens teilweise ausserhalb des ästhetischen Gebietes liegt, so muss unsre Untersuchung nach einander zwei Fragen behandeln. Erstlich muss untersucht werden, was das Komische ist, und zweitens, welche ästhetische Bedeutung ihm zukommt. Die erste Frage ist keine Frage der Ästhetik, daher darf die Darstellung hier kurz sein und nur die Resultate geben.

Dass in allem Komischen ein Widerspruch liegt, dass das Komische mit dem Unpassenden, Ungereimten, dem Irrtum zusammenhängt, wird allgemein zugegeben und leicht eingesehen. Aber ebenso leicht zeigt sich, dass keine dieser Bestimmungen genügt, um das Komische zu isolieren. Ein Widerspruch in einer Erscheinung kann lediglich störend wirken, wie etwa ein grober Zeichenfehler in einem Bilde; er kann auch tragisch sein, wie der Widerspruch zwischen dem titanischen Wollen und dem mangelnden Können des Menschen. Damit ein Widerspruch komisch wirke, muss eine Erwartung in uns erregt worden sein, die sich als nichtig herausstellt, ein Anspruch muss in sein Nichts zergehen. Der Prahler, der sich als feige erweist, ist ein gutes Beispiel der Komik. Körperliche Gebrechen erscheinen komisch, weil das mit ihnen behaftete Wesen den Anspruch zu machen scheint, ein normaler Mensch zu sein, und diesem Anspruche doch nicht genügt. In der Posse spielt das Stottern eine bedeutende Rolle, weil der Stotterer in der Anstrengung seiner Rede den Anspruch, etwas Bedeutendes zu sagen, noch besonders hervortreten lässt und dann statt dessen nur abgehackte, sinnlose Laute hervorbringt. Man hat gerade diese Fälle des Komischen gern dadurch erklärt, dass der Beschauer sich seiner Überlegenheit über den komischen Gegenstand bewusst werde. Indessen wirkt doch nicht jede Erfahrung eigener Überlegenheit komisch, z. B. nicht das Niederwerfen eines mächtigen Gegners im Kampfe. Vielmehr muss hinzutreten, dass der Unterlegene sich als anspruchsvolles Nichts, als ein feiger Prahlhans erwiesen hat. Ferner ist zweifellos der Genuss der Überlegenheit, den ein erwachsener Mensch bei der Beobachtung der komischen Menschenähnlichkeit von Affen hat, ausserordentlich unbedeutend, und doch liegt hier ein im höchsten Grade Komisches vor. Der Genuss der Ueberlegenheit wächst mit der Bedeutung dessen, dem man sich überlegen fühlt, die Komik wächst, je entschiedener sich diese Bedeutung als angemasst und nichtig erweist. Wohl kann sich die Komik mit dem Genusse der eigenen Überlegenheit verbinden, aber dies ist ein besonderer Fall, den schon die Sprache als Verlachen oder Verhöhnen aus der Masse des einfach Lächerlichen heraushebt. Schon Aristoteles hat gesagt, dass gerade dieser Abart geringe ästhetische Bedeutung zukommt. In den meisten Fällen ergötzen wir uns beim Komischen einfach daran, dass ein Anspruch, etwas, das sich als bedeutungsvoll ankündigte, sich als bedeutungslos darstellt. So hat schon Kant das Lachen als einen „Affekt aus der plötzlichen Verwandlung gespannter Erwartung in Nichts"[1]) bezeichnet. Lipps hat das

---

[1]) K. d. U. § 54, S. 205. — Die Theorie des Komischen hat dann Jean Paul: Vorschule der Ästhetik, besonders durch die Untersuchung des Naiven und des Humors gefördert. Von ihm sind wesentlich bestimmt Weisse (Ä. I, 212 nennt er die Komik ein „Lügenstrafen einer angemassten Hoheit und Absolutheit") und Arnold Ruge: Neue Vorschule der Ästhetik, Halle 1836. Beide bemühen sich aber hauptsächlich um eine dialektische Konstruktion des Komischen. Klassisch bleibt — trotz aller Dialektik — Vischers Darstellung Ä. I, 334—480. — Lipps (Psychologie der Komik. Philos. Monatshefte XXIV/XXV. 1888/9, besonders aber: K. u. H.; dazu ferner A. f. s. Ph. V, 116—123) hat die richtige Theorie gegen andere Meinungen siegreich verteidigt, ihre Anwendbarkeit auf alle Arten der Komik bewiesen, er hat ferner die Trennung der Komik vom Ästhetischen durchgeführt und endlich — was freilich für meine Aufgabe weniger wichtig ist — eine psychologische Theorie der Komik aufgestellt. Gerade weil ich im folgenden noch gezwungen sein werde, ihm zu widersprechen, sei hier dankbar betont, dass meine Darstellung überall von ihm abhängig ist, wo es sich um das Wesen des Komischen im allgemeinen, nicht um seine ästhetische Bedeutung handelt. — Andere Litteratur siehe bei Lipps.

psychologisch so zu interpretieren gesucht, dass die psychische Kraft, die zur Auffassung des Bedeutenden bereit war, nun gewissermassen entspannt und frei wird, so dass sie sich in einem Spiele, zwischen der angemassten Grösse und ihrer Vernichtung hin und her gehend, entladen kann. Es ist hier nicht der Ort, diese Theorie auf ihre psychologischen Grundlagen hin zu prüfen, jedenfalls giebt sie ein gutes Bild dessen, was beim Komischen in uns vorgeht. In jeder Auffassung eines Komischen liegt ein Hin- und Hergehen unserer vorstellenden Thätigkeit. Wir schreiten von dem Anspruch des Bedeutenden zu seiner Bedeutungslosigkeit nicht einfach und nur einmal fort, sondern von der erkannten Bedeutungslosigkeit wenden wir uns zu dem Bedeutenden zurück, erblicken es in neuem Lichte, und diese Bewegung wiederholt sich mehrmals.

Während es nicht schwierig ist, in aller objektiven Komik, wo ein Wesen wider Willen komisch wirkt, die Richtigkeit der gegebenen Erklärung zu erweisen, dürfte dagegen die Möglichkeit eines solchen Beweises beim Witze vielleicht zunächst zweifelhaft erscheinen. Witz ist eine Komik, die wir bewusst hervorbringen, durch die wir komische Wirkung erstreben. Wer einen Witz macht, will nicht, dass über ihn, sondern dass über den Witz gelacht werde. Er verstellt sich auch nicht etwa — wie der Hanswurst bei seinen Possen — freiwillig in ein komisches Subjekt. Augenscheinlich will der Witzige nicht als unbedeutend, unsere Erwartung enttäuschend, sondern gerade als gescheut, als witzig erscheinen. Aber es ist auch der Witz, über den gelacht wird, nicht der Witzige — es sei denn, dass sein mit Emphase angekündigter Witz eben kein Witz ist. Eine Aussage erscheint, wie Lipps treffend sagt, witzig: „wenn wir ihr eine Bedeutung mit psychologischer Notwendigkeit zuschreiben, und indem wir sie ihr zuschreiben, sofort auch wiederum absprechen"[1]. Ein Wortspiel scheint zunächst einen wirklichen Sinn

---

[1] K. u. H. 85.

zu ergeben, während es in Wahrheit eben nur ein Spiel mit Worten ist. Aber das Spiel des Witzes kann auch einen höheren Wert erhalten, wenn nämlich eine Wahrheit witzig ausgesprochen wird. Dann zergeht bei der Erkenntnis des Witzes das Bedeutende nicht vollständig, sondern nur der Anspruch der witzigen Form löst sich auf, während die Wahrheit ihres Inhalts durch das wiederholte Zurückkehren der komischen Bewegung weit eindringlicher eingeprägt wird, als wenn sie nur so trocken hingestellt worden wäre. Der Witz und der geistreiche Vergleich, der mit halben Ähnlichkeiten spielt, ist ein Mittel, dem in sich abstrakten Gedanken wenigstens etwas von der Intensität der Anschauung zu geben. Der Hörer befindet sich dabei in einer eigentümlichen Zwitterstellung: halb steht er ausserhalb des Gehörten und ergötzt sich an dem Zunichtwerden des scheinbar bedeutenden Ausspruchs, dann aber wird er doch wieder zu erneuter Betrachtung des tieferen Sinnes aufgereizt und versetzt sich damit in den Gedanken hinein.

Die Komik dient hier also dazu, etwas Wertvolles anschaulich hervorzuheben. Darin ist der sinnvolle Witz vielen Fällen des Naiv-Komischen ähnlich. Naiv komisch ist eine Handlungs- oder Ausdrucksweise, die vom Standpunkt des sich Äussernden aus berechtigt und sinnvoll ist, dagegen vom Gesichtspunkt einer höheren Einsicht aus betrachtet zweckwidrig und nichtig wird. Das Kind, welches durch sein Herausreden unsere Schicklichkeitsbegriffe verletzt, handelt dabei seinem eigenen Standpunkte ganz angemessen, ebenso der Bauer, der die reichen Livreeen der Diener für die Staatskleider der Herren hält und sich nun darüber wundert, dass in der Stadt die Herrschaft auf dem Bock und die Dienerschaft im Wagen sitzt. Ein solcher Irrtum ist komisch, weil der Anspruch der richtigen Einsicht vor der wahren Erkenntnis zu nichte wird. Diese Komik steigt, wenn der Bauer sich über die albernen Moden der Städter lustig macht. Von seinem Standpnnkte aus ist er dazu ganz berechtigt, denn es wäre lächerlich, wenn die Herren die schlechteren Plätze einnähmen und ihre Knechte bedienten; aber die bezeigte Freude über die eigene Verständigkeit erhöht den Anspruch, der zu nichte wird, und macht dadurch den komischen Sturz stärker. Das hier angeführte Beispiel kann auch als Beweis dafür gelten, dass nicht notwendig, wie man gelegentlich wohl behauptet hat, der Standpunkt des Naiven als sittlich berechtigter anerkannt werden muss. Hier handelt es sich garnicht um eine sittliche, sondern um eine intellektuelle Differenz, die auch nicht etwa notwendig aus einer verschiedenen Höhe der Intelligenz, sondern einfach aus dem Kennen oder Nichtkennen an sich bedeutungsloser Gebräuche hervorgeht. Man sieht also, dass Lipps[1]) mit Recht das naiv Komische nicht auf den Fall beschränkt, in dem der Naive zugleich als höherwertig erscheint. Nun kann allerdings dieser Fall eintreten, und dann wird, wie beim sinnvollen Witze die witzig ausgesprochene Wahrheit, so hier das innere Recht der naiven Wahrhaftigkeit und Einfalt durch das Hin- und Hergehen der komischen Bewegung stark hervorgehoben werden.

Mit dieser Hervorhebung eines eigentümlichen Wertes durch das Naive nähert man sich wiederum der ästhetischen Bedeutung des Komischen, die jetzt prinzipieller betrachtet werden muss. Wer etwas als komisch empfindet, der steht damit selbst ausserhalb des so empfundenen Erlebnisses. Der Anspruch, der in sein Nichts zergeht, wird von uns als ein fremder angesehen; das Lachen über ein Komisches ist nicht notwendig ein Verlachen, wohl aber immer ein Lachen über etwas. Unsere Person stellt sich dem Komischen nicht notwendig als Feind, doch aber immer als ein anderer entgegen. Dadurch scheint das Komische dem ästhetischen Einleben geradezu entgegengesetzt zu sein. Andererseits aber ist doch die Freude am Komischen

---

[1]) K. u. H. 104—107.

auch ein immanentes Verweilen bei dem Erlebnis als solchem, es kann daher sich mit dem ästhetischen Erleben verbinden. Dadurch entstehen Formen des Betrachtens, bei denen der Erlebende sich teilweise in das Erlebnis als solches versenkt, teilweise doch auch wieder bewusst ausserhalb desselben steht. Diese ästhetisch-komischen Modifikationen sind verschiedener Art, man kann sie zunächst danach einteilen, ob das ästhetisch Wertvolle an dem Gegenstande des Erlebnisses mit dem Komischen an ihm identisch ist, oder ob es nur neben dem Komischen steht. Der letztere Fall ist der des Drolligen. Der ästhetische Wert liegt hier in der inneren Harmonie und Lebensfülle des kleinen Wesens; der komische Beisatz dient nur dazu, uns zugleich über den Gegenstand der Betrachtung zu stellen, uns jene Leichtigkeit zu geben, ohne die eine Versenkung in das Niedliche nicht wohl zugemutet werden darf. Das puppenhaft zierliche Gebaren der Rokokofiguren wird unangenehm, sobald sie ernst wirken sollen, wir fühlen uns von dieser spielerischen Art des Daseins abgestossen; anders, wenn diese Wesen komisch sind, wenn sie etwa Leidenschaft nur vorscherzen; dann verträgt man ihr etwas zieriges Wesen, liebt ihre feine Grazie, weil man doch zugleich ihnen gegenüber frei bleibt.

Beim Drolligen dient das Komische nur dazu, die Stärke des ästhetischen Einlebens abzuschwächen; hier wirkt von den Eigentümlichkeiten des komischen Erlebnisses wesentlich seine Heiterkeit und Freiheit, nicht die Betonung, die doch die Komik durch das Hin- und Hergehen ihrer Bewegung ihrem Gegenstande ebenfalls giebt. Im Gegensatz dazu wird gerade die Betonung eines Wertvollen durch das Komische dort wichtig, wo der Standpunkt der naiv komischen Person, während er unserer Einsicht gegenüber verfehlt erscheint, doch sein besseres Recht hat. Da man das vieldeutige Wort naiv nicht wohl auf diesen Fall einschränken kann, möchte ich vorschlagen, ihn als das Naiv-Wahrhaftige zu bezeichnen. Denn der Wert der kindlichen

§ 5: Das Komische in seiner ästhetischen Bedeutung. 215

Naivität beispielsweise beruht darauf, dass das Kind die Unmittelbarkeit seines Gefühls den gekünstelten Konventionen unserer Kultur gegenüberstellt und unseren Verstand durch seine Wahrheit beschämt. Hierbei ist das Komische und das ästhetisch Wertvolle völlig identisch; die innere Einheit des kindlichen Lebens zeigt sich gerade als komischer Widerspruch gegen die Höflichkeit der Erwachsenen. Dass wir uns in das Kind hier überhaupt hineinfühlen, dazu verhilft uns die Betonung durch das Komische. Wir wechseln zwischen dem Standpunkte des Kindes und unserem eigenen und fühlen, dass das Kind in der Dummheit seiner Unschuld wahrer und ganzer ist als wir.

Wie beim Naiv-Wahrhaftigen so haftet auch in dem dritten Falle, in welchem das Komische ästhetisch wertvoll wird, beim Humor, der Wert an dem Komischen selbst. Aber während beim Drolligen ein Komisches nur nebenher schön ist, beim Naiven ein Komisches durch seine Komik wertvoll erscheint, ist im Humor der Gegenstand als komischer trotz seiner Komik ästhetisch bedeutend. Um diese paradox scheinende Konstruktion zu verstehen, muss man ausserästhetische Verhältnisse unseres Lebens hier noch ausführlicher als vorher heranziehen. Wir leben nicht in einer Welt ungestörter Harmonie. Vielmehr stossen sich die Dinge hart im Raume, wird überall die Entfaltung des Bedeutenden durch Hindernisse aller Art gestört. Friedrich Theodor Vischer hat in seinem Roman „Auch Einer" die Störungen, diesen Kampf mit dem Kleinen, dem Objekt und dem Katarrh, fast systematisch vollständig behandelt. Dieses fortwährende Gestörtwerden durch den dummen Zufall ist an sich nur traurig. Wir haben das Hineintreten von Kämpfen in die Erscheinung allerdings im Erhabenen und besonders im Tragischen schon ästhetisch würdigen gelernt, aber dort handelte es sich überall um einen Kampf mit gewaltigen Gegnern, durch den die Grösse als solche zur Erscheinung kommen konnte. Ganz anders wirken die kleinen Brechungen und Durchkreuzungen, von denen hier die Rede ist. Sie stören die Reinheit der Erscheinung und lassen sie zugleich auf die Stufe des bekämpften Unbedeutenden herabsinken. Sie machen also Ausdruck und Gestaltung gleichzeitig unharmonisch und klein. Soll nun trotz dieser Hinderungen die innere Bedeutung zur ästhetischen Anschauung kommen, so wird wiederum eine Freiheit des Geistes vorhanden sein müssen, die bei allem Mitfühlen des bedeutenden Lebens doch sein kleines Missgeschick belachen kann. Der Kampf gegen das Unbedeutende muss zugleich komisch erscheinen. Dabei wird die hin- und hergehende Bewegung des Geistes, die für das Komische charakteristisch ist, abermals besonders wichtig; denn durch sie wird der Betrachtende immer von neuem zu dem bedeutenden Inhalte zurückgeführt. Das Lachen über die Störungen der harmonischen Erscheinung lässt uns zugleich diese Störungen leichter nehmen. So wirken also die beiden Eigentümlichkeiten des Komischen, die Leichtigkeit seiner Bewegung und die Betonung durch das Hin- und Hergehen, von denen beim Drolligen und beim Naiv-Wahrhaftigen nur je eine wichtig war, beim Humor zusammen.

Es macht für den Eindruck des Humoristischen einen wesentlichen Unterschied aus, ob der Humor nur in der Darstellung und ihrer Auffassung liegt, oder ob die dargestellte Person selbst ihre Lage humoristisch betrachtet. Im ersten Falle findet ein Gegensatz zwischen dem Nacherlebten und dem Nacherlebenden statt. Als Beispiel dafür diene Molières Misanthrope, sicherlich eines der wertvollsten unter den hierher gehörigen Kunstwerken. Alceste selbst nimmt seine Kämpfe gegen die kleinen Unwahrheiten und Laster seiner Zeit durchaus ernst. Auch uns zwingt seine überzeugte Ehrlichkeit, sein überall auf das Wahre und Wesentliche gerichteter Sinn immer von neuem zur Bewunderung. Das, wogegen er kämpft, ist an sich gewiss der Bekämpfung wert; denn mit gutem Grunde sieht der Menschenfeind hinter der gesellschaftlich liebenswürdigen Beschönigung des Unwahren eine Zersetzung alles tieferen und echten Gehaltes. Dabei nimmt nun aber dieser Gegner sich selbst nicht ernst. Alcestes Zorn wird erregt durch die Eitelkeit eines vornehmen Dichterlings, die Selbstgefälligkeit und müssige Klatschsucht alberner Hofleute, durch das leichtfertige Spiel einer geistreichen Kokette, endlich durch eine Summe konventioneller Höflichkeitsformen, denen man viel zu viel Ehre anzuthun scheint, wenn man sie unzweckmässiger Weise bekämpft und ablehnt. Solchen Feinden gegenüber erscheint das Pathos der Sittlichkeit ungeeignet, weil allzu ernsthaft. Dass sich Alceste über diese Kleinigkeiten so ereifert, macht ihn komisch. Da wir ihm aber im Grunde doch immer Recht geben müssen, entsteht ein Zwiespalt. Wir kommen leicht dazu, uns unseres eigenen Lachens zu schämen, und es bleibt im Ganzen eine starke Bitterkeit zurück.

Heiterer, ohne solche Spannungen, wird unser Eindruck bleiben, wenn die dargestellte Person selbst Humor hat, wenn sie fähig ist, ihr Missgeschick komisch zu nehmen, und dadurch ihre Freiheit den Hindernissen gegenüber bewahrt. Denn dann sind wir mit ihr einig, wenn wir sie humoristisch auffassen, und das widrige Gefühl, dass wir dem Bewunderten Unrecht thun, bleibt uns erspart. Hier erst kann eine innere Versöhnung im Humor stattfinden, während im ersten Falle die humoristische Darstellung wesentlich nur dazu diente, das Wertvolle trotz aller Beengungen wenigstens anschaulich hervorzuheben. Unter allen Formen des Ästhetischen ist der Humor die subjektivste, insofern er wesentlich eine Betrachtungsart darstellt. Er fordert die Fähigkeit, das Komische als solches zu geniessen und dabei doch die innere Bedeutung der komisch erscheinenden Persönlichkeit zu begreifen. Wer das Tragische miterlebt, das harmonisch Schöne anschaut, versetzt sich ganz in die Anschauung hinein; er sucht seine Individualität gleichsam darin auszulöschen und untergehen zu lassen. Wer sich aber den Spielen des Humors hingiebt, steht teilweise dem Vorgange gegenüber, bleibt sich seiner selbst bewusst. Die volle Einheit wird daher hier nur erreicht, wenn der Held sich ebenso verhält, das Komische seines eigenen Schicksals fühlt und so gewissermassen über seinen eigenen Erlebnissen steht. Eine solche Persönlichkeit äussert sich in einer freien Darstellung, in einer gewissen absichtlichen Hervorkehrung der eigenen Sonderbarkeiten; sie kann sich selbst zum besten haben. So ist der Humor der rechte Ausdruck einer Sinnesart, die sich bei aller Anteilnahme doch über die einzelnen Erlebnisse stellt, gegenüber allem Zwange der Verhältnisse sich eine hohe Freiheit und Gelassenheit wahrt. Wo der Held nicht Humorist in diesem Sinne ist, da bringt der Dichter den freien Geist des Darüberstehens hinein. Der Landvoigt von Greifensee, der sich mit seinen sieben Geliebten, die ihm alle einen Korb gegeben haben, einen heiteren Tag macht, ist ein echter Humorist — in der Geschichte von den gerechten Kammmachern dagegen liegt der Humor wesentlich im erzählenden Dichter, der über der kleinlichen Heuchelei der Selbstgerechten mit so reiner Betrachtung schwebt, dass das Widerliche uns nur heiter stimmt, weil es an der Heiterkeit des darstellenden Künstlergeistes zu nichte wird. Dieser Freiheit des humoristischen Geistes entspricht — gemäss dem Satze von der Einheit des Ausdrucks und der Gestaltung — die Freiheit der Komposition im humoristischen Kunstwerk. Der Humorist bricht eine Episode in ihrer Mitte ab, er flicht allerlei Fremdes ein, er steht in ganz anderem Masse als irgend ein anderer Künstler frei auch über den Regeln der Formung.

Diese ganze Auffassung des Humors steht im Gegensatz zu der Darstellung von Lipps. Lipps hat die prinzipielle Abtrennung des Komischen vom Ästhetischen so klar ausgesprochen, so entschieden durchgeführt, dass hoffentlich neue Verwirrung hier unmöglich gemacht wurde. Aber die Art, wie er nun die ästhetische Verwendung des Komischen im Humor ableitet, scheint nicht einwandfrei zu sein. Lipps meint nämlich, dass im Humor ich selbst als der Betrachtende erhaben „als Träger des

Vernünftigen oder Sittlichen"[1]) bestehen bleibe. Das steht zunächst in direktem Widerspruch zu der auch von Lipps mit besonderem Nachdruck vertretenen Grundeigenschaft des Ästhetischen, ein Einleben zu sein; denn danach muss das Nacherlebte das Erhabene sein, nicht Ich, der Betrachtende. Es dürfte sich hier um eine falsche Auffassung der Subjektivität des Humors handeln. Das Komische im Humor dient allerdings dazu, mich dem Betrachteten gegenüber frei zu machen, aber nur, damit ich durch alles Störende hindurch imstande sei, die innere Bedeutung des Erlebten zu fassen. Könnte man dies vielleicht für eine blosse Lässigkeit des Ausdrucks bei Lipps halten und annehmen, dass die hier vertretene Ansicht nur eine schärfere Formulierung seiner Überzeugung darstellt, so liegt an einer anderen Stelle zweifellos eine sachliche Differenz vor. Lipps meint, dass im Humor sich ein wirklicher Sieg des Erhabenen zeigen müsse. Er sagt, dass „das Nichtige, wenn es sich auswirke, nicht umhin könne, sich aufzuheben oder seine Macht zu verlieren und damit der Idee zum Siege zu verhelfen"[2]). Terminologisch zunächst möchte man bemerken, dass das Wort erhaben, welches Lipps im Anschluss an die ältere Ästhetik hier anwendet, etwas eng erscheint. Das Bedeutende, das sich im Humoristischen äussert, braucht nicht die besondere Grösse des Erhabenen zu besitzen. Doch dies ist Nebensache, der wesentliche Einwand richtet sich gegen die Behauptung, dass im Humoristischen ein wirklicher Sieg des Bedeutenden vorhanden sei. Das kann vorkommen, braucht aber durchaus nicht der Fall zu sein. Alceste ist am Schluss besiegt; bei manchen humoristischen Dichtern, wie z. B. bei Wilhelm Raabe, ist das Nichtige weder ohnmächtig, noch zerstört es sich selbst, im Gegenteil, es geniesst seine Gemeinheit recht gründlich. Lipps scheint hier den Sieg des Humors zu objektiv zu fassen, wie er ihn vorher zu subjektiv fasste. Aber beide

---

[1]) K. u. H. 242.
[2]) K. u. H. 249.

Fehler entstammen derselben Wurzel. Lipps glaubt, im Humor überall einen wirklichen Sieg des Bedeutenden seinen kleinen Durchkreuzungen gegenüber sehen zu müssen, während es doch in der That nur darauf ankommt, das innerlich Bedeutende den Hinderungen gegenüber überhaupt erlebbar zu machen.

Wenn man die Ableitung der ästhetischen Modifikationen überblickt, so bemerkt man leicht, dass bei jeder folgenden mehr ausserästhetische Verhältnisse eingeführt werden mussten. Das rein Schöne liess sich allein aus den Bedingungen des ästhetischen Inhaltes verstehen, für das Erhabene waren noch andere psychologische Gesetze notwendig, die ästhetischen Verwendungen des Komischen endlich, und unter ihnen ganz besonders die wichtigste, der Humor, verlangten die Hinzuziehung allgemeiner Erwägungen über die Stellung des Menschen in Leben und Welt. Diese fremden Bestandteile müssen als solche anerkannt werden, ihre Heranziehung bildet aber nicht etwa einen Fehler der Konstruktion. Wer erkannt hat, dass der ästhetische Wert sich in mehrere prinzipiell verschiedene Arten auseinanderlegt und nicht an die Differenzierung eines Begriffes durch Selbstbewegung — im Sinne Hegels — glaubt, der wird einsehen, dass solche Verschiedenheiten nur durch Bestimmungen erklärbar sind, die dem Oberbegriff fremd gegenüberstehen. Dass aber das ästhetische Schaffen und Nachleben sich nicht mit dem rein Schönen begnügt, lässt sich aus seinem Berufe, das Bedeutende in der Welt einer rein intensiven Anschauung zugänglich zu machen, wohl verstehen. Es ist klar, dass dieser Beruf die Kunst zwingt, den Bedingungen der ausserästhetischen Wirklichkeit nachzugehen, dass dann Formen, die diesem Berufe ihr Dasein verdanken, nicht mehr rein ästhetisch ableitbar sind. Man kann beobachten, dass die so entstandenen Modifikationen, zumal Tragik und Humor, sich leicht als Mittel darbieten, bestimmte Weltanschauungen ästhetisch zu formen. Doch muss man mit der Zuordnung einer Modifikation zu einer besonderen Gedanken-

§ 5: Das Komische in seiner ästhetischen Bedeutung. 221

und Gefühlsrichtung vorsichtig sein: Tragik und Humor sind noch sehr allgemeine Begriffe, erst innerhalb ihres Gebietes lassen Unterarten wie die des bitteren oder freien Humors die Beziehung auf besondere Stimmungen und Stellungnahmen der Welt gegenüber zu.

Im Falle des Drolligen bleibt das Verhältnis des ästhetischen Wertes zum Komischen relativ äusserlich. Anders ist das beim Naiv-Wahrhaftigen und beim Humor. Hier tritt die innere Bedeutung der gehemmten Grösse gerade durch das Hin- und Hergehen der komischen Bewegung aus allen Hinderungen energisch hervor. Das Zergehen des Bedeutenden lässt das Bedeutende seinem innersten Wesen nach eben doch bestehen. Mindestens für den Betrachtenden behält das Grosse gegen die komische Vernichtung recht; seine Teilnahme und Wertschätzung geht ganz mit dem humoristisch Betrachteten. Entgegengesetzt liegt es, wenn die in ihr Nichts vergehende Grösse nicht nur komisch sondern zugleich noch in anderem Sinne verächtlich ist, so dass ihre Vernichtung wertvoll wird. So verhält es sich bei der Satire. Hier dient das Komische dazu, den falschen Anspruch durch Lachen zu vernichten und so dem Echten Platz zu machen. Hier ist also das Lachen zugleich ein Verlachen, von dem gewöhnlichen Hohn und Spott nur dadurch unterschieden, dass nicht lediglich ein Mensch sich über einen anderen, ihm feindlichen lustig macht, sondern dass ein mindestens im Sinne des Satirikers thatsächlich Unberechtigtes seiner angemassten Berechtigung entkleidet wird. Vielfach bedient sich die Satire der Form der Ironie. Sie lässt scheinbar das zu Verspottende zunächst gelten, stellt sogar seine Ansprüche in übertriebener Form als berechtigt hin, damit gerade durch die Übertreibung die Nichtigkeit schroff zu Tage trete. Es ist ganz klar, dass wir hier nicht mehr eine rein ästhetische Form vor uns haben. Denn der Anteil an dem verspotteten Gegenstande schwindet immer wieder, das ganze Ziel der Darstellung liegt nicht in ihr, sondern ausser ihr; die Wahrheit aber, die im Gegensatz zum Verspotteten hervortreten soll, ist meist nur als abstrakter Satz gegeben, so dass sie wohl eindringlich, aber nicht anschaulich gemacht werden kann. Zwar beschäftigt sich der Satiriker recht liebevoll eingehend mit seinem Gegenstande, aber diese Liebe ist grausam, ist dem Spiele verwandt, das die Katze mit der Maus treibt. Ihr Ziel ist die völlige Vernichtung. Bei den konflikthaltigen Modifikationen des Schönen dient der Bruch in der Darstellung gerade immer dazu, auch in Fällen, wo es zunächst unmöglich erscheint, die volle Einheit von Ausdruck und Gestaltung zu erreichen. Hier im Satirischen soll die Unangemessenheit möglichst schroff hervortreten. Indessen zeigt die Satire, mit der ernsthaften Widerlegung verglichen, doch wieder Verwandtschaft zum Ästhetischen. Denn in jeder guten Satire steckt ein Stück Freude am Lächerlichen und damit beinahe eine gewisse Zärtlichkeit für das Exemplar ausbündiger Verkehrtheit, das hier mit Behagen vernichtet wird. Ferner zeigt sich durch den Spott hindurch die Wahrheit, wenn auch nicht anschaulich, so doch mit vollerer Kraft und Lebendigkeit als bei trocken ernsthafter Darstellung. Wir verweilen entschiedener bei ihr, sie wird lebendiger am Gegensatze zum Verspotteten. So kann man sehr gut die Satire eine halbästhetische Darstellung nennen. Solche Grenzwerte hat das ästhetische Gebiet überall. Die anschauliche Lebendigkeit verbindet sich bei ihnen stets mit einem ausserästhetischen Zwecke. Hierher gehört z. B. die Beredsamkeit, welche nicht nur sachgemäss überzeugen, sondern zugleich lebendig überreden will, hierher gehört das Streben, unseren alltäglichen Geschäften, die zunächst im Dienste des Nutzens stehen, zugleich durch eine gewisse Liebe für ihre äussere Erscheinung einen eigentümlichen Wert zu verleihen. Es ist mit dem Plane dieser Arbeit nicht vereinbar, alle diese Nebengebiete des Ästhetischen darzustellen. Denn dazu wäre es nötig, stets besonders auch die ausserästhetischen Bedürfnisse zu untersuchen, denen sie dienen.

Eine solche ins einzelne gehende Betrachtung kann aber nicht mehr Aufgabe einer allgemeinen Ästhetik sein. Darum sollte hier nur am Satirischen die Art dargestellt werden, wie sich solche halbästhetischen Werte zu den rein ästhetischen verhalten. Um das ganz einzusehen, muss aber noch auf einen Punkt hingewiesen werden. Es liegt in der Natur des Halbästhetischen, dass es sich nicht scharf gegen das rein Ästhetische abgrenzt, sondern dass alle Mittelglieder vorhanden sind. So verhält es sich auch mit Humor und Satire. Wenn das satirisch Verfolgte neben seiner Verkehrtheit auch ein inneres Recht enthält, so wird das Hin- und Hergehen der komischen Bewegung diesem Rechte zu gute kommen. Der verspottete Charakter wird zugleich Gegenstand liebevollen Mitlebens werden. Man kann in Immermanns Münchhausen beobachten, wie der Dichter an dem Titelhelden immer entschiedeneren Anteil nimmt. Mehr und mehr entwickelt sich aus seiner Verlogenheit eine grotesk geniale Phantasie; ja den kleinen und unbewussten Lügen der gewöhnlichen Menschen gegenüber erscheint Münchhausen als der in der Lüge wahrhaftige. Münchhausen ist eine Satire auf den modernen Geist, er stellt ihn dar, wie er nach immer neuen Sensationen sucht, wie er jeden Halt fester Formen und bestimmter sittlicher Aufgaben verliert, wie alles, selbst die Wahrheit, seinem nur zersetzenden Verstande relativ und darum zum Spiele wird. Aber er durchschaut sich und die andern — und vermag sich darum über seine Verkehrtheiten zu erheben. So kann der Dichter durch das starke, natürliche Gefühl der Vaterliebe diesen kalten Schwarmgeist zur Wärme des natürlichsten Menschlichen zurückführen und der Satire die Wärme des Humors verleihen.

III. Teil.
Die Bedeutung des ästhetischen Wertgebietes.

Die Sonderbetrachtung des ästhetischen Wertgebietes, welche uns bisher beschäftigt hat, ist im Vergleich mit dem thatsächlichen Zusammenwirken aller Arten von Wertungen eine Abstraktion. Freilich gehört sie zu denjenigen Abstraktionen, die sich leicht aufdrängen und etwas sozusagen Natürliches an sich haben. Diese Natürlichkeit beruht darauf, dass es zahlreiche Fälle giebt, in denen die hier abstrakt gekennzeichnete Wertungsart herrschend hervortritt. Dass trotzdem die Wirklichkeit die Abstraktionen überall durchbricht und aufhebt, ist uns gelegentlich schon an einzelnen Fällen zum Bewusstsein gekommen. In den sogenannten angewandten Künsten wirkt der ästhetische Wert mit einem Werte der Nützlichkeit zusammen; bei der Baukunst ist es sehr schwierig, zu bestimmen, ob und wie weit sie reine Kunst ist. Der Streit darüber ist gelegentlich mit einer gewissen Leidenschaftlichkeit geführt worden, die man nur versteht, wenn man bemerkt, dass das Wort „rein" sogleich die Bedeutung einer Höherwertigkeit erhält. Eigentlich heisst rein hier nichts anderes als unvermischt, nicht zugleich anderen Wertungen unterliegend. Aber die natürliche Vorliebe des Theoretikers für diejenigen Fälle, die ihm die klarste Darstellung seiner Abstraktion geben, führt dazu, die Reinheit zugleich gewissermassen in sittlicher Übertragung zu fassen. Es braucht kaum betont zu werden, dass dies ein in seinen Folgen höchst bedenklicher

Irrtum ist, besonders da sich ihm leicht halb unbewusst die alte rationalistische Voraussetzung unterschiebt, dass der Zweck der Dinge in der Darstellung eines logischen Begriffes besteht.

Neben denjenigen Fällen, in denen ein ästhetischer Wert mit einem andersartigen Zwecke zusammenwirkt, sind andere vorhanden, in denen etwas wesentlich Ästhetisches unter ausserästhetischen Gesichtspunkten betrachtet wird. Eine solche Bewertung von Kunstwerken kann z. B. in der Pädagogik neben der ästhetischen ihr gutes Recht haben. Ebenso ist es umgekehrt auch möglich, etwas wesentlich Ausserästhetisches ästhetisch zu bewerten. Während in den angewandten Künsten beide Wertungsarten in gleicher Weise wesentlich sind, ist hier die eine mehr äusserlich und zufällig, ohne deshalb aber unberechtigt zu sein.

Weit enger und bedeutsamer ist die Verbindung zweier Wertungsarten da, wo beide sich zu einem einzigen neuen Werte — einem Zwischenwerte kann man sagen — vereinigen. Hierher gehört die sittliche Schönheit oder die schöne Lösung eines mathematischen Problems. Es ist in solchen Fällen sehr wohl möglich, den Anteil der einzelnen Wertgebiete theoretisch abzusondern; in Wahrheit aber findet ein sehr inniges Zusammengehören statt. Solche Zwischenwerte greifen nun aber tief in das Innere des ästhetischen Gebietes hinein. Es sei hier z. B. an das erinnert, was früher über die künstlerische Wahrheit ausgeführt wurde.

So zeigt auch die unter der Herrschaft der Abstraktion stehende Betrachtung überall die Fäden, die durchschnitten werden mussten, um das Sondergebiet reinlich herauszupräparieren. Um so mehr wird das Bedürfnis entstehen, nun auch den Zusammenhängen der Wertgebiete wissenschaftlich gerecht zu werden. Man darf nicht sagen, dass durch ein solches Bemühen die Arbeit der Abstraktion wieder aufgehoben werde; denn vor der wissenschaftlichen Durcharbeitung stellt sich der Zusammenhang als eine verworrene Masse dar, das Ziel dieser Arbeit ist, ihn als ein gegliedertes Ganzes zu verstehen.

Wenn man es als Ziel der Wissenschaft bezeichnet, die Beziehungen der grossen Wertgebiete zu einander als ein gegliedertes Ganzes aufzufassen, so macht man dabei noch eine Voraussetzung, deren Recht bisher keineswegs feststeht. Es ist ja durchaus nicht erwiesen, dass sich von der Gesamtheit alles menschlichen Wertens ein systematischer Begriff gewinnen lässt. Es wäre denkbar, dass etwa das logische, ethische und ästhetische Wertgebiet sich zu einander verhielten, wie die Zweige einer grossen Verwaltung, die gewissermassen zufällig neben einander stehen und deren Verhältnisse zu einander nur eine äusserliche Übersicht durch eine Summe empirischer Regeln zulassen. Irgend eine Ordnung kann der Verstand überall hineintragen; die Frage ist, ob diese Ordnung nur den Wert einer bequemeren Orientierung oder den höheren einer inneren Einsicht besitzt. Wir nehmen als Hypothese an, dass das zweite in unserem Falle möglich sei. Da es sich um Wertgebiete handelt, bedeutet das: die Notwendigkeit eines jeden unter den Wertgebieten lässt sich von jedem anderen aus einsehen, weil dieses andere das erste zu seiner eigenen Vollendung teleologisch fordert. Eine solche Hypothese hat jedenfalls heuristischen Wert, denn sie zeigt der Forschung sogleich dasjenige Ziel an, dessen Erreichung ihr höchster Preis wäre. Zugleich ist sie unschädlich, da ja jeder Versuch selbst erweisen muss, ob er zur Einsicht in ein solches System verhelfen kann. Dem niederen Ziele einer orientierenden Übersicht wird er dabei notwendiger Weise zugleich dienen. Beweisbar freilich ist diese Voraussetzung jedenfalls hier noch nicht.

Wenn die Wertgebiete ein natürliches System in dem eben festgestellten Sinne bilden, so sind damit für die Form eines solchen Systems noch mehrere Möglichkeiten offen gelassen. Es wäre denkbar, dass im letzten Sinne eines der Wertgebiete die eigentliche und höchste Aufgabe des Menschen darstellte, und die anderen ihm consecutiv dienten. Eine solche Möglichkeit ist dadurch noch nicht ausgeschlossen, dass wir den logischen, ethischen und ästhetischen Wert als intensiv kennen gelernt haben. Dies könnten sie alle zunächst sein und sich doch von einem höheren Gesichtspunkte aus als Mittel etwa in einem Erziehungsplane der Menschheit darstellen. Der höhere Wert, dem sich die übrigen unterordnen, könnte dann einer von ihnen oder ein ihnen allen übergeordneter sein. So haben manche das reine Erkennen als das eigentliche Ziel des Menschen bezeichnet, so kann in religiösen Wertsystemen die Versöhnung Gottes als höchster Zweck auftreten. Denkbar wäre es aber auch, dass die einzelnen Wertgebiete ihren intensiven Eigenwert auch im abschliessenden Wertsystem bewahrten. Sie würden sich dann zu einander verhalten, wie die Glieder eines lebenden Tieres oder Menschen, von denen keines zum Gesamtleben entbehrlich ist, keines aber auch als Zweck des ganzen Organismus betrachtet werden kann. Von diesem Bilde ausgehend, kann man einen solchen Wertzusammenhang einen organischen nennen, ohne mit diesem Worte weitergehenden Analogiespielen Berechtigung zugestehen zu wollen.

Wenn man von der Betrachtung eines einzelnen Wertgebietes herkommt, so wird es stets näher liegen, das Wertsystem als ein organisches denn als ein consecutives zu vermuten. Für das Auffinden eines übergeordneten Wertes nämlich ist von hier aus nirgend ein Weg sichtbar, während die mannigfaltigen Beziehungen der Wertgebiete zu einander es als denkbar erscheinen lassen, eine gegenseitige Notwendigkeit derselben für einander nachzuweisen. Auch macht man weniger Voraussetzungen, wenn man ein organisches Wertsystem sucht. Der Übergang zu einem consecutiven Zusammenhang müsste sich, falls er gerechtfertigt wäre, auch auf diesem Wege schliesslich aufdrängen.

Wurden so die Voraussetzungen entwickelt, welche unsere letzte Aufgabe, die Bedeutung des ästhetischen Wertgebietes zu finden, einschliesst, so wird es ausserdem noch erforderlich sein, festzustellen, wie weit es selbst im günstigsten Falle gelingen kann, innerhalb der Ästhetik diese Aufgabe zu lösen. Die Entdeckung und der Beweis des vollständigen Wertsystems ist, wenn überhaupt, so nur in einer allgemeinen Wertwissenschaft möglich; hier kann er nur soweit verfolgt werden, wie er von dem ästhetischen Werte aus sichtbar wird. Dabei werden gewisse Grundwahrheiten der übrigen Wertwissenschaften heranzuziehen sein, die hier nicht bewiesen werden können. So stellt sich unsere Untersuchung notwendig als eine fragmentarische dar, die erst in einem vollständigen System der Werte ihre Ergänzung und systematische Vollendung finden könnte.

I. Kapitel.
Das Ästhetische als rein intensive Mitteilung.

Der Inhalt der ästhetisch bewerteten Erlebnisse war als Einheit von Ausdruck und Gestaltung erkannt worden. Um nun die Bedeutung des ästhetischen Wertgebietes zu bestimmen, wird man diese Formel so umgestalten müssen, dass sie die Beziehung zu anderen Werten leicht erkennen lässt. Eine solche Umformung dürfte am ehesten gefunden werden können, wenn der ästhetische Inhalt unter sozialem Gesichtspunkt betrachtet wird. Denn die grossen Wertgebiete gehören alle dem Zusammenwirken der Menschen zu einem Kulturleben an. Wenn man nun daran denkt, dass der ästhetisch Schaffende sich ausdrückt, der ästhetisch Aufnehmende diesen Ausdruck versteht, und wenn man dabei auf das Verhältnis dieser beiden Personen zu einander achtet, so wird man dazu kommen, den ganzen Vorgang als Mitteilung[1]) zusammenzufassen. Die künstlerische Gestaltung, die

---

[1]) Verwandt ist die alte Zusammenstellung von Kunst und Liebe, die z. B. in Schillers Jugendgedichten eine grosse Bedeutung hat, vgl. auch Schillers Brief an Reinwald, 14. April 1783, Briefe I, 112. — Zum Grundgedanken einer spekulativen Ästhetik hat K. F. E. Trahndorff (Ästhetik, Berlin 1827 — vgl. über ihn Hartmann I, 129) diese Verbindung erhoben. — Goethes

I. Kapitel: Das Ästhetische als rein intensive Mitteilung.

dem Auffassenden entgegenkommt, scheint dann zu beweisen, dass das Bedürfnis, gehört und verstanden zu werden, in der That den Geist des Künstlers beherrscht. Freilich wird mancher gegen diesen Gedankengang einen Einwand bereit haben. Auch der einsame Mensch drückt sich aus, auch ihn macht der Schmerz aufschreien, die Freude lächeln. Die mimische Äusserung einer Gemütsbewegung erleichtert ihren Druck, macht die Brust frei. Die Gestaltung des Ausdruckes ferner führt dazu, sich selbst über seine Erlebnisse klar und gleichzeitig ihrer Herr zu werden. Wer auch nur ganz für sich seinen Gefühlen irgend eine Art von noch so unvollkommener dichterischer Gestaltung giebt, der befreit sie damit sozusagen von ihren pathologischen Elementen. Dabei braucht er sich nicht wie der Stoiker zur Gefühllosigkeit zu verhärten, um sich zu befreien, sondern er kann den vollen Reichtum intensiven Erlebens in der Freiheit festhalten. Goethe hat diese Fähigkeit oft als das höchste Glück des Dichters gepriesen, Hegel hat gelegentlich dieselbe Thatsache in dem prägnanten Satze ausgesprochen, es sei die Aufgabe des poetischen Ergusses, „den Geist nicht von der Empfindung, sondern in derselben zu befreien"[1]). Der Ausdruck dürfte also für das sich ausdrückende Wesen auch abgesehen von jeder Mitteilung eine hohe Bedeutung haben. An Gewicht scheint dieser Einwand dadurch zu gewinnen, dass viele Künstler und darunter manche der grössten mehr die Einsamkeit als die Gesellschaft gesucht haben. Indessen diese Neigung stellt sich bei näherer Prüfung fast stets als schmerzliche Reaktion

---

und R. Wagners Winken folgend hat Stein: Ästhetik 56 ff., die Kunst als Mitteilung gefasst. — In enthusiastischer Weise hat Guyau: L'Art de point de vue sociologique, 4me éd. Paris 1897, diese soziale Bedeutung der Kunst dargestellt — vgl. z. B. S. 19: „Tous les arts en leur fond ne sont autre chose que des manières multiples de condenser l'émotion individuelle pour la rendre immédiatement transmissible à autrui, pour la rendre sociable en quelque sorte." — Vgl. übrigens auch Kant: K. d. U. § 41. S. 160; Hegel: Ä. I, 91.

[1]) Ä. III, 420 (bei Gelegenheit der Lyrik).

gegen die häufige Verletzung eines äusserst empfindlichen Mitteilungsbedürfnisses heraus. Wenn man das „profanum vulgus" abhält, so verschliesst man sich damit noch nicht gegen den gleichgestimmten Freund. Der einsame Michelangelo hatte immer in Vittoria Colonna den Geist neben sich, dem er sich mitteilen konnte. Grillparzer wurde der ganz vereinsamte Sonderling erst, als man sein Lustspiel ausgepfiffen hatte. Am deutlichsten aber wird die sociale Natur des künstlerischen Schaffens bei Goethe, der doch in seiner späteren Zeit das grosse Publikum so völlig verachtete; ihm floss die poetische Produktion immer dann in neuer Fülle, wenn er eine verstehende Seele, Schiller etwa oder Marianne von Willemer, gefunden hatte. Auch die Wahl seiner nächsten persönlichen Umgebung ist wohl von dem Bedürfnis, sich rein auffassenden Menschen mitzuteilen, vielfach geleitet worden. Besonders Eckermann war ja ein rezeptives Talent von seltener Treue. Wie sich so die Verstärkung des Einwandes durch Thatsachen aus der Biographie grosser Künstler zurückweisen lässt, so wird es auch nicht schwer sein, seine erste allgemeinere Fassung zu widerlegen. Dass auch der Einsame sich ausdrückt, ist doch wohl schliesslich nur ein Beweis dafür, dass die Einsamkeit nicht sein natürlicher Zustand ist. Und wenn der Mensch seinen Ausdruck für sich selbst gestaltet, so ersetzt er sich damit den verstehenden Anderen gewissermassen durch eine Teilung seiner eigenen Persönlichkeit. Was endlich die befreiende Wirkung des Ausdruckes und seiner Gestaltung betrifft, so beruht diese ja zum Teil wenigstens darauf, dass der Mensch lernt, sich seinen eigenen Gefühlen gegenüber in die ruhigere Stimmung eines fremden Mitlebenden zu versetzen. Übrigens soll hier die Bedeutung des Ausdruckes durchaus nicht ganz in Mitteilung aufgelöst sondern nur nachgewiesen werden, dass aller gestaltete Ausdruck sich auch als Mitteilung auffassen lässt.

Mitteilung ist das Mittel aller Kultur, aber als solches ist sie nicht ästhetisch. Ästhetisch wird sie vielmehr erst, wo sie um ihrer selbst willen rein intensiv gepflegt wird. Der Begriff der Mitteilung zeigt die Verwandtschaft des Ästhetischen mit den übrigen Kulturgebieten, der Begriff der reinen Intensität seine besondere Stellung. So dient die Sprache überall der Mitteilung. Aber diese Mitteilung steht im allgemeinen im Dienste des praktischen Lebens oder des Erforschens der Wahrheit. Nur in der Poesie ist sprachliche Mitteilung um ihrer selbst willen da, hier werden denn auch die Worte nicht mehr nur als Instrument gebraucht und geschätzt, sondern um ihrer selbst willen mit Zärtlichkeit gepflegt.

Wenn man das Ästhetische als Mitteilung und als Teilnehmen fasst, so ist dabei über die Person des Teilnehmenden, des Beschauers kein Zweifel möglich. Wohl aber bedarf es einer näheren Bestimmung dessen, was sich mitteilt. Denn dies kann verschieden bestimmt werden. Einerseits teilt sich uns das ästhetische Objekt mit oder wird doch von uns so aufgefasst, als ob es sich mitteile, andrerseits kann dieses Objekt, sofern es ein Kunstwerk ist, als Mitteilung des Künstlers angesehen werden. Die erste Beziehung ist die umfassendere und direktere, die zweite liegt vielleicht unserer Kulturstufe näher. Die Sprache der Bäume und der Tiere ist nicht aus blosser Willkür ein so bevorzugtes Mittel der Dichtung. Überall, wo wir die untermenschliche Natur ästhetisch ansehen, scheint sie gleichsam zu uns zu reden. Die Feindschaft und Fremdheit löst sich auf in vertrauliche Unterhaltung. Und ebenso ist's mit der Menschenwelt. Wie weit eine Zeit den Begriff des Nächsten fasste, das lässt sich recht wohl aus dem Umfange der künstlerisch behandelten Volksschichten und Völker erkennen. Ganz ähnlich verhält es sich mit dem halbästhetischen Gebiete der gefälligen Umgangsformen. Sobald wir uns bemühen, eine gewisse Anmut in unseren Umgang zu legen, gewinnen die, mit denen wir umgehen, ein eigenes Interesse für uns, und wenn sie dessen fähig sind, leicht auch an uns. Wir zeigen damit, dass wir das Bedürfnis haben, auch im zufälligen oder geschäftlichen Verkehr etwas von uns, wenn auch vielleicht nur etwas Äusserliches, um seiner selbst willen mitzuteilen. Ein solches ästhetisches Verhalten im Umgang hebt jedes blosse Benutzen eines Menschen auf, verwandelt selbst den zu fordernden Dienst in den Schein der Gefälligkeit und macht aus Sklaven oder aus eigennützig ihren Vorteil suchenden Geschäftsleuten Gegenstände der Anteilnahme, die auch ihrerseits uns zu solchen Gegenständen machen sollen. Auch das Kunstwerk wird von uns als selbständig und lebendig aufgefasst, es redet überall seine eigene Sprache; zuerst und zunächst ist es doch der Held einer Novelle, der sich uns mitteilt, nicht der Dichter. Selbst im lyrischen Gedichte ist das ideale Subjekt der dargestellten Gefühle von der realen Person des Dichters verschieden. Noch klarer ist dies Verhältnis in den bildenden Künsten. Nicht der Architekt spricht zu uns, wenn wir in einen gotischen Dom treten, sondern der erhebende und erhabene Geist dieses hohen, dämmernden Raumes, dieser aufstrebenden Spitzbogen, dieser ihre Arme sehnend nach oben reckenden Bündelpfeiler. Je vollendeter das Kunstwerk ist, um so mehr tritt in der unmittelbaren Betrachtung der Künstler zurück. Aber nichtsdestoweniger ist doch sein Geist der wahre Urheber dieser Mitteilung. Auch wenn wir von Shakespeare noch weniger wüssten, wenn selbst die dürftigen Notizen, die eifrige Forscher über sein Leben zusammengebracht haben, sich in Rauch auflösten, das Wesentlichste seiner Seele hätten wir in seinen Werken. Wenn auch im unmittelbaren Genuss der Geniessende den Künstler vergessen wird und vergessen soll, so bleibt es doch immer sein Werk, das sich uns mitteilt. „Dichter lieben nicht zu schweigen" sagt Goethe. Das Mitteilungsbedürfnis und die damit verbundene Fähigkeit, Mitteilung von dem Stummen zu erhalten, zeichnen den Künstler aus. Er verleiht der Welt eine Sprache, um selbst zu uns zu reden. Für den Sohn einer reflektierenden Kulturwelt liegt es darum auch nahe, das Kunstwerk direkt als Mitteilung seines Urhebers zu betrachten. Von dem, der uns so viel gegeben hat, wollen wir dann mehr wissen; wir nehmen am Künstler selbst menschlichen und ästhetischen Anteil. Das hat sein gutes Recht und seinen hohen Wert, so lange wir uns dabei die Freiheit bewahren, auch wieder naiv das Werk für sich reden zu lassen.

Noch in einer dritten Beziehung kann man das Ästhetische als Mitteilung auffassen. Wenn die andächtige Menge in der Kirche von dem Raume halb unbewusst feierlich gestimmt wird, und zugleich Orgelspiel und Gesang fromme Stimmungen erzeugen, dann begegnen sich die Seelen, die einander sonst fremd sind, in dem gleichen Gefühle der Andacht. In der schönen Natur, in der gemeinsamen Bewunderung eines grossen Kunstwerkes geben wir uns einander völlig hin. Das Gesellige des ästhetischen Genusses findet hier seine tiefste Erklärung: er ist das Mittel und die Sprache, in der unsere Seelen am reinsten und freiesten zu einander reden. Aber freilich ist unser Gemüt in dieser empfänglichsten Stimmung auch am empfindlichsten und die Furcht, gerade dann durch eine Fremdheit verletzt zu werden, wenn man am meisten sich nach Einstimmigkeit sehnt, führt dazu, den einsamen Genuss der Natur und der Kunst zu suchen. Als das Medium gegenseitigen Verständnisses gewinnt das Ästhetische einen besonders hohen Kulturwert, der aber voll erst verständlich werden wird, wenn vorher die Bedeutung der rein intensiven Mitteilung allgemeiner abgeleitet worden ist.

II. Kapitel.
Die Bedeutung der rein intensiven Mitteilung.

Es ist nachgewiesen worden, dass man ein Recht hat, das Ästhetische als rein intensive Mitteilung aufzufassen. Nun bleibt die Aufgabe, zu zeigen, was mit diesem Nachweis gewonnen worden ist. Die Mitteilung, so scheint es, bringt das ästhetische Gebiet mit den anderen Wertgebieten unter einen gemeinsamen Gesichtspunkt, die reine Intension weist ihm seine besondere Stelle an. Es wird also zuerst zu untersuchen sein, was die Mitteilung für den Menschen bedeutet, dann wird bewiesen werden müssen, dass das ethische und logische Gebiet ihre Ergänzung durch eine rein intensive Mitteilung fordern.

Die erste dieser beiden Aufgaben führt auf die letzten Bedingungen und Ziele des menschlichen Lebens zurück. Diese aber erreichen wir, soweit sie überhaupt erreichbar sind, durch die erkenntniskritische Analyse. Nur hier erforscht ja, wie schon früher gezeigt wurde, das Denken sein eigenes Gesetz. Nur hier erreicht man Resultate, deren absolute Sicherheit durch den absoluten Widersinn ihrer Aufhebung gewährleistet wird. Denn jeder Einwand gegen die letzten Grundsätze des Erkennens kann immer nur wieder aus dem Erkennen stammen, muss also jene Grundsätze, sofern sie nur durch eine richtige Abstraktion aufgestellt sind, selbst anerkennen. In einem gewissen Sinne erreichen wir hier nicht nur den sichersten Grund, sondern gewinnen zugleich die freieste Übersicht. Denn alles, was von uns erkannt werden soll, muss immer von den Bedingungen unsres Erkennens abhängig sein. Man wird vielleicht glauben, diese Erwägungen durch den früher geführten Nachweis widerlegen zu können, dass sich nichtlogische Forderungswerte niemals rein logisch ableiten lassen, oder, wie ein ähnlicher Einwand populär gefasst lauten würde, dass wir nicht ausschliesslich denkende sondern vor allem fühlende und wollende Wesen sind. Aber ein solcher Einwand wäre nur berechtigt, wenn ich eine sachliche Priorität des Erkennens in dem Sinne behauptet hätte, dass ich ihm den höchsten Wert zuschreiben und von diesem aus die anderen Werte ableiten wollte. Davon aber ist hier nicht die Rede, vielmehr handelt es sich lediglich um eine methodische Priorität, d. h. darum, bei der Untersuchung der letzten

II. Kapitel: Die Bedeutung der rein intensiven Mitteilung.

Bedingungen unseres Seins von dem Punkte auszugehen, von welchem aus man sich am sichersten orientieren kann.

Alles Erkennen erweist sich als ein Zusammenwirken zweier ganz verschiedener und voneinander unabhängiger Faktoren. Es ist zunächst eine Anwendung der allgemeinen Grundsätze des Denkens. Diese stellen sich als in jeder Beziehung absolut allgemeine Forderungen dar. Der sogenannte Satz der Identität z. B. ist die Forderung, dass jeder Denkinhalt als schlechthin sich selbst gleich festgehalten werden soll. Dieser Satz tritt bereits bei den allerelementarsten Denkakten in Wirksamkeit. Ja, schon die blosse Hervorhebung eines bestimmten Wahrnehmungsinhaltes aus der Fülle des Gegebenen, sei es auch nur durch eine demonstrative Gebärde, beruht auf seiner Anerkennung. Solche Grundsätze sind absolut unabhängig von der Besonderheit der einzelnen erkennenden Person, sie sind Grundsätze des Erkennens überhaupt. Da nun Erkennen nur in einem zusammenfassenden Bewusstsein möglich ist, die Grundsätze aber mit der Besonderheit des individuellen Bewusstseins nichts zu thun haben, so kann man sagen, dass sie der allgemeinen Form des Bewusstseins überhaupt zugehören. Da diese allgemeine Form die einer zusammenfassenden selbstbewussten Thätigkeit, d. h. eines Ich ist, und da sie sich in jedem individuellen Bewusstsein als vom individuellen Belieben unabhängige Forderung geltend macht, so kann man sie als überindividuelles Ich bezeichnen. Anwendbar nun sind wenigstens für uns Menschen die Grundsätze des Erkennens nur, wenn ihnen ein besonderer Inhalt gegeben ist. Dieser besondere Inhalt ist der zweite Faktor, der zum Erkennen nötig ist. Er trägt den Grundsätzen gegenüber den Charakter der Zufälligkeit oder der blossen Gegebenheit an sich. Die Grundsätze vermögen einen solchen Inhalt nie aus sich zu erzeugen. Ja, sie sind für uns ebenso wenig ohne einen Rest von gegebenem Inhalt denkbar, wie ein Inhalt ohne eine Form des Erkennens auffassbar ist. Man mag z. B. den Satz der Identität in irgend einer Form auszusprechen versuchen, nie wird man dabei den Begriff eines Etwas vermeiden können, das als identisch festgehalten werden soll. Dieses Etwas aber trägt stets den Charakter der Gegebenheit an sich. Ein Denken, welches sich seinen Inhalt selbst erzeugt, ist von uns nur als unbegreifliches Ideal zu konstruieren, da es nicht nur dem Grade, sondern auch der Art nach von allem verschieden wäre, was wir in uns vorfinden. Alle Gegebenheiten sind lediglich individuell und von an sich unbegreiflicher Thatsächlichkeit. Da nicht einmal die Grundsätze des Erkennens ohne Rücksicht auf eine Gegebenheit ausgesprochen werden können, so dringt die Gegebenheit und mit ihr die individuelle Besonderheit in die Aktivität des Erkennens selbst hinein. Wir können das so ausdrücken, dass wir sagen, das überindividuelle Ich sei für uns stets nur unter den beschränkenden Bedingungen eines individuellen, empirischen Ich nachweisbar. Das reale erkennende Subjekt ist danach als unter besonderen Bedingungen stehend ein einzelner Fall, neben dem andere denkbar und ja auch nachweisbar sind. Jedes dieser individuellen Subjekte steht unter besonderen Bedingungen der Gegebenheit, während ihnen allen die imperativen Grundsätze des Erkennens gemeinsam sind. Die Zufälligkeit seiner Individualität kann nun das einzelne empirische Subjekt nicht dadurch überwinden, dass es, wie der Rationalismus das immer versucht hat, die Gegebenheiten aus den allgemeinen Denkformen ableitet. Es bleibt ihm daher, will es über die Schranken seiner Sonderart hinauskommen, nur der Weg einer empirischen Überwindung dieser Besonderheit übrig. Diese ist aber nur dadurch möglich, dass der Einzelne seine Gegebenheiten mit denen der Anderen vergleicht und sie durch dieselben ergänzt. Eine solche Ergänzung wiederum kann nur stattfinden, wenn die einzelnen Individuen imstande sind, sich einander mitzuteilen. Es ist hier nicht des Ortes, nachzuweisen, wie eine solche mitteilende Ergänzung in den verschiedenen Wissenschaften stattfindet. Vielmehr genügt es, die Mitteilung als empirische Bedingung jedes fruchtbaren Denkens aus den Prinzipien der Erkenntnistheorie abgeleitet zu haben.

Wie die logischen so sind auch die ethischen Werke zu ihrer Verwirklichung auf Mitteilung angewiesen. Die Sittlichkeit des Handelns ist zwar ihrer Form nach die allerpersönlichste Angelegenheit des Einzelnen, denn sie besteht in der Übereinstimmung des Handelns mit dem Pflichtbewusstsein. Richtet man aber den Blick auf den Inhalt der Sittlichkeit, so ist leicht zu sehen, dass dieser stets auf menschliche Gemeinschaften hinweist. Es ist hier nicht möglich, einen vollständigen Beweis dieses Satzes zu führen, den die meisten ohnehin eher für trivial als für fragwürdig halten dürften. Nur darauf ist es vielleicht gut hinzuweisen, dass auch Ideale des Sittlichen, die scheinbar nichts Soziales in sich schliessen, doch notwendig Mitteilung und Teilnahme als Mittel in Anspruch nehmen müssen. Wird etwa als Ideal die Unterwerfung alles Zufälligen oder Gegebenen unter unseren selbstbewussten Willen aufgestellt, so ist die erste Vorbedingung dazu, dass die blosse Willkür der zufällig einander durchkreuzenden, wollenden Individuen zu gemeinsamer Arbeit vereinigt werde. Sucht man aber selbst das Ziel des sittlichen Lebens lediglich in der Ausbildung der Persönlichkeit, so genügt ein Blick auf die notwendige theoretische und die mit ihr innig verbundene praktische Beschränktheit des Menschen, um zu zeigen, dass eine solche Ausbildung nur mit Hilfe menschlicher Gemeinschaften denkbar ist. Es kann genügen, die Beziehung des Sittlichen zur Mitteilung hier nur flüchtig anzudeuten, da der besondere Grund, aus welchem beim Logischen etwas gründlicher vorgegangen wurde, hier wegfällt.

Als Mitteilung gehört das Ästhetische dem Kulturzusammenhang aller überindividuellen Werte an, als reine Intension gewinnt es seine Sonderstellung. Es ist nun zu zeigen, dass es in dieser Sonderstellung vom Logischen und Ethischen her gefordert ist.

Dabei muss man den Begriff der Mitteilung einen Augenblick aus den Augen lassen, um ihn dann später allerdings wieder heranzuziehen. Da unser Erkennen stets Gegebenheiten den Denkgesetzen zu unterwerfen hat, so stellt es sich als ein fortschreitender Prozess dar. Es geht nur von einem zum andern, ist diskursiv. Damit hängt aufs innigste jene Transgredienz zusammen, die früher am Logischen nachgewiesen worden ist. Der einzelne Satz stellt sich eben stets nur als ein Stück des fortschreitenden Denkprozesses dar. Unser sittliches Handeln hinwiederum ist ein steter Kampf; dem reinen Willen setzen sich immer neue Hemmungen in uns und ausser uns entgegen. Wie jede neue wissenschaftliche Entdeckung immer wieder neue Probleme erzeugt, so bewirkt jeder Sieg des guten Willens eine Verfeinerung unsres Gewissens und damit neue sittliche Kämpfe. Daher ist infolge des Widerstreits der absoluten Forderungen des Ethischen und Logischen mit unsrer Beschränktheit als Wesen, die von äusseren Gegebenheiten abhängig sind, auf diesen Gebieten, besonders wenn man sie in ihrer abstrakten Reinheit auffasst, niemals eine Befriedigung oder Erfüllung denkbar. Wäre mit diesen beiden Arten das Reich der geforderten Werte geschlossen, so gäbe es eine Erreichung eines Zieles nur auf dem rein individuellen Gebiete der sinnlichen Annehmlichkeit. Diese stände dann den geforderten Werten schroff gegenüber, unsre Motive zerfielen in zwei kontrastierende und gänzlich unverbundene Gruppen, dem Menschen bliebe nur die Wahl, ein Tier zu sein oder in ewiger Tantalusqual sich zu verzehren. So lässt sich einsehen, dass die beiden Arten geforderter Werte ihre Ergänzung in einer dritten finden müssen, welche eine Erreichung ihres Zieles und damit eine reine Intension verbürgt. Als Inhalt dieser reinen Intension bietet sich naturgemäss dasselbe dar, was für jene beiden anderen Gebiete das einzige Mittel war, um unter den Beschränkungen unsrer Lage an ihren Zwecken auch nur arbeiten zu können. Mitteilung und Teilnahme werden so vom Range des wichtigsten Mittels zu dem des Zweckes heraufgesetzt, und damit eine reine Intension erreicht. Freilich wird diese reine Intension stets durch eine Beschränkung erkauft, was hier nur angedeutet, an späterer Stelle ausgeführt werden soll. Diese teleologische Ableitung der rein intensiven Mitteilung ist sachlich nichts anderes, als Schillers Gedanke von der Notwendigkeit der ästhetischen Erziehung[1]). Die hier versuchte Darstellung aber unterscheidet sich von der Schillers — ausser durch die Loslösung von allen Zeitbeziehungen — durch zwei Dinge. Erstlich wurde das recht problematische Gerüst von Triebbegriffen beseitigt, mit Hülfe dessen Schiller seine Beweise führt, zweitens wurde der Grundgedanke aus dem menschheitspädagogischen Zusammenhange herausgelöst, in den Schiller ihn stellt, und damit zugleich die Zweideutigkeit entfernt, die darin liegt, dass bei Schiller das Ästhetische dem Ethischen bald gleichgeordnet, bald untergeordnet erscheint.

Durch die Erkenntnis der Art, in welcher der ästhetische Wert sich als teleologische Ergänzung des logischen und ethischen darstellt, wurden zugleich die Mittel gewonnen, die Stellung des Ästhetischen in der Gesamtheit der Kultur zu verstehen. Dazu aber wird es nötig sein, über das rein ästhetische Gebiet hinauszugehen und den ästhetischen Wert da aufzusuchen, wo er mit anderen Werten verknüpft einen Faktor eines komplexeren Gebietes ausmacht. Man muss sich hier dessen erinnern, was schon öfter erwähnt wurde, dass nämlich die Trennung der Wertgebiete zwar für unsere Orientierung unbedingt erforderlich ist, aber der lebendigen Wirklichkeit nicht gerecht wird. So könnte vielleicht bei den vorangehenden Darlegungen über den Mangel an Vollendbarkeit und damit an Befriedigung, der dem logischen und ethischen Streben anhaftet, mancher geneigt gewesen sein, mit dem Hinweis auf eigene entgegenstehende Erfahrungen zu

---

[1]) Über die ästhetische Erziehung des Menschen — bes. 11.—15. Brief.

widersprechen. Bei näherer Analyse dürfte er aber finden, dass diese seine beglückenden Erfahrungen dem Hineinspielen eines Elementes verdankt werden, welches an sich dem reinen Denken oder der reinen Sittlichkeit fern liegt. Wenn der Forscher ein glückliches Ergebnis gewonnen hat, so zeigt sich ihm wie mit einem Schlage eine unendliche Perspektive neuer Einsichten. Die abstrakten Begriffe gewinnen gleichsam Leben, die blossen kalten Thatsachen ordnen sich zu einem organischen Ganzen, das Produkt unendlicher Arbeit steht in müheloser Vollendung vor ihm. Und was dem Forscher selbst zu Teil wurde, wiederholt sich für jeden, dem die Grösse eines wissenschaftlichen Ergebnisses aufgeht. Da zeigt sich ihm erreicht, woran er lange mit Mühe und vielleicht unter schweren Zweifeln an der Möglichkeit des Gelingens gearbeitet hatte. Verzeihlich, wenn in solchen Momenten dem beglückten Geiste das Unmögliche vollendet erscheint, wenn die Fülle des Gewonnenen die Menge des Unerreichten verbirgt. Solchem glücklichen Enthusiasmus verdanken die Wissenschaften viele ihrer schönsten Siege, aber dieser Enthusiasmus selbst ist seiner Natur nach nicht mehr wissenschaftlich. Bei dem echten Forscher folgt ihm daher notwendig die kühle Besinnung, die streng logische Prüfung und damit nur zu oft eine bittere Enttäuschung. Ganz ähnlich verhält es sich, wenn der Mensch einen wichtigen sittlichen Entschluss gefasst und vollführt hat und nun in der Freude des Gelingens ruht. Ja hier ist noch deutlicher, dass damit aus der Stellung des Handelnden in die des Beschauenden übergegangen wurde. Auch die schöne Seele, welche das Gute als selbstverständlich thut, ist, soweit ihr das gelingt, aus dem Bereiche der reinen Sittlichkeit herausgetreten, und sie wird das fühlen, sobald der bei ihrem verfeinerten Gewissen unausbleibliche Fall eines neuen Kampfes auch für sie eingetreten ist. Diese Verflechtungen der Wertgebiete im Leben des Einzelnen werde ich noch genauer zu analysieren haben, zunächst aber muss die prinzipiell wichtigste

II. Kapitel: Die Bedeutung der rein intensiven Mitteilung.

Form, in welcher das Ästhetische in die Gesamtkultur eingreift, erörtert werden. Dass alle Kulturarbeit ein transgredientes, der Vollendung widerstrebendes Element in sich trägt, zeigt sich ganz besonders auch darin, dass der Einzelne in dieser Kulturarbeit stets nur eine beschränkte, dienende Stellung einnehmen kann. Dies wird um so mehr der Fall sein, je verwickelter die wirtschaftlichen, gesellschaftlichen, rechtlichen und wissenschaftlichen Zustände sind. Jede Thätigkeit eines einzelnen Menschen greift hier in einen weiteren Kreis fremder Thätigkeiten ein, ist auf mannigfaltige Hilfe Anderer angewiesen und wird nach dem geschätzt, was sie für Andere bedeutet. Dieser grosse Zusammenhang führt den Einzelnen über die Enge seiner beschränkten Individualität hinaus. Sein besonderes Thun entspringt nun der Bestimmtheit seiner gesellschaftlichen Stellung, wird damit in einen grossen Zusammenhang eingeordnet, verliert seine dumpfe Zufälligkeit und wird zum Zwecke gestaltet. Aber gleichzeitig droht seine Arbeit ihre nächste unmittelbare Bedeutung für ihn selbst zu verlieren. Mit der Verengerung seines Arbeitsgebietes verengt sich auch der Gesichtskreis des Individuums. Zwar fühlt es sich als Glied eines grossen Getriebes, aber dessen Sinn beginnt ihm verloren zu gehen. Jeder einzelne Mensch sieht das Ganze doch nur von seiner Stelle, von seiner vielleicht recht beschränkten Aufgabe aus, und damit verliert der Kulturzusammenhang, für den er arbeitet, für ihn den Charakter einer grossen Zweckmässigkeit und wird zu einem blossen äusseren Zwange. Ja wenn mit fortgehender Arbeitsteilung auch die führenden Individuen unmöglich mehr das Ganze überschauen können, droht der Charakter der Zweckmässigkeit nicht nur für den beschränkten Sinn des untergeordneten Arbeiters unerkennbar zu werden, sondern dem gesellschaftlichen Zusammenhang an sich verloren zu gehen. Aber selbst, wenn diese letzte furchtbare Möglichkeit nicht wirklich wird, ist die Lage des Einzelnen trübe genug.

Ihm, der schon auf den Genuss, ein Ganzes zu sein, hatte Verzicht leisten müssen, wird nun auch die Möglichkeit genommen, sich als Glied eines Ganzen zu fühlen; er wird ein blosses Rad in einem Getriebe, dessen Sinn ihm ewig unverständlich bleibt. Über diese Not kann er nur hinausgehoben werden, wenn er lernt, sich auch in rein intensiver Anschauung über sich selbst hinaus zu erweitern und das unmittelbar zu fühlen, was er durch Denken und Handeln nicht erreichen kann. Das aber wird nur möglich sein, wenn sich die Form und Grösse des Kulturzusammenhanges, dem er angehört, ihm unmittelbar ästhetisch enthüllt. Die Grösse eines mächtigen Staates bleibt dem Denken vieler Bürger sicherlich ewig unzugänglich, und auch, wo der Gedanke sich soweit erheben kann, treten gleichzeitig Einwände gegen die Berechtigung dieser Grösse auf. Ein Regiment Soldaten aber, das mit klingendem Spiel vorüberzieht, ein Herrscher, von den Grossen seines Reiches umgeben, sind Erscheinungen, deren Grösse und Wert sich von jedem unmittelbar erleben lässt. Eine Kulturgemeinschaft existiert für jeden immer so weit, als sie sich in solchen lebendigen Anschauungen offenbart. Besonders wichtig werden diese lebendigen Anschauungen, wo sie zugleich Bestandteile des individuellen Lebens werden. Man kann sie dann **Lebensformen** oder **lebendige Formen** nennen; denn sie sind Formen[1]), in denen sich das Leben des einzelnen Menschen einer Gesamtheit einfügt, und sie sind zugleich für sich lebendig. Nirgends vielleicht finden wir diese Eigenschaften in dem Grade vereinigt, wie bei der Sprache. Ihr verdankt daher auch die nationale Gemeinschaft ihre besondere Innigkeit. Auch wo sich engere Kreise für sich absondern, in Vereinen, geselligen Zirkeln oder Familien, bildet sich leicht eine Art Geheimsprache aus, die den vertrauten Kreis zugleich zusammenhält und abschliesst.

---

[1]) Es ist wohl kaum nötig zu erinnern, dass dieser Begriff der Lebensform nichts mit dem der Formung zu thun hat, die als die eine Seite der Gestaltung definiert wurde.

II. Kapitel: Die Bedeutung der rein intensiven Mitteilung.

Ähnlich fügt sich die religiöse Gemeinschaft durch Kultformen zusammen, und man hat oft beobachtet, dass sie um so inniger ist, je tiefer diese Formen in das Leben des Einzelnen eingreifen. Nicht verwunderlich ist es daher, dass in religiösen Volkskämpfen Kultfragen oft eine grössere Rolle gespielt haben als Glaubensfragen; und mit Recht kämpfen heute die Nationen erbittert um die Erhaltung ihrer Sprachen als der wichtigsten Mittel ihres Bestehens.

Die Lebensformen bedeuten die Umwandlung der Kulturaufgaben und Kulturgemeinschaften in ästhetisch miterlebbare Gestalten. Sie haben vor dem rein ästhetischen Genusse der Natur und Kunst das Eingreifen in das Leben voraus. Aber sie erkaufen diesen Vorteil dadurch, dass sie nicht so unangreifbar und vollständig dastehen wie ein Kunstwerk oder ein schöner Naturgegenstand. Was lebendige Form ist, ist doch immer zugleich noch etwas anderes. Damit ist die Möglichkeit gegeben, dass ausserästhetische Forderungen kritisch eingreifen und die Ruhe des Mitlebens stören. Die vertraute Form unserer Muttersprache muss es sich gefallen lassen, zum Zweck der Bequemlichkeit abgeschliffen, zum Zwecke der Bezeichnung bisher fremder Dinge mit nur äusserlich ihr verbundenen Bestandteilen vermischt zu werden. Jede Art des Kultus, jede Repräsentation des Staates unterliegt kritischen Einwürfen des Verstandes gegen ihren Inhalt. Im Gegensatz dazu ist das reine Kunstwerk zwar gelöst aus dem Ganzen des Kulturlebens, dafür aber auch für sich vollständig und, sofern es nur als Kunstwerk vollendet ist, unangreifbar. Nun kann aber auch der besonders glückliche Fall eintreten, dass ein Kunstwerk zugleich lebendige Form ist. Die nationalen Epen haben eine solche Bedeutung entweder von Anfang an besessen oder im Laufe der Zeit als wichtigster gemeinsamer Besitz eines Volkes gewonnen. Mit dem Kult war die Kunst stets innig verbunden, und dieser Verbindung verdanken die beiden grossen originalen Baustile, der griechische und der gotische, ihre Entstehung. Es ist richtig, dass das Kunstwerk in solcher Verbindung zugleich etwas von seiner Selbständigkeit einbüsst. Aber diese Einbusse wird dadurch mehr als vergütet, dass hier Tradition und Volksbewusstsein die innere Einheit von Gestaltung und Ausdruck gewährleisten. Erst wo sich die Kritik des Verstandes an den Inhalt jener lebendigen Kunstformen heranmacht, tritt die Gefahr hervor, die doch für die ästhetische Reinheit in dieser Verbindung schlummert. Da wendet sich Platos feineres sittliches Gefühl polemisch gegen die homerischen Gesänge, da macht sich der Abscheu gegen ein als unwahr empfundenes religiöses System in Bilderstürmerei Luft, da wird auf der anderen Seite die Bewahrerin der alten Inhalte, die kirchliche oder staatliche Gewalt, misstrauisch gegen das freie künstlerische Schaffen, weil sie fürchtet, es könne sich ein umwälzendes Element heimlich in ihre eigenen Ausdrucksformen einschmuggeln.

Als Bedingung dafür, dass ein Kunstwerk, ohne deshalb unkünstlerische Angriffe befürchten zu müssen, lebendige Form sein kann, wurde das Fernbleiben kritischer Einwürfe gegen den gemeinsamen Inhalt erkannt. Entsprechend ist das Teilhaben an lebendigen Formen überall etwas Selbstverständliches, Natürliches für das Mitglied einer Kulturgemeinschaft. Der Einzelne nimmt diese Formen, in denen er aufgewachsen ist, als etwas Gegebenes hin, das nicht anders sein kann und darf. Dabei aber sind diese Formen doch immer der Thätigkeit des menschlichen Geistes entsprungen und werden von dieser Thätigkeit langsam oder plötzlich umgestaltet. Man kann daher sagen, dass sie Natur im Geiste, aber ebenso gut auch, dass sie Natur gewordenen Geist darstellen. Gerade in dieser Vereinigung liegt ihre besondere Bedeutung. Sie sind dem Einzelnen als ein Erbteil überliefert, er kann sich ihnen rückhaltlos hingeben, und doch arbeitet er zugleich selbstthätig mit ihnen und an ihnen. Sie haben die beruhigende Sicherheit der Natur ohne ihre Fremdheit und zugleich die anregende Aktivität des Geistes ohne seine stets quälenden Fragen. Dadurch sind sie imstande, die Persönlichkeit über ihre engen Grenzen hinaus zu erweitern, ohne sie zu einem bloss dienenden Werkzeug herabzusetzen. Indem die Lebensform den einzelnen Menschen zu einem Teilhaber an den Gütern einer Kulturgemeinschaft macht, knüpft sie zugleich diese Kulturgemeinschaft selbst inniger zusammen. Nicht mehr der Zwang des blossen Bedürfnisses vereinigt ihre Mitglieder, sondern ein wahrer gemeinsamer Lebensinhalt. Der Mensch gewinnt nicht nur Schutz und Hilfe aus der Gemeinschaft, sondern auch Heimat in ihr. Daher wird seine Anhänglichkeit nicht mehr durch die Berechnung praktischer Vorteile bestimmt, die stets durch andere Vorteile aufgewogen werden könnten, sondern sie wird ein notwendiges Stück seines eigenen Lebens, ohne welches er sich nicht mehr denken kann. Man würde aber die Bedeutung der lebendigen Form für die menschlichen Gemeinschaften nur sehr oberflächlich auffassen, wenn man sagte, jene Formen seien das beste Bindemittel für den Zusammenhalt einer Gesellschaft. Sie sind vielmehr zugleich der notwendige Ausdruck der Kulturgemeinschaft. Eine jede solche Gemeinschaft existiert durch alle die Inhalte, die von ihren Mitgliedern als wesentlich gemeinsam anerkannt werden. Diese Anerkennung wird aber zu wahrer Wirklichkeit erst, wenn sie in einer lebendigen Form Ausdruck gewinnt. Soweit unsere Kenntnis reicht, haben Kulturgemeinschaften keine selbständige Existenz ausserhalb der sie bildenden Individuen; da sie nun für diese Individuen nur wahrhaft vorhanden sind, soweit sie lebendige Form gewonnen haben, so kann man sagen, dass die lebendigen Formen erst das wahre Dasein der Kulturgemeinschaft ausmachen. Man könnte sie auch mit den Ausdrucksbewegungen vergleichen, insofern erst in ihnen das innere Leben zugleich sichtbar hervortritt. Kunstwerke haben nun vor anderen lebendigen Formen voraus, dass sie vermöge ihrer Vollständigkeit und Selbständigkeit auch von solchen nachgelebt werden können, für die die entsprechenden Inhalte nicht mehr selbstverständliche Geltung haben. Darum erlauben sie es, die Kulturgemeinschaft in Raum und Zeit über die sonst ihr gestellten Grenzen auszudehnen. Ein Volk bewahrt sich lebendigen Zusammenhang mit seiner Vergangenheit, so weit es ihm möglich bleibt, die Kunstwerke dieser Vergangenheit ohne gelehrte Vermittlung zu verstehen. Da das bei poetischen Werken nur so lange möglich ist, als die Sprache sich nicht allzusehr geändert hat, so ist die konservative Tendenz der gebildeten Schriftsprache bei allen Nationen mit reicher litterarischer Vergangenheit sehr berechtigt. Wo der Zusammenhang einmal durchbrochen ist, da kann ihn nur die gelehrte Vermittlung wieder herstellen. Darum wird diese Vermittlung, sobald sich ein Volk auf seine halbvergessenen Ahnen besinnt, ein Werk, das mit fast religiöser Andacht geübt wird. Ferner vermag die Kunstwissenschaft und sie fast allein eine menschliche Gemeinschaft inniger Art mit ganz kulturfremden Völkern zu vermitteln; darum war es von so grosser Bedeutung, als Herder, dem nach seinem Wunsche nichts Menschliches fremd bleiben sollte, den Gedanken der Weltlitteratur fasste.

III. Kapitel.
Die Beziehungen des Ästhetischen zum Logischen und Ethischen.

Nachdem die Prinzipien dargestellt worden sind, aus denen sich die Kulturstellung des Ästhetischen erkennen lässt, wird es nun auch möglich sein, die vielverschlungenen Beziehungen der schönen Anschauung zum Guten und Wahren zu untersuchen. Diese Aufgaben sind durch vielfältige Behandlung unter den verschiedensten Gesichtspunkten ebenso sehr vorbereitet wie erschwert worden. Es wird hier vor allem nötig sein, Ordnung in chaotisches Durcheinander zu bringen, damit man nicht, von allgemeinen Begriffen verleitet, sehr Verschiedenartiges durcheinander wirft. Daher wird sich in der Behandlung eine gewisse logisch schematische Dürre nicht vermeiden lassen. Man muss die Untersuchung der Beziehungen der drei grossen Wertgebiete nach zwei Kategorien vornehmen: nach denen der Identität und der Kausalität. Es kann nämlich entweder die Frage gestellt werden, inwieweit die bewerteten Gegenstände dieselben sind, oder die andere Frage, wie Werte der einen Art den Zielen des anderen Wertgebietes dienen. Stellt man die Frage der Identität, so ist es nötig, vorher festzustellen, was es denn ist, auf dessen Identität es uns ankommt. Von vornherein ist klar, dass es sich nicht um Identität der Werte, die ja notwendig in jedem Gebiete andere sind, sondern nur um Identität der bewerteten Gegenstände handeln kann. Diese Identitätsfrage könnte zunächst dahin verstanden werden, dass untersucht werden sollte, inwieweit das Gebiet der möglichen Anwendung der verschiedenen Wertungsweisen zusammenfällt. Diese Frage wäre nicht allzuschwer zu beantworten. Schon daraus z. B., dass „wahr" nur Urteile, „schön" nur Anschauungen sein können, folgt, dass die Gegenstände der einen Bewertungsart nicht ohne weiteres sondern höchstens nach einer Umformung oder, wenn man anderes an ihnen beachtet, der anderen Wertungsweise unterworfen werden können. Aber die Erörterung dieser Frage hat überhaupt kein erhebliches Interesse. Denn die Kulturbedeutung eines Wertgebietes haftet nicht an alle dem, worauf die betreffende Wertungsart überhaupt angewendet werden kann, sondern an dem engeren Kreise, welcher als unter dem Gesichtspunkte dieser Wertungsart positiv wertvoll erscheint. Die Frage der Identität bedeutet also: Ist das ästhetisch Wertvolle zugleich logisch und ethisch wertvoll, respektive umgekehrt? Die Frage und ihre Umkehrung müssen getrennt erörtert werden, da beim Vorhandensein partialer Identität die Antwort verschieden ausfallen wird. Weil ferner die Anwendungsbereiche der verschiedenen Wertungsarten nicht ohne weiteres zusammenfallen, so muss der wertvolle Gegenstand des einen Gebietes jeweils so umgeformt gedacht werden, dass er unter dem Gesichtspunkte der anderen Wertungsart überhaupt betrachtet werden kann.

In diesem besonderen Sinne ist nun die Untersuchung zunächst für das Verhältnis des ästhetischen und des logischen Gebietes zu führen. Hier aber muss der Sinn der Frage noch in anderer Weise näher bestimmt werden. Es kann sich nämlich dabei nicht um die Beziehung des Wahren zum Schönen so ganz allgemein handeln, dass man als das „Wahre" die Summe aller möglichen wahren Urteile zusammenfasst. Denn diese Summe ist zwar der Inbegriff alles möglicherweise logisch Wertvollen, dabei aber vollkommen unübersehbar und in ihren Bestandteilen äusserst verschiedenwertig. Wahre Urteile lassen sich über alles Denkbare unzählige fällen, die entweder nie ein Mensch fällen wird, oder die, auch wenn sie etwa gelegentlich gefällt werden, doch keine selbständige Bedeutung in Anspruch nehmen können. Das Gebiet, um welches es sich für uns handelt, ist vielmehr das der wissenschaftlich wertvollen Wahrheiten. Es tritt bei dieser Bestimmung der transgrediente Charakter des logischen Wertes zu Tage, welchem gemäss die einzelne Wahrheit erst durch eine hinzutretende Bedeutung wirklichen Wert erhält. So würde sich also die Frage folgendermassen gestalten: Ist die wissenschaftlich wertvolle Wahrheit, wenn sie in Anschauung umgeformt wird, zugleich ästhetisch wertvoll? Stellt man diese Frage, so ergiebt sich sofort, dass überhaupt die Möglichkeit, in Anschauung umgeformt zu werden, nicht allen wissenschaftlichen Wahrheiten gleichmässig eigen ist. Der Satz der Identität, die Grundgedanken der Kritik der reinen Vernunft oder die Lehre von den Gleichungen höherer Ordnung lassen eine solche Umformung kaum oder doch sehr viel schwieriger zu als etwa der Grundgedanke der Kantischen Ethik, eine grosse historische Einsicht oder die Darwinsche Lehre von der natürlichen Zuchtwahl. Beschränkt man sich aber auch

III. Kapitel: Die Beziehungen d. Ästhetischen z. Logischen u. Ethischen.

auf den Kreis der anschaulich überhaupt darstellbaren wissenschaftlichen Wahrheiten, so erkennt man leicht, dass der ästhetische Wert einer solchen Darstellung jedenfalls nicht mit der wissenschaftlichen Bedeutung der dargestellten Wahrheit schon gegeben ist. Dies gilt, wie wir früher sahen, sogar von jenem Grenzfall ästhetisch-logischer Wertung der Anschaulichkeit, den man durch die Schönheit einer mathematischen Darstellung repräsentiert denken kann. Diese Darstellung wird ja noch nicht dadurch schön, dass sie wissenschaftlich fruchtbar ist, sondern erst dadurch, dass diese wissenschaftliche Fruchtbarkeit in einer für den geschulten Geist sicher und leicht erkennbaren Weise erscheint. Ganz ebenso wenig ist, wenn eine wissenschaftliche Wahrheit etwa zum Grundgedanken eines poetischen Werkes gemacht wird, der ästhetische Wert schon mit dem Wahrheitswerte gegeben. Auch für den überzeugten Anhänger der Kantischen Ethik wird ein Drama noch nicht schön, wenn darin der Begriff der Pflicht herrscht. Man kann also in keiner Weise sagen, dass die wissenschaftlich wertvolle Wahrheit, anschaulich gemacht, schön sei. Vielleicht könnte einer hier die bescheidenere Behauptung zu verteidigen suchen, dass die Wahrheit dem Schönen wenigstens besonders günstige Bedingungen darbiete. Aber selbst dies würde sich als ein nicht beweisbarer Glaube herausstellen, den die Thatsachen mindestens nicht überall begünstigen. Auch wer an Gespenster nicht glaubt, wird ihnen poetische Wirksamkeit zuerkennen müssen, ebenso wie der naiven Personifikation von Naturgegenständen oder mancher sinnvollen, aber von der historischen Kritik widerlegten Anekdote. Nun könnte freilich einer meinen, in solchen Dingen verberge sich eine tiefere Wahrheit nur unter einer unangemessenen Hülle. Damit würde er etwa die Behauptung verbinden, dass es nur eine besondere aber vielleicht besonders wichtige Klasse von Wahrheiten sei, die im Ästhetischen zur Darstellung komme. Diese Behauptung nun lässt sich besser prüfen, wenn man die Identitätsfrage in umgekehrter Richtung stellt, d. h. fragt, ob das ästhetisch Wertvolle als solches zugleich einen logischen Wert in sich trage.

Die Behauptung, dass im Schönen eine Wahrheit sich verkörpere, ist so alt und unter so verschiedenen Formen immer wieder aufgetreten[1]), dass es sich wohl lohnt, etwas näher darauf einzugehen. Nicht hierher gehörig sind Anschauungen, welche das Ästhetische nur unter der Bedingung zulassen wollen, dass es der Erkenntnis dient. Derartige Gedanken gehören unter den Gesichtspunkt der Kausalität und sind überdies meist mit einer scharfen Kritik an dem wirklichen Schönen verbunden. Diese Kritik enthält implicite das Zugeständnis, dass das Ästhetische, wie es meist ist, jene Forderungen der Erkenntnis nicht befriedigt. Die Ansichten, um die es sich hier handelt, behaupten dagegen, dass das Schöne an und für sich, wenn es nur schön ist, zugleich eine wesentliche Wahrheit ausdrückt. Solche Gedanken entspringen häufig eingestandener oder uneingestandener Weise auf dem Boden einer Weltbetrachtung, die bei den Dingen, wie wir sie erleben, nicht stehen bleibt, sondern in ihnen nach einem Kerne wahrer Existenz sucht. Dieser Kern soll im Schönen anschaulich zu Tage treten. Historisch fast überall, wiewohl begrifflich nicht unbedingt notwendig, ist damit ein platonisierender Begriffsrealismus verbunden. Jener innere Kern der Dinge ist danach zugleich ihr Gattungsbegriff. Der Übergang zum Ästhetischen wird dann in der Beobachtung gefunden, dass der Künstler zahllose Zufälligkeiten der Natur in seiner Wiedergabe unterdrückt. Diese Unterdrückung soll der Darstellung des wahren allgemeinen Wesens dienen. In verwandtem Sinne behauptete

---

[1]) Diese Behauptung in ihren verschiedenen Formen bei den einzelnen Ästhetikern seit Platon aufsuchen, hiesse beinahe eine Geschichte der Ästhetik schreiben. Fast bei allen idealistischen Ästhetikern tritt sie auf. So mannigfaltig die Bedeutungen des Wortes „Idee" sein mögen, kaum je fehlt ihnen ein intellektualistisches Element. — Neben dieser Reihe steht dann die naturalistische, deren „Naturnachahmung" oder „Natürlichkeit" ebenfalls mit ihrem empiristischen Erkenntnisprinzip zusammenhängt.

schon Aristoteles, dass die Poesie philosophischer sei als die Geschichte. Um das allgemeine Schönheitsideal der Menschengestalt über alle empirischen Zufälligkeiten herauszuheben, nahm Winckelmann platonische Elemente auf, die dann in der deutschen Ästhetik weiter wirkten und Schopenhauer dazu brachten, eine platonisierende rationalistische Ästhetik seinem voluntaristischen Systeme einzufügen. Diese Versuche fallen, sobald man sich entschliesst, dem Vorurteil endgültig zu entsagen, dass ein allgemeiner Begriff das Wesen der Dinge darstelle. Aber man könnte dies platonisierende Element der in Rede stehenden Behauptung aufgeben und doch diese Behauptung selbst aufrecht erhalten wollen. Den Weg dazu könnte man sich etwa von Hegel weisen lassen. Denn für Hegel ist die Idee zwar das Wesen der Dinge; unter Idee versteht er aber nicht den allgemeinen Begriff, sondern den konkreten vernünftig wirkenden Geist. Dieser Geist ist es, der im Schönen sich in einer einzelnen Anschauung offenbart. Bei Hegel wird so deutlich, was bei anderen Vertretern der in Rede stehenden Ansichten mehr unbewusst mitspielt: dass es nämlich das Ausdrucksprinzip ist, welches die empirische Basis dieser Theorieen bildet. In allem Schönen drückt sich ein inneres Leben aus, und dies innere Leben ist für Hegel stets irgend eine Entwicklungsstufe des Geistes oder der Idee. Ganz deutlich mischt sich hier auch die Bedeutung, welche das Ästhetische als Thatsache für den erkennenden Menschen hat, ein. Unzweifelhaft ist es ja für unsere Auffassung von Leben und Welt höchst wichtig, dass es Ästhetisches überhaupt giebt. Worin diese Wichtigkeit besteht, sucht die ganze Ästhetik zu zeigen. Aber diese Wichtigkeit ist etwas durchaus anderes, als jene vorgegebene Darstellung einer Wahrheit in dem einzelnen ästhetischen Eindrucke selbst. Kaum jemand wird behaupten, dass eine sittliche Handlung eine Erkenntnis der wahren Wirklichkeit in sich schliesst, trotzdem werden die Meisten zugeben, dass die Existenz sittlicher Handlungen für unsere Erkenntnis äusserst wichtig ist. Ganz ebenso müssen wir auch beim Ästhetischen beide Fragen auseinanderhalten. Ihre Identifikation bei Hegel darf freilich nicht als eine zufällige Verworrenheit betrachtet werden, sondern hängt auf das Innigste mit der Grundvoraussetzung seines Systemes zusammen, dass der in Natur und Geschichte sich offenbarende Geist mit unsrem Denken identisch ist.

Lösen wir so alle unwesentlichen Bestandteile von der uns beschäftigenden These ab, so bleibt als ihr Kern bestehen: In allem Schönen offenbart sich ein wahres Wesen der Dinge, welches schliesslich mit dem identisch ist, was alle Wissenschaft sucht; mag es auch der Wissenschaft bisher unmöglich gewesen sein, das im Schönen intuitiv Erfasste begrifflich klar auszusprechen. Gegen eine solche Behauptung wird man zunächst einwenden müssen, dass jedes ästhetische Erlebnis als solches isoliert wird, und daher für den Zusammenhang der ausserästhetischen Welt nichts beweisen kann. Was als schön empfunden wird, das hat sein Daseinsrecht in sich und bedarf zu seiner Rechtfertigung nicht des Hinweises auf irgend eine ausser ihm liegende Thatsache. Aber umgekehrt ist die Existenz des Schönen ganz und gar kein Beweis dafür, dass die Art des Lebens und der Harmonie, welche sich in ihm darstellt, auch in der ausserästhetischen Welt herrscht. Damit aber fällt die These in sich zusammen; was übrig bleibt, ist einerseits die Bedeutsamkeit der Existenz des Ästhetischen für unsere Weltanschauung, andrerseits die Möglichkeit, Erkenntnisse in lebendige ästhetische Anschauung umzusetzen. Diese letztere Möglichkeit beweist aber schon darum nichts für die in Rede stehende Behauptung, weil die Wahrheit der betreffenden Erkenntnis keine notwendige Bedingung dafür ist. Einander entgegengesetzte Weltanschauungen haben sich in grossen Kunstwerken niedergeschlagen. Es ist für das Verständnis älterer Dichtungen sehr wichtig, das zu beachten. Sie werden sich niemals dem erschliessen, der in ihnen nur

III. Kapitel: Die Beziehungen d. Ästhetischen z. Logischen u. Ethischen. 253

Reflexe seiner eigenen Weltanschauung sucht. Nur wer sich dazu erzieht, den jedem Werke eigentümlichen Geist zu vernehmen, wird auch die ihm fremden Stimmungen und Überzeugungen vergangener Geschlechter daraus verstehen lernen. Es ist nicht immer möglich, gegen Kunstwerke unserer Zeit dieselbe Gerechtigkeit zu üben, wenn in ihnen Gedanken und Gefühle, die wir teilen oder bekämpfen müssen, niedergelegt sind. In solchen Fällen gewinnt die Wirkung der Dichtung eine grosse, lebensvolle Macht, aber ihr ästhetischer Wert tritt weniger rein hervor.

Es kann sich nun noch fragen, wie denn die als irrig erwiesene Behauptung immer wieder entstehen konnte. Abgesehen von der Vermischung mit berechtigten verwandten Gedanken, die nachgewiesen wurde, kommt dafür noch Verschiedenes in Betracht. Zunächst wird die lebhafte Empfindung für den Wert und die Stärke des Ästhetischen leicht dazu führen, in ihm die Offenbarung der tiefsten Wahrheit zu ahnen. Damit wird sich dann die Neigung verbinden, die vielfachen Disharmonieen der Welt harmonisch zu lösen. Endlich tritt der Wunsch hinzu, das Schöne vor dem Verstande zu rechtfertigen, indem man es zur Erkenntnis macht. Dieser Wunsch ist dem Kantischen Gedanken einer Ableitung des Ästhetischen aus dem Logischen verwandt; man kann sagen, dass der eine die metaphysische, der andere die methodologische Form desselben Strebens ist. Dazu kommt aber, dass unserem Streben nach Erkenntnis ein Ziel dunkel vorschwebt, welches mit der Gewissheit des Erkennens die unmittelbare Anschaulichkeit und volle Befriedigung des ästhetischen Anschauens verbindet. Dies uns Menschen unerreichbare Ziel scheint im Schönen seiner Form nach verwirklicht zu sein, wenn auch hier überall der objektive Erkenntniswert fehlt. Solche Gedanken, die uns noch weiterhin beschäftigen werden, weisen aber weniger auf eine Identität der bewerteten Gegenstände in beiden Gebieten als auf eine Gemeinsamkeit ihrer letzten Ideale hin.

Stellt man die Identitätsfrage für das Ethische und Ästhetische zunächst in der Richtung, ob das sittlich Gute auch schön im weiteren Sinne erscheine, so muss man dabei von vornherein eine ähnliche Einschränkung machen, wie vorher beim Logischen. Ebensowenig nämlich wie der wissenschaftlichen Wahrheit ist es dem sittlichen Willen an sich notwendig zu erscheinen. Man muss also auch hier die Frage dahin einschränken, ob alles Sittliche, sofern es anschaulich hervortritt, ästhetisch wertvoll ist. Es ist leicht einzusehen, dass hier die Bedingungen für eine Bejahung günstiger liegen als im Falle des Logischen. Denn die in Erscheinung tretende Sittlichkeit ist notwendig menschlicher Ausdruck, fällt also in dieser Beziehung mit dem Ästhetischen in dasselbe Gebiet. Sittlich im strengen Sinne des Wortes ist ein Handeln, das aus Pflichtbewusstsein entspringt. Die Sicherheit, dass eine bestimmte Handlung von dieser Art ist, und nicht etwa nur unsere Neigungen zufällig mit dem Inhalte der Pflicht übereinstimmen, kann nur gewonnen werden, wenn ein erkennbarer Kampf der Pflicht gegen die Neigung vorliegt. Die Sittlichkeit des Willens kann also nur in Erscheinung treten, wo sie sich gegen einen starken Widerstand durchsetzt. Es kann demnach bei der Veranschaulichung des sittlichen Handelns kein Schönes im engeren Sinne des Wortes entstehen. Denn dieses ist Ausdruck eines in sich harmonischen Lebens. Dagegen entspricht die Form, in der das Sittliche hervortritt, durchaus der Modifikation des Erhabenen. Nun wird aber der Grundgedanke der Ethik völlig missverstanden, wenn man die Sittlichkeit eines Menschen in die Häufigkeit siegreich überwundener sittlicher Konflikte setzt. Vielmehr strebt jede sittliche Erziehung und Selbsterziehung dahin, die Neigungen mit den Pflichten in Einklang zu setzen und dadurch den sittlichen Kampf in gewöhnlichen Fällen zu vermeiden. Ebenso reden wir von einer sittlichen Naturanlage, wo die Neigungen den Pflichten entgegenkommen. Ein sittlich durchgebildeter Charakter wird sich

III. Kapitel: Die Beziehungen d. Ästhetischen z. Logischen u. Ethischen. 255

darin zeigen, dass in vielen Fällen, die weniger ausgebildeten Persönlichkeiten Kämpfe kosten würden, sein Handeln kampflos richtig erfolgt. Eine solche sittliche Persönlichkeit äussert sich also im Allgemeinen in kampfloser Natürlichkeit und Freiheit, ihr Auftreten fällt, wie Schiller ausgeführt hat, in das Gebiet des Schönen im engeren Sinne. Indessen liegt auch hier ein Moment der Erhabenheit nahe, da die Ausbildung eines solchen Charakters nie ohne innere Kämpfe vollendet wird, und da ferner bei der Verfeinerung des Gewissens fast notwendig neue Konflikte auftreten werden. Das Sittliche wird demnach, sofern es überhaupt anschaulich hervortritt, auch der ästhetischen Betrachtung wertvoll erscheinen und zwar als sittliches Handeln in der Form des Erhabenen, als sittlicher Charakter in der Form des Schönen. Hervorzuheben ist dabei, dass die am meisten charakteristische Äusserung des sittlichen Lebens nicht dem Kerngebiet sondern einer Modifikation des Ästhetischen angehört. Es zeigt sich darin, dass das Sittliche, auch sofern es anschaulich erscheint, nicht ohne weiteres mit dem Ästhetischen zusammenfällt.

Die Umkehrung unserer Frage, ob nämlich der ästhetisch wertvolle Gegenstand notwendig zugleich einen sittlichen Wert darstellt, ist in dieser Form leicht zu verneinen. In das Gebiet des Ästhetischen fällt zweifellos vieles, worauf die sittliche Beurteilung gar nicht anwendbar ist. Es hat keinen Sinn, nach der Sittlichkeit einer lieblichen Blume oder eines schönen Tieres zu fragen. Man könnte das Problem nun zunächst dahin einschränken, ob beim selbstbewussten Menschen, wo also eine sittliche Beurteilung überhaupt möglich ist, die Schönheit eine Garantie des sittlichen Wertes bildet. Es ist indessen klar, dass auch diese Frage verneint werden müsste. Zunächst enthält die Schönheit des menschlichen Körpers viele Elemente in sich, die einfach der anschauliche Ausdruck der inneren Harmonie seiner organischen Funktionen sind. Aber auch sofern eine geistige Kraft im engeren Sinne in der menschlichen Erscheinung zum Ausdruck kommt, ist die Schönheit von der inneren Harmonie, die Erhabenheit von der überwiegenden Kraft des Geistes abhängig. Die Harmonie kann nun ebensogut da auftreten, wo es zum Bewusstsein sittlicher Forderungen überhaupt nicht gekommen ist, und der Mensch seinen durch eine besondere Gunst der Natur in sich übereinstimmenden Instinkten folgt, wie da, wo sich die Neigungen mit den Pflichten in Einklang gesetzt haben. Ebenso ist die Erhabenheit eines starken Geistes unabhängig von dem Ziel, in dessen Dienst er seine Kraft stellt. Der grosse Verbrecher kann ebenso gut erhaben sein wie der Märtyrer. So reicht also das Gebiet des ästhetisch Wertvollen überall weit über die Grenzen des sittlich Wertvollen hinaus. Das hat eine Anzahl grosser Ästhetiker ohne weiteres anerkannt und dann trotzdem die Identifikation der Gebiete durch eine indirekte Übertragung zu gewinnen gesucht. So hat bereits Kant im Schönen ein Symbol des Sittlichen gesehen, und Schiller[1]) hat dann den wichtigsten unter den Gedanken, die hier noch ungeschieden beisammenliegen, ausgeführt. Schiller meint, ein Objekt erscheine uns schön, wenn es uns nötige, die Idee der Freiheit bei seiner Betrachtung hervorzubringen. Diese Nötigung tritt ein, wenn die Form aus innerer Notwendigkeit erzeugt scheint. Der schöne Gegenstand muss vollkommen erscheinen, und diese Vollkommenheit muss als frei von innen heraus erzeugt aufgefasst werden. Man sieht, wie diese Erklärung sachlich mit der hier vertretenen Theorie des Schönen im engeren Sinne zusammenfällt. Die Freiheit, welche so im Schönen erscheint, ist nun nach Schiller Symbol der sittlichen Freiheit. In dieser Behauptung liegt die Schwäche von Schillers Theorie. Denn die sittliche Freiheit bedeutet doch Gehorsam gegen ein als sittlich notwendig empfundenes Gesetz. Dieser Gehorsam entspringt freilich der freien Selbstbestimmung, aber

---

[1]) Vgl. S. 156—159 dieser Arbeit. Schillers Theorie hat Lipps wieder aufgenommen z. B. A. f. s. Ph. IV, 459 f.

er tritt gerade da hervor, wo diese freie sittliche Bestimmung mit anderen Bestandteilen der Persönlichkeit in Kampf gerät. Erst die für uns Menschen prinzipiell unerreichbare Stufe vollendeter Heiligkeit würde den Fall verwirklichen, dass der sittliche Wille mit der Selbstverständlichkeit einer Naturkraft die Erscheinung bestimmte. Wenn wir also die in sich harmonische Freiheit des rein Schönen symbolisch fassen, so könnte sie nur ein Symbol jenes Ideals sein, in welchem die Sittlichkeit alle empirischen Schranken überwunden, damit aber auch alles das, wodurch sie für uns Sittlichkeit ist, verloren hat. Diese symbolische Identität weist also beim Ethischen ebenso wie beim Logischen auf ein inneres Verhältnis der letzten Ideale, nicht auf eine Gemeinsamkeit der Gegenstände hin.

Die Form, in welcher Lotze[1]) den Kantischen Gedanken fortgebildet hat, übertrifft die Schillersche Theorie insofern, als die Bedeutung des Ausdrucksprinzips hier nicht nur unbewusst mitschwingt, sondern deutlich ausgesprochen ist. Lotze fasst ja alles Ästhetische als Ausdruck. Auch eine Linie oder eine Tonfolge ist dadurch schön, dass sie uns bestimmte Gemütserregungen ausspricht und sympathisch miterleben lässt. Diese Gemütserregungen sollen nun ihrer Form nach denjenigen gleichen, welche beim sittlichen Verhalten hervortreten. Eine solche psychologische Wendung bleibt weit hinter der Tiefe des Schillerschen Gedankens zurück, sie weist nicht auf das Verhältnis der Ideale hin und ist sehr einfach zu widerlegen, indem man die Frage stellt, ob denn überhaupt eine besondere Form der Gemütsbewegung dem sittlichen Verhalten entspricht; denn diese Frage ist leicht zu verneinen. Sittlich ist Handeln aus Pflicht; Sittlichkeit ist also charakterisiert durch eine Richtung des Willens, nicht durch die Art der Gemütsbewegung, in der sich der Wille geltend

---

[1]) Über den Begriff der Schönheit S. 8—17 des S.-A. — eine gute Kritik Lotzes bei Volkelt: Symbolbegriff 64 ff.

macht. Damit wäre nun freilich noch nicht ausgeschlossen, dass thatsächlich dem sittlichen Willen eine besondere Ablaufsform unserer Gedanken und Gefühle entspräche. Aber auch die flüchtigste Übersicht der Thatsachen zeigt, dass dies nicht der Fall ist. Der Eine vermag in gewaltigem, raschem Entschlusse des Bösen Herr zu werden, der Andere überwindet es in zäher Arbeit durch langsame Gewöhnung. Die Gefahr des Unterliegens ist für den Einen durch Trägheit oder Entschlusslosigkeit, für den Anderen durch Hitze nnd Übereilung gegeben. Mancher übersieht in konsequenter Durchführung einer Aufgabe leicht andere Pflichten, mancher kommt vor mannigfaltigen Erwägungen dessen, was Recht sein könnte, nie dazu, das Rechte zu thun. In allen diesen Fällen werden zum sittlichen Verhalten sehr verschiedenartige Gemütsbewegungen nötig sein. Damit aber ist die besondere Form der Lotzeschen Theorie widerlegt, und ihr wertvoller Kern kann nur in der Richtung von Schillers Ideeen liegen.

Unter der Kategorie der Identität wurden die Beziehungen der Wertgebiete wesentlich begrifflich aufgefasst, unter der Kategorie der Kausalität erörtere ich die Hilfe, welche Thätigkeiten des einen Wertgebietes den Zwecken des anderen leisten. Ich beginne auch hier mit den Beziehungen des ästhetischen Gebietes zum logischen, und zwar frage ich zuerst, welche Rolle das ästhetische Element in der Wissenschaft spielt, dann was die Wissenschaft für die ästhetische Anschauung und das künstlerische Schaffen leistet.

Zu den notwendigen Thätigkeiten der Wissenschaft gehört neben der Forschung vor allem die Darstellung. Aller Fortschritt des Wissens hängt ja davon ab, dass Resultate und Methoden Anderen übermittelt werden. Diese Vermittlung soll in der günstigsten Weise stattfinden. Das ist nicht etwa eine blosse Forderung der Bequemlichkeit, sondern liegt durchaus im Interesse der Wissenschaft selbst, welches verlangt, dass der Leser oder Hörer das Überlieferte sich zu eigen mache, praktisch anwende

III. Kapitel: Die Beziehungen d. Ästhetischen z. Logischen u. Ethischen.

oder theoretisch fortbilde, dass er also nicht länger als nötig bei der blossen Passivität zurückgehalten werde. Die erste Forderung an eine wissenschaftliche Darstellung ist demnach, dass ihr Gehalt klar und möglichst einfach, ohne überflüssige Verwickelungen hervortritt. Schon diese erste Forderung zeigt innige Verwandtschaft mit den Prinzipien der künstlerischen Formung. Aber zu dieser ersten, wesentlich negativen Forderung gesellt sich eine weitergehende positive. Es ist möglich, wissenschaftliche Zusammenhänge so darzustellen, dass die ganze Fülle der Gedanken und Folgerungen gleichsam anschaulich übersehbar wird. Dieser Grenzfall des Ästhetischen wurde schon öfter erwähnt. Eine solche Darstellung erlaubt dem vorbereiteten Teilnehmer einen schnellen Übergang zur Selbstthätigkeit, indem sie ihm stets den ganzen Zusammenhang vor Augen stellt, ihn nicht mit Umwegen hinquält, deren Ziel ihm zunächst unklar bleibt. Wir nennen eine solche Lösung einer wissenschaftlichen Aufgabe auch wohl eine elegante, weil sie in der denkbar einfachsten Art und dabei zugleich so erfolgt, dass jeder Schritt sich aus dem Vorangehenden als notwendig einsehen lässt. Die Verwandtschaft einer solchen Darstellung mit dem Ästhetischen zeigt sich auch darin, dass wir dabei nicht nur auf das Resultat achten, sondern bei der Lösung selbst verweilen, ferner darin, dass der Grundgedanke die ganze Darstellung gleichsam organisiert. Wir können diese Thätigkeit eine halbästhetische nennen, weil es sich nicht um Ausdruck im ästhetischen Sinne sondern um Darstellung von Gedanken handelt.

Es giebt aber auch einen Hauptzweig der Wissenschaft, in welchem eine völlig ästhetische Thätigkeit in der Darstellung notwendig wird. Die Geschichte soll einen einzelnen einmaligen Zusammenhang so darstellen, dass er nacherlebbar wird[1]); sie

---

[1]) H. Rickert: Die Grenzen der naturwissenschaftlichen Begriffsbildung. Erste Hälfte. Freiburg i. B. 1896. — Kulturwissenschaft und Naturwissenschaft. Freiburg i. B. 1899.

bedient sich dazu wesentlich derselben Mittel wie die Poesie. Aber diese Mittel dienen hier einem wissenschaftlichen Zwecke, einer Erkenntnis, darum darf man die Geschichte nicht, wie öfter geschehen ist, eine Kunst nennen. Die historische Darstellung hat auch nicht das unbezweifelbare Dasein des Kunstwerks sondern ist in jedem ihrer Bestandteile dem Zweifel ausgesetzt, ob es wirklich so gewesen ist. Natürlich macht sich dies auch in der Wahl der Mittel geltend, der Historiker ist im Vergleich zum Dichter gebunden. Die künstlerische Thätigkeit tritt hier, wie in anderen Gebieten der Wissenschaft eine halbkünstlerische, dienend auf.

Die Darstellung und damit der ästhetische Faktor tritt nun aber nicht, wie es nach den bisherigen Ausführungen scheinen könnte, nur äusserlich zu der Forschung hinzu; vielmehr ist die innere Notwendigkeit und Anschaulichkeit der Begriffsverknüpfung ebenso wie das innige Mitleben mit geschichtlichen Personen zuerst im Geiste des Forschers vorhanden. Es lassen sich daher wissenschaftlich schöne Darstellungen ebensowenig nach Regeln erzeugen wie Kunstwerke. Wie in der Kunst der ausgedrückte Inhalt mit der Gestaltung eine unlösbare Verbindung eingeht, so in der Wissenschaft der Gedanke mit seiner Darstellung. Der Gedanke schafft sich seine Form, und umgekehrt schafft jede gute Form, mag es eine Systematik oder ein Algorithmus sein, neue Gedanken. Nicht nur bei Kant ist die Systematik systembildender Faktor. Dieser Einheit vermögen wir nun bis in den Geist des Denkers hinein nachzugehen; auch das wissenschaftliche Genie zeigt sich in der notwendigen inneren Verknüpfung von Gehalt und Form seines Denkens. Kants Behauptung, dass es keine wissenschaftlichen Genies gebe, ist insofern berechtigt, als diese Genies streng genommen halb ästhetische sind; denn die logische Verknüpfung der Gedanken ist jedem normalen Geiste fasslich, ihre anschauliche Übersicht aber, die erst eigentlich schöpferisch wirkt, zeichnet den grossen Denker aus. Da der halbästhetische oder in der Geschichte der ästhetische Bestandteil diese innerliche Bedeutung in der Wissenschaft besitzt, ist es auch möglich und bis zu einem bestimmten Grade berechtigt, wissenschaftliche Werke nach ihm zu beurteilen. Für diese Beurteilung gewinnen sie dann auch die Immanenz des Ästhetischen; das einzelne Werk, welches als wissenschaftliches stets nur Beitrag und Durchgangsstufe sein kann, erhält unvergleichlichen Eigenwert, wird in seiner Art einzig und unübertrefflich.

Die Bedeutung, welche wissenschaftliche Thätigkeiten im Ästhetischen gewinnen, wird gesondert für die ästhetische Anschauung, für das künstlerische Schaffen und für die Kritik betrachtet werden müssen. Für den Anschauenden können wissenschaftliche Erkenntnisse ebenso gut wie alle anderen Erfahrungen bei der Auffassung des Geschauten eine Rolle spielen. Anders tritt der Förster, anders der naturfremde Städter, anders wiederum der vielseitig geschulte Kenner des Tier- und Pflanzenlebens in den Wald, auch wenn jeder von ihnen sich nur den Eindrücken hingeben, nicht seinen besonderen Geschäften nachgehen will. Dem Förster ist der Wald die vertraute Heimat, dem Städter ein fremd-romantisches Gebiet, der geschulte Naturfreund sieht in jedem Moose und an jedem Stamme einen Mikrokosmos der verschiedenartigsten lebendigen Geschöpfe; überall enthüllen ihm Tiere und Pflanzen, auf einander angewiesen und einander bekämpfend, das ewig gleiche und ewig wechselnde Geheimnis des Lebens. Dabei braucht, ja darf keine seiner besonderen Kenntnisse ihm zum Bewusstsein kommen, sie wirken vielmehr dadurch, dass sie ein Teil seiner Persönlichkeit geworden sind. Ähnlich hat für uns alle der Sternenhimmel eine neue ästhetische Weihe erhalten, seit uns die freundlichen Lichtpunkte von ungeheuren Sonnen Kunde geben, deren Strahl Jahrhunderte braucht, um bis zu uns zu gelangen. Dass für das ästhetische Nachleben von Kunstwerken, die auf fremdem Kulturboden gewachsen sind, mannigfaltige Vorkenntnisse nötig werden können, wurde schon öfter erwähnt. Der Intellektualität der Anschauung entspricht eben auch die Notwendigkeit ihrer intellektuellen Vorbereitung.

Für den schaffenden Künstler kann die Wissenschaft zunächst insofern wichtig werden, als sie seine Persönlichkeit ausbilden hilft. Zu dieser allgemeinen Bedeutung tritt dann die spezielle Beihilfe, die ihm wissenschaftliche Erkenntnisse bei der Ausbildung seiner Technik oder beim Verständnis der darzustellenden Naturformen leisten. So dient die Perspektive und Anatomie dem Maler, die Statik dem Baumeister, die Akustik dem Musiker. Viel fraglicher ist es, ob wissenschaftliche Einsicht in die Ziele seines Thuns, d. h. ob die Ästhetik dem Künstler nützlich ist. Sein unmittelbarer Takt und die an guten Vorbildern gewonnene Schulung seines Geschmackes werden ihm hier sicher wichtiger sein als jede Theorie. Die Einsicht in die philosophischen Prinzipien seines Thuns ist mehr ein menschliches als ein künstlerisches Bedürfnis und als solches sicher nicht bei jedem Künstler vorhanden. Freilich wo oberflächliche Theorieen des populären ästhetischen Geschwätzes das Gefühl des Schaffenden zu verwirren drohen, wird die Einsicht in ernstere philosophische Bemühungen dem Künstler als Abwehr und Heilmittel dienen. Nicht zu vergessen ist auch, dass ästhetische Regeln in den Erfahrungen der Werkstatt dem Künstler vielfach mit auf den Weg gegeben werden.

Ganz anders stellt sich die Bedeutung der Theorie für den ästhetischen Kritiker. Zwar geht alle ästhetische Beurteilung notwendig von dem unmittelbaren Eindruck aus, aber sie darf dabei nicht stehen bleiben, sondern muss sich von den Gründen des Erlebnisses Rechenschaft geben. Dabei muss der Kritiker auszuschalten suchen, was nur den zufälligen Besonderheiten seiner Individualität angehört. Hat er dann den Eindruck des Kunstwerkes möglichst rein aufgenommen, so wird er sich darüber klar werden müssen, welche besonderen Eigentümlichkeiten den Wert des Werkes ausmachen, und von welchen Mängeln etwa vorhandene Störungen des Eindrucks ausgehen. Der Kritiker soll

III. Kapitel: Die Beziehungen d. Ästhetischen z. Logischen u. Ethischen. 263

niemals mit Regeln an ein Werk herantreten, aber er soll sich der Regeln besinnen, wenn es gilt, den Eindruck für den Verstand zu analysieren. Dass der Kritiker diejenigen besonderen Kenntnisse mitbringen muss, die schon zum blossen Aufnehmen des betreffenden Werkes nötig sind, ist selbstverständlich. Ausserdem aber braucht er Kenntnis der Kunsttheorie sowohl in ihrem ästhetischen wie in ihrem technischen Teile. Der Wert einer solchen Kritik für die Entwicklung der ästhetischen Aufnahmefähigkeit beim Einzelnen und bei der Gesamtheit wurde schon früher berührt.

Wenn man die Frage beantworten will, ob und inwiefern unsere ethischen Funktionen durch ästhetische Verhaltungsweisen gefördert werden, so muss man dabei den Inhalt des ethischen Wertgebietes etwas näher bestimmen. Denn mit der formalen Festsetzung, dass sittlich der aus Pflicht handelnde Wille ist, ist über den Inhalt des Pflichtgebotes noch gar nichts ausgesagt. Indessen lässt sich ein Teil dieses Inhaltes durch eine von Kant angestellte Überlegung von hier aus gewinnen. Da der gute Wille das sittlich absolut Wertvolle ist, so müssen alle Wesen, die einen solchen Willen in sich tragen oder doch in sich ausbilden können, sittlich wertvoll sein. Nun darf man keinem Menschen die Anlage zur Sittlichkeit schlechthin absprechen. Dieser Untersatz ist freilich nur empirisch und hat daher keine absolute Gewissheit, indessen wird er im Prinzip leicht zugestanden werden. Sollte man ihn aber nicht für ganz richtig halten, so würde damit die Folgerung nur eine gewisse Einschränkung ihres Umfanges erfahren. Statt nämlich zu sagen, der Mensch als Träger eines möglichen sittlichen Willens ist selbst wertvoll, müsste man sagen, der Mensch ist wertvoll, wenn er als Träger eines möglichen sittlichen Willens angesehen werden kann. Es folgt daraus, dass man die Anlage zur Sittlichkeit und, was davon ganz untrennbar ist, den Menschen selbst achten und fördern soll. Diese Achtung bedeutet, dass man ihn nicht zum blossen Mittel herabwürdigen darf. Man soll den Menschen nur zu dem zwingen, was er von selbst thun würde, wenn sein möglicher sittlicher Wille ein wirklicher wäre. Ein solches Verhalten ist aber augenscheinlich nur möglich, wenn wir uns dazu ausbilden, unsere Mitmenschen verstehen zu lernen, uns in ihr inneres Leben hineinzuversetzen. Man findet ganz allgemein, dass die Menschen gegen Angehörige eines fremden Kulturbereiches, deren Äusserungen sie sich nicht deuten können, leicht ungerecht und grausam werden. Nun ist alles ästhetische Anschauen eine Versenkung in das Angeschaute. Wir werden dabei selbst zu dem, was wir nacherleben, werden eins mit ihm. Sofern sich also das ästhetische Erleben auf menschliche Charaktere und Handlungen richtet, leitet es uns zum inneren Verständnis unserer Mitmenschen an. Unter den Künsten hat daher insbesondere die Poesie die Wirkung, uns allgemein in eine freundlichere und gerechtere Stimmung gegen unsere Mitmenschen zu versetzen. Damit schafft sie zwar keine sittlichen Handlungen, bereitet aber den Boden für eine feinere Sittlichkeit vor.

Die Förderung und Achtung, welche wir unsern Mitmenschen schulden, erschöpft den Inhalt unserer Pflichten keineswegs. Vielmehr sieht sich jeder von uns im Leben vor besondere Aufgaben gestellt, die ihm sein Beruf, die Zugehörigkeit zu einer Familie, einem Staate, einer Nation zuweist. Diese besonderen Aufgaben sind nicht einfach aus der Form der Sittlichkeit herzuleiten, da hier die besondere Lage des Einzelnen als unauflösbare Gegebenheit mitwirkt. Alle diese Aufgaben verkörpern sich in gesellschaftlichen Zusammenhängen und Einrichtungen; sie sind konkret im Vergleiche zu der abstrakten Form der Sittlichkeit. Man kann sie daher in Erweiterung eines Hegelschen Sprachgebrauches die konkrete Sittlichkeit nennen. Wie innig die Formen dieser konkreten Sittlichkeit mit dem Ästhetischen zusammenhängen, haben wir bereits bei der Lehre von den lebendigen Formen gesehen.

Das Ethische seinerseits kann dem Ästhetischen in doppelter Weise Dienste leisten, es kann als Inhalt von besonders bedeutender Art in das ästhetische Erlebnis eintreten, oder es kann das Ästhetische selbst zur Pflicht machen und dadurch seine Verwirklichung herbeiführen. Die innige Teilnahme, die wir sittlichen Kämpfen widmen, spielt zumal in der Poesie eine so bekannte Rolle, dass dieser kurze Hinweis mir wohl ein näheres Eingehen erspart. Pflicht wird das Ästhetische in erster Linie für den Künstler; seine Aufgabe ist, sich mit voller Hingabe der Herausgestaltung seines Werkes zu widmen. Sofern das Kunstwerk Ausdruck ist, soll es wahrhaftiger Ausdruck und zugleich Äusserung einer Persönlichkeit sein, die es wert ist, sich zu äussern. Als Gestaltung soll es vollendet und so weit als irgend möglich mit dem Ausdruck zur Einheit gebracht sein. Aber auch für den Nichtkünstler ist es Pflicht, sich, soweit Anlage und gesellschaftliche Stellung es ihm gestatten, ästhetisch aufnahmefähig zu machen und diese Aufnahmefähigkeit zu verbreiten, sofern seine Lage ihm Gelegenheit dazu giebt. Es entstehen daraus wichtige Aufgaben für die Selbsterziehung, für die Pädagogik, endlich für die öffentliche Pflege und Vermittelung des Schönen, die man vielleicht zweckmässig Kunstpolitik nennen könnte[1]).

---

[1]) Gerade in der Gegenwart haben wir eine reiche und interessante kunstpolitische und kunstpädagogische Litteratur. Diese Bestrebungen finden in Deutschland ein Organ in dem von F. Avenarius herausgegebenen „Kunstwart", in dessen Jahrgängen man auch die Litteratur verzeichnet finden wird. Ein Centrum derartiger Bestrebungen auf dem Gebiete der bildenden Künste ist in Hamburg durch Lichtwark entstanden. Vgl. dessen Schriften: Wege und Ziele des Dilettantismus. München 1894. Übungen in der Betrachtung von Kunstwerken. 2. Aufl. Dresden 1898. Vorbildlich haben vielfach die Engländer gewirkt, besonders Ruskin's Bedeutung ist weit mehr noch kunstpolitisch als kunsttheoretisch. Eine Übersicht seiner Anschauungen geben seine: Lectures on Art. 8. Aufl. London 1898. Eine deutsche Übersetzung seiner Hauptwerke ist im Erscheinen begriffen (Leipzig, Diederichs). Wie Ruskin verknüpfte auch William Morris ästhetische und soziale Reformideeen. Seine Utopie „News from Nowhere", 5. Aufl. London 1897, sei deshalb hier erwähnt.

IV. Kapitel.
Der Streit des Ästhetischen mit dem Ethischen und Logischen.

Wenn man, wie im vorigen Kapitel geschehen, sich übersichtlich vorführt, wie stark Wissenschaft, Kunst und Sittlichkeit auf einander angewiesen und mit einander verflochten sind, so könnte man geneigt sein, daraus auf eine vollständige Harmonie der Wertgebiete zu schliessen. Umgekehrt wird gegen eine solche Darstellung der Vorwurf nicht ausbleiben, dass sie einer falschen Harmonisierung dient. Denn der Gegensatz wissenschaftlicher und ästhetischer Kultur, der Streit künstlerischer und sittlicher Lebensanschauungen, welcher gerade in unserer Zeit so stark hervortritt, scheint in der vorangehenden Darstellung völlig vergessen worden zu sein. In der That ist hier eine prinzipielle Ergänzung durchaus notwendig. Vorangehen aber musste die Aufzählung der Dienste, welche die verschiedenen Wertgebiete einander leisten, weil erst die Kenntnis dieser mannigfaltigen Verflechtungen die ganze Schwierigkeit einer Schlichtung der thatsächlich vorhandenen Gegensätze erkennen lehrt. Diese Gegensätze erstrecken sich sowohl auf diejenigen Gebiete der Kultur, in denen eine Wertungsweise die herrschende ist, als auch auf die anderen, in denen alle Wertungsarten zusammenwirken müssen. Wir können im ersten Falle von Übergriffen der einen Wertungsart in das Gebiet der anderen, im zweiten von einem Kampf um die Gesamtkultur reden.

Wo der Trieb nach Erkenntnis alleinherrschend auftritt, da wird er leicht geneigt sein, in den Werken der Kunst lediglich eine Verfälschung der Wahrheit zu sehen. Angriffe dieser Art können entweder naiv von der Voraussetzung ausgehen, dass die Kunst, insbesondere die Dichtkunst, selbst keinen anderen Zweck gehabt habe als zu lehren, oder sie können den Zweck der Kunst als einen erkenntnisfeindlichen bekämpfen. Die erste

Angriffsweise wurde von älteren, besonders griechischen Philosophen vielfach geübt, die zweite liegt aufklärerischen Richtungen der Neuzeit näher. In beiden Fällen handelt es sich um eine Einsetzung der Erkenntnis zum einzigen Lebenszweck. Ein solcher offener und ausschliesslicher Intellektualismus kann im allgemeinen als überwunden gelten, um so mehr aber drängen sich Anschauungen vor, welche die Kunst zwar anerkennen, sie aber wesentlich unter wissenschaftlichen Gesichtspunkten beurteilen. Gelegentlich tritt bei Theoretikern des Naturalismus diese Unterordnung ganz offen auf; so in Zolas Theorie des Romans[1]) oder in Strindbergs Behauptung, dass die Bühne eine „Biblia pauperum" sei[2]). Häufiger wird von solchen allgemeinen Formulierungen abgesehen, im einzelnen aber das künstlerische Urteil nach logischen Wertgesichtspunkten bestimmt. Hierher gehört der Anatom, der lediglich die Richtigkeit der Knochen und Muskeln an einer Statue beachtet, ebenso gut wie der Naturforscher, der es Faust nicht verzeihen kann, dass er von den Hebeln und Schrauben der experimentellen Wissenschaft verächtlich spricht, oder wie der Bildungsphilister, der Schillers Tell als blosse Sage von der Höhe seiner historischen Einsicht her abthut. In gewissem Sinne sind auch die in dieser Arbeit bereits häufiger beurteilten Versuche, das Ästhetische wesentlich logisch, sei es als blosse Gestaltung, sei es als Darstellung einer Idee zu fassen, hierher zu rechnen. Indessen pflegen die bedeutenderen unter

---

[1]) Emile Zola: Le roman expérimental. Paris zuerst 1880 — nouvelle éd. 1898 — der erste Aufsatz, von dem der Gesamttitel des Bandes stammt. Um übrigens Zola ganz gerecht zu werden, halte man neben diesen paradoxen Aufsatz, in welchem der Roman als wissenschaftliche Untersuchung konstruiert wird, die leidenschaftliche Verteidigung des Künstlers gegen Proudhon in Mes haines, nouv. éd. Paris 1879, S. 21 ff. — Gegen verbreitete Zeitströmungen ankämpfend, hat Ernst Grosse den Antagonismus von Wissenschaft und Kunst energisch aber einseitig herausgearbeitet (Kunstwissenschaftliche Studien. Tübingen 1900. S. 215).

[2]) In dem Vorwort zu „Fräulein Julie" (1888) Leipzig o. J. (Reclam) S. 3.

diesen Theorieen auf irgend eine Weise die Sonderart und den Sonderwert des Ästhetischen doch wieder anzuerkennen. Man kann von ihnen eher sagen, dass das Denken sich seine Aufgabe, auch die Kunst zu verstehen, allzuleicht gemacht, als dass es die Absicht gehabt hat, sich das Ästhetische zu unterwerfen.

Am gefährlichsten für das künstlerische Urteil und oft auch für das künstlerische Schaffen sind diejenigen Übergriffe des ausschliesslich wissenschaftlichen Geistes, die nicht prinzipiell und bewusst sondern im einzelnen Falle und mit einer gewissen Selbstverständlichkeit erfolgen. Sie sind verführerisch, weil die von ihnen angewendeten Massstäbe der Beurteilung nicht absolut unberechtigt sind. So gut dem Künstler die Kenntnis der Anatomie nötig ist, ebensogut hat es auch Sinn, nach der anatomischen Richtigkeit einer Figur zu fragen. Nur muss dieser Gesichtspunkt stets untergeordnet bleiben; denn das Wesentliche ist, was der Künstler mit seinen anatomischen Kenntnissen ästhetisch erreicht hat, ob und wie Abweichnngen von der anatomischen Richtigkeit ästhetisch gerechtfertigt sind. In diesen und in ähnlichen Fällen macht sich eine Beurteilungsart, die nur dienend auftreten sollte, zur herrschenden. Sind diese unprinzipiellen Übergriffe schwer auszurotten aber leicht zu widerlegen, sobald einmal das Recht des Ästhetischen überhaupt anerkannt ist, so sind die Versuche, alles Ästhetische als unlogisch für unberechtigt zu erklären, viel schwieriger zu widerlegen aber viel weniger gefährlich. Diese geringere Gefährlichkeit beruht auf dem Bedürfnisse nach ästhetischen Eindrücken, das sich irgendwie immer Befriedigung sucht; jene grössere Schwierigkeit liegt in der Unmöglichkeit, den Forderungscharakter nichtlogischer Werte logisch zu beweisen. Sie kann nur dadurch überwunden werden, dass man die Unvollendbarkeit und damit die Unbefriedigung des menschlichen Erkennens nachweist.

Wenn es dem logischen Denken schwer wird, den unmittelbaren Wert des ästhetischen Erlebens auch nur zu verstehen, so fehlt dem auf die unmittelbare Befriedigung des Ästhetischen gerichteten Geiste leicht die Zähigkeit und Geduld, die zur Überwindung der vielen, oft erst durch einen entfernten Zusammenhang wichtigen Einzelheiten der Wissenschaft nötig ist. Dem bekannten „qu'est ce que celà prouve" des französischen Mathematikers im Theater steht ein ungeduldiges „was sagt mir das" manches Schöngeistes nicht unwürdig zur Seite. Die Transgredienz jedes wissenschaftlichen Ergebnisses wird dem ästhetischen Menschen ein unerträglicher Zwang. Zuweilen stützt sich eine solche Bekämpfung der Wissenschaft auf skeptische Erwägungen. Unser Wissen bleibe, so meint man etwa, doch immer nur subjektiv bedingt, da sei es denn besser, sich auf die Bemühungen der Wissenschaft garnicht tiefer einzulassen und lieber gleich die Welt nur ästhetisch als Spiegel der eigenen Subjektivität zu geniessen. Derartige Ansichten fallen mit ihrer Grundlage, eben jenem Skeptizismus, dahin.

Häufiger als solche prinzipiellen Angriffe ist ein falsches Eindringen des ästhetischen Geistes in die Wissenschaft selbst. Zunächst können wissenschaftliche Ergebnisse bekämpft werden, weil sie ästhetischen Ansprüchen nicht genügen. Hier wird der ästhetische Wert auf etwas angewandt, was ihm schlechthin nicht untersteht. Aber auch jene ästhetische und halbästhetische Beurteilung der wissenschaftlichen Darstellung, die als berechtigt anerkannt wurde, kann zu falschen Übergriffen führen. Die erste Frage an ein Werk des Denkens oder Forschens lautet immer, sind seine Ergebnisse wahr, die zweite, sind sie wissenschaftlich fruchtbar und bedeutend. Erst danach soll man die Darstellung auf ihre Schönheit hin beurteilen. Verfährt man umgekehrt, so läuft man Gefahr, sogar den Schönheitswert eines bedeutenden Werkes zu verkennen; denn die Schönheit einer wissenschaftlichen Darstellung beruht im wesentlichen doch darauf, dass die ganze Form sich als notwendiges Produkt und als zweckmässigster Ausdruck der mitgeteilten Gedanken erweist.

So ernst und vielfältig die Streitigkeiten zwischen Wissenschaft und Kunst auch sind, sie stellen sich doch als verhältnismässig unbedeutendes Geplänkel dar, wenn man sie mit dem Vernichtungskampfe vergleicht, den ästhetisches und sittliches Streben zuweilen zu führen scheinen. Wenn der Moralist seine Aufmerksamkeit ganz auf die Schwierigkeit der sittlichen Aufgabe und den steten Widerstand der menschlichen Natur dagegen richtet, so scheint ihm leicht alles verderblich, was die Gedanken von dem einen notwendigen Kampfe abzieht. Besonders bedenklich muss ihm dann das ästhetische Verhalten vorkommen, welches den Menschen in eine voreilige und falsche Befriedigung einwiegt. Dann wird ihm die Kunst verhasst als ein Opiat des Willens. Ein solcher Rigorismus, der früher nicht selten war, wird heute in der Theorie kaum mehr gefunden; weit eher zeigt er sich bei praktisch wirkenden Menschen, die ganz für die Verwirklichung eines bestimmten sittlichen Zieles leben. In der Theorie trifft man häufiger Versuche, die Kunst zu einem Werkzeug der Sittlichkeit zu machen und sie danach zu beurteilen, was sie hier leistet[1]). Die tiefergehenden Bemühungen dieser Art fragen wesentlich nach der Wirkung der betreffenden Kunstwerke, sie verurteilen etwa mit Plato alle die, welche den Charakter erweichen, und lassen nur jene zu, die eine energische Stimmung erzeugen. Solche Stimmen verkennen zwar die eigene Bedeutung des Ästhetischen, sind aber ehrwürdig und in Fragen der Pädagogik auch beachtenswert. Flacher ist eine andere Art von ethischer Beurteilung der Kunst, die an den Inhalt der Kunstwerke den Massstab bestimmter sittlicher Begriffe anlegt. Sie wirft etwa einem poetischen Werke vor, dass es auch an einem Verbrecher das menschlich Bedeutende aufzeigt, oder einem Werke der bildenden Kunst, dass es den nackten Körper darstellt. Im

---

[1]) Eine sehr weitgehende Anschauung dieser Art vertritt Leo Tolstoi: Gegen die moderne Kunst. Berlin 1898. Er macht seine asketischen ethisch-religiösen Ideale durchaus zum Massstab seines Kunsturteils.

letzten Falle wird man sagen müssen, dass hier Schicklichkeitsbegriffe von teilweise nur konventioneller Berechtigung mit der Sittlichkeit verwechselt werden, aber auch im ersten Falle wird eine richtig verstandene Sittlichkeit die Berechtigung des Angriffs nicht anerkennen. Das sittliche Urteil bezieht sich auf den sittlichen Willen, nicht auf irgend ein äusserliches Thun; diese Beurteilung hat ihr inneres Recht vor allem da, wo sie den Willen selbst kennt, also bei den eigenen Handlungen des Urteilenden, oder da, wo sie einen Einfluss auf Gegenwart und Zukunft gewinnen kann. Von alle dem ist im Kunstwerke keine Rede, darum tritt hier die von der Sittlichkeit selbst gebotene Versenkung in die Natur eines Mitmenschen in ihr Recht. Überhaupt macht sich eine solche sittliche Bekrittelung des Inhalts von Kunstwerken dadurch verdächtig, dass sie an Stelle der inneren Moralität des Willens die blosse Übereinstimmung des Handelns mit bestimmten sittlichen Vorschriften, die blosse Legalität beachtet.

Freilich kann die sittliche Opposition gegen die ästhetische Freiheit sich auch auf einen tieferen Gegensatz berufen, einen Gegensatz, der um so schärfer hervortritt, als er sich bei näherer Betrachtung an die Stelle des wichtigsten Zusammenwirkens beider Gebiete schiebt. Das ästhetische Einleben fördert die Fähigkeit, jeden Menschen als für sich wertvoll zu betrachten, ihn zu verstehen. Aber dieses Verstehen ist doch nur ein Teil des sittlichen Verhaltens. Der Verstehende ist leicht geneigt, alles zu verzeihen. Das soll der sittlich Urteilende nicht, er muss gegen das Unsittliche auftreten, und deshalb ist das sittliche Bewusstsein zugleich ein richterliches. Es prüft das beurteilte Verhalten an bestimmten Forderungen. Um dies zu können, muss es sich über das Beurteilte wieder erheben und damit aus ihm heraustreten. Was von dem nachfühlenden Geiste als innere Notwendigkeit empfunden und verstanden wurde, das soll sich jetzt, als ob es auch anders hätte sein können, vor einem unerbittlichen Tribunal rechtfertigen. Wo das Nachleben zur Alleinherrschaft gelangt ist, da wird es nicht zu dieser Beurteilung kommen. Sittlich am bedenklichsten wird diese ästhetische Nachgiebigkeit gegen das Unsittliche dort, wo sie sich am meisten mit unserer Selbstliebe und Schlaffheit verbündet, bei der Beurteilung unseres eigenen Thuns. Hier verstehen wir den Zusammenhang der Beweggründe und Handlungen am leichtesten, hier liegt aber auch das eigentliche Gebiet sittlicher Beurteilung, da die Selbstprüfung uns für die Zukunft vorbereiten soll. Daher führt eine ästhetisierende Selbstbetrachtung so leicht zu schlaffer Schönseligkeit.

Die ästhetische Beurteilung nimmt die einzelne Erscheinung, wie sie ist, und schätzt sie nach dem, was sie dem Nachleben darbietet. Für unser Mitfühlen kommt es aber, wie wiederholt nachgewiesen wurde, auf Grösse und Harmonie sowie auf innerlichen Reichtum, nicht dagegen auf die Richtung der sich äussernden Kraft an. Wenigstens kommt diese Richtung nur in soweit in Betracht, als sie jene mehr formalen Verhältnisse mitbestimmt. Eine Wertungsweise, die einzig ästhetischen Prinzipien folgt, wird daher für die Richtung des Lebens auf das Pflichtgemässe oder Pflichtwidrige leicht gleichgültig werden. Harmonie und Stärke können aber sogar geschädigt werden, wenn die mit dem Sittlichen notwendig verbundenen Konflikte auftreten. Kommt zu solchen Beobachtungen der berechtigte Zorn über eine enge, lediglich legale Pseudomoralität und eine gewisse Lust am Aufrührerischen und Paradoxen hinzu, so entstehen jugendlich ästhetische Oppositionen gegen die Sittlichkeit, wie sie in Deutschland seit der Zeit des Sturmes und Dranges wiederholt erlebt worden sind. Auch in der neuesten Ankündigung eines Umsturzes der Sittlichkeit, in den Schriften Nietzsches, spielt dieses ästhetische Element, allerdings mit mannigfaltigen anderen Motiven vermischt, eine Rolle.

Noch in einer dritten Art lässt sich die Gefahr eines ausschliessend ästhetischen Verhaltens für die Sittlichkeit verfolgen. Der anschauende Mensch bleibt in der Anschauung stehen, er geniesst seine Teilnahme. Daher die häufige Erscheinung, dass ein starkes ästhetisches Mitleid durchaus nicht zu thatkräftiger Hilfe führt, während scheinbar kühlere Naturen rasch eingreifen. Eduard von Hartmann führt dies von ihm eingehend betrachtete Verhältnis auf die Verwechselung ästhetischer Scheingefühle mit realen Gefühlen zurück[1]). Da, wie gezeigt worden ist, der Schein des Ästhetischen in seiner Isolation von den Zweckzusammenhängen des Lebens besteht, so stimmt Hartmanns Erklärung inhaltlich mit der hier gegebenen überein. Meine Opposition gegen seine Terminologie habe ich früher gerechtfertigt.

Wenn man die bisher betrachteten Konflikte zwischen den Wertgebieten nochmals überblickt, so lassen sie sich alle auf ein gemeinsames Schema zurückführen. Jede Wertungsart sucht sich absolut als alleinherrschende geltend zu machen und greift darum auf diejenigen Gebiete über, in denen eine andere Art der Beurteilung gilt. Dieser Übergriff kann entweder in einer prinzipiellen Bekämpfung der widerstrebenden Kulturfunktionen oder in einer Unterwerfung dieser Funktionen unter die der übergreifenden Wertungsart eigene Gesetzlichkeit bestehen. Die zweite Art von Übergriffen wird stets dadurch erleichtert, dass die betreffende Gesetzlichkeit in dem fremden Gebiete in der That eine berechtigte wiewohl nur dienende Rolle spielt. Mit diesem Schema des Konfliktes ist auch das Schema seiner Ausgleichung gegeben: es besteht einfach in der Anerkennung der Souveränität jeder Wertungsart auf dem ihr eigentümlichen Gebiet. In der Wissenschaft herrscht der logische Wert, in der Kunst der ästhetische, in der Beurteilung des Handelns, zumal des eigenen, der ethische. Diese Lösung könnte völlig befriedigen, wenn die einzelnen Wertgebiete einfach nebeneinander beständen, ohne sich fortwährend zu durchdringen. Aber die Kunst übt erziehliche Wirkungen, das praktische Handeln wird von logischen und

---

[1]) II, 50—58.

ästhetischen Zielen vielfach bestimmt, in der Wissenschaft wirken künstlerische Elemente mit. Diese Verflechtung bewirkt, dass die Konflikte prinzipiell leicht zu schlichten sind, thatsächlich aber immer wieder auftreten und immer von neuem durch sorgfältige Grenzsetzungen ausgesöhnt werden müssen. Noch entschiedener tritt daher dies Verhältnis hervor, wenn wir uns nicht den relativ noch selbständigen Gebieten der Kunst und Wissenschaft sondern den unendlich verschlungenen Verhältnissen des praktischen Handelns zuwenden. Schon unter den vorher betrachteten Antinomieen war das Übergreifen der ästhetischen Beurteilung in das ethische Gebiet die ernsteste. Dieser Ernst wird sich verschärfen, wenn auf jede der beiden streitenden Seiten ein ethisches Moment tritt, wenn also ein Kampf logischer und ästhetischer Zielsetzungen in unserem ethisch-kulturellen Handeln entsteht.

Die unmittelbare Anschaulichkeit des Ästhetischen macht sich im Zusammenhange des Kulturlebens in den lebendigen Formen geltend, deren Wesen früher dargelegt wurde. Diese Formen gewähren dem Menschen unmittelbar anschauliche Anteilnahme an seiner Lebensstellung und seinen Lebenszielen. So erwächst er in einer bestimmten Familie, deren Zusammengehörigkeit und Lebensart ein notwendiger Teil seines Wesens wird. Zusammen mit dieser Familie gehört er durch seine Sprache einer Nation an. In mannigfaltigen Einrichtungen zu Schutz und Abwehr, in Soldaten und Gebäuden, in Fahnen und Festen, in Behörden und Steuern tritt ihm ein staatlicher Zusammenhang mächtig entgegen. Auch das Recht, die wichtigste Funktion des Staates gegenüber dem friedlichen Bürger, erschien ihm wenigstens auf früheren Kulturstufen in ehrwürdigen Symbolen. Heilig gehaltene Bräuche knüpften einst den Mann auch an seinen Beruf, noch immer aber sucht der Mensch sein Verhältnis zum Ewigen und die Einigkeit, die ihm dies Verhältnis zu anderen Menschen giebt, in einem besonderen Kultus unmittelbar anzuschauen. Durch dieses System lebendiger Formen gewinnt der Einzelne einen

IV. Kapitel: Der Streit d. Ästhetischen mit dem Ethischen u. Logischen. 275

Lebensinhalt, der über seine Besonderheit hinausführt, und ihn dabei doch als ein Ganzes bestehen lässt. Er gewinnt zugleich eine Sicherheit und Festigkeit für sein ganzes Leben. Der Ort, an den er gestellt ist, die besonderen Bedingungen, unter denen er arbeitet, sind kein Zufall mehr und kein blinder Zwang, sondern eine freundliche und heilige Notwendigkeit. So gewähren die lebendigen Formen zugleich einen Ersatz für den Verlust an Ganzheit, den uns die notwendige Arbeitsteilung der Gesellschaft auferlegt; sie erlauben uns, indirekt an dem teilzunehmen, was wir, mit unserer besonderen Berufsaufgabe beschäftigt, nicht in uns zu erzeugen vermögen.

Jedes Lob der lebendigen Formen hat in unserer Zeit einen romantischen Nebenklang, es tönt dabei immer eine Art Klage um etwas Verlorenes mit. Denn die Kritik des Verstandes, auf deren Freiheit denn doch die moderne Kultur beruht, hat jene lebendigen Formen erschüttert und vielfach zerstört. Die Wirkung aller dieser Einrichtungen beruht ja zum grössten Teil darauf, dass sie dem Menschen als etwas Notwendiges, Unerschütterliches gegenübertreten. Sie sind eine Natur innerhalb der Kulturwelt. Aber vor der Prüfung des Verstandes besteht diese Notwendigkeit nicht. Schon die Erweiterung der Erfahrung lehrt bei fremden Völkern andere Lebensformen kennen. Dadurch entsteht eine Neigung zum Vergleichen und damit die Erkenntnis der Zufälligkeit von vielem, was für unumstösslich galt. Vielleicht gefällt auch dem Vergleichenden ein fremder Brauch besser, und dann tritt die Wahl in ein Gebiet ein, dessen Sicherheit auf seiner Notwendigkeit ruhte. Notwendig muss weiter das Denken in der Grundlage mancher Sitte einen Aberglauben entdecken, den zu bekämpfen seine Pflicht ist. Aber selbst, wo der sachliche Inhalt eines Gebrauchs dem prüfenden Verstande nicht direkt widerstrebt, muss schon die Thatsache, dass er den Menschen blind fesseln will, die Freiheit vernünftiger Selbstbestimmung verletzen. Denn nicht ein blosser Mutwillen treibt den Menschen zur Empörung gegen das Überlieferte, sondern die höchste Forderung seiner Natur, die Forderung, sein Leben durch seine Erkenntnis sich selbst zu formen. Man kann die ganze europäische Kulturentwicklung seit dem Ausgange des Mittelalters als eine fortschreitende Emanzipation des Verstandes betrachten. Dabei kämpft der Gedanke in doppelter Weise gegen die Überlieferung: direkt und zerstörend als Kritik, indirekt und aufbauend als Technik. Die Kritik greift zunächst Einzelnes an, was sachlich unhaltbar erscheint; ihre erste Forderung ist, dass nichts dem Denken widerspreche. Bald aber geht sie weiter und fordert, dass alles, was besteht, sich vor dem Verstande rechtfertige. Dass der Mensch gerade dieser Familie oder diesem Volke angehört, erscheint nun als ein dummer Zufall, um den sich die frei gewordene Persönlichkeit nicht zu kümmern braucht. Selbst die Sprache und ihre nationale Verschiedenheit wird unter diesen Gesichtspunkt gerückt. Immer wieder haben kühne Rationalisten den Versuch einer Weltsprache erneuert, die zugleich der Forderung des abstrakten Denkens, dass jedes Wort einem bestimmten Begriffe entspreche und umgekehrt, genug thut. Schon hier sehen wir die Kritik im Dienste bestimmter technischer Forderungen. Indem der Mensch systematisch über seine Bedürfnisse und deren Befriedigung nachdenkt, tritt ihm sein ganzes Leben unter den Gesichtspunkt einer möglichst zweckmässigen Erreichung bestimmt vorgestellter Ziele. Die Forderung tritt auf, dass alles technisch geregelt werde. Dieser Entwickelung verdanken wir die geordnete Verwaltung unserer Staaten so gut, wie die Ausnutzung der Naturkräfte im Dienste unserer Bedürfnisse, die Regelung des Weltverkehrs so gut wie die hygienischen Verbesserungen unserer Städte. Nun vermehrt aber jede Vervollkommnung der Technik zugleich die Notwendigkeit der Arbeitsteilung. Der Mensch, dem sein Denken das Recht einer frei sich selbst bestimmenden Persönlichkeit zuerkennt, wird durch die Errungenschaften desselben Denkens zum blossen dienenden

IV. Kapitel: Der Streit d. Ästhetischen mit dem Ethischen u. Logischen. 277

Gliede eines ungeheuren Mechanismus herabgewürdigt. Je besser er seiner besonderen Funktion angepasst wird, um so weniger übersieht er das Ganze, an dem er mitarbeitet. Dieses Ganze ist auch nicht in anschaulicher Abkürzung für ihn vorhanden, da es überall nur Schritt für Schritt vom diskursiven Verstande erarbeitet wird. Es entsteht auf diese Weise eine Verarmung des Menschen bei aller Bereicherung seines äusseren Lebens. Nun fallen aber die lebendigen Formen nicht wehrlos vor der Kritik des Verstandes dahin. Der Angriff auf sie weckt die Aufmerksamkeit der Anhänger bestehender Lebensformen, und diese suchen bald in blindem Fanatismus, bald mit Hilfe verständiger Widerlegung ihr Heiligtum zu schützen. Sobald die Verteidiger überhaupt auf die Gründe der Gegner eingehen, beginnen sie, wenn auch unbewusst, selbst, die Lebensformen umzubilden. Man versucht, das Überlieferte den Forderungen der Kritik anzupassen und dadurch zu erhalten. Es ist hier ebensowenig möglich, diese allgemeinen Ausführungen durch Beispiele zu veranschaulichen, wie die ganze Komplikation der so entstehenden Kämpfe und Parteiungen darzulegen. Nur auf zwei Erscheinungen sei noch hingewiesen. Das Bedürfnis nach lebendiger Form zeigt sich auch bei Menschen, welche die notwendige historische Bedingtheit jeder lebendigen Form nicht erkennen. Das führt dann zu einer seltsamen Verbindung abstrakt verständigen Inhaltes und selbstgeschaffener willkürlich mystischer Formen. Diese Erscheinung beobachten wir bei den geheimen Gesellschaften, die besonders im 18ten Jahrhundert vielfach entstanden, noch öfter und phantastischer aber geplant · wurden. Selbst Goethe und Schiller haben mit derartigen Ideeen ernsthaft gespielt. Alle solche Versuche mussten scheitern, weil nur diejenigen Formen Inhalt und Notwendigkeit gewinnen können, die durch eine geschichtliche Entwickelung geschaffen und bestätigt worden sind. Die Einsicht in diese Thatsache wurde ganz lebendig, als der abstrakte Verstand in der französischen Revolution den grossen Sturm gegen alles Historische unternommen hatte. Da erzeugte jene Einsicht zugleich die Sehnsucht nach der gebundenen Vergangenheit. Eine solche Sehnsucht musste bei Personen, die selbst von historischen Fesseln befreit waren, zu einer willkürlichen Ergreifung der alten Formen führen. Damit aber lösten sich diese Individuen von den Schranken der Gegenwart vollends los, und es entstand jene seltsame Mischung von persönlicher Ungebundenheit und Verehrung der strengsten Autorität, die wir Romantik nennen.

Es ist bis hierher versucht worden, den grossen Kulturkonflikt zwischen der historischen Form und dem auflösenden Verstande in seiner ganzen Schärfe zu schildern. Führt man diese Schilderung auf ein abstraktes Schema zurück, so gewinnt man etwa folgenden Zusammenhang. Da das Denken des Menschen kein Ganzes hervorbringen kann, sondern nur diskursiv Schritt für Schritt vorwärts geht, so gewinnt der Einzelne unmittelbaren Anteil an dem Kulturleben lediglich durch gedanklich unauflösbare lebendige Formen. Nun ist es aber Pflicht des denkenden Menschen, alles denkend zu prüfen. Diese Prüfung zerstört die Notwendigkeit der lebendigen Formen. Es tritt also die Pflicht verständiger Selbstbestimmung in Streit mit der Pflicht, im Ganzen der Kultur zu leben.

Eine solche abstrakte Darstellung zeigt zugleich den Weg der Lösung. Er wird eröffnet durch Anerkennung der notwendigen Bedingtheit unseres Erkennens. Das Denken des Menschen ist nur am Gegebenen produktiv. Es erzeugt seinen Stoff nirgends selbst, sondern formt ihn nur. Was so für das theoretische Verhalten anerkannt ist, gilt ganz ebenso für die praktische Wirksamkeit des Verstandes. So wenig wir aus den Denkgesetzen eine Welt erschaffen können, ebensowenig vermögen wir eine Lebensordnung aus rein abstrakten Forderungen heraus hervorzubringen. Die besonderen Sinneswahrnehmungen, die den Stoff unseres Erkennens bilden, sind im Vergleich zu den Denkgesetzen zufällig, dabei aber selbst von einer unüberwindlichen thatsächlichen Notwendigkeit. Der Verstand kann ihrer nur Herr werden, wenn er diese ihm undurchdringliche Notwendigkeit anerkennt. Ganz ebenso liegt es für das praktische Verhalten. Dass ein Mensch als Sohn dieser Familie und dieses Volkes, an diesem bestimmten Orte und zu dieser bestimmten Zeit, als Mann oder Weib mit besonderen Anlagen geboren wurde, ist von Seiten des praktischen Verstandes so wenig abzuändern, als es durch den theoretischen Verstand aus höheren Prinzipien zu begreifen ist. Erst auf die volle Anerkennung der gegebenen Lebenslage kann eine frei vernünftige Ordnung des Lebens sich aufbauen. Alle diese Besonderheiten sind ja Teile der Person geworden, sie bilden überhaupt eigentlich erst den Inhalt der Individualität; denkt man sie weg, so bleibt nichts übrig als das leere Schema eines logisch denkenden Wesens überhaupt. Es muss also die Aufgabe des Menschen sein, in allen diesen Besonderheiten seine vernünftige Freiheit zu verkörpern. Das kann aber nur so geschehen, dass er den Zusammenhang, in den er gestellt ist, als ein lebendiges Ganzes mitzufühlen sucht. So führt das Denken selbst, wenn es nur weit genug vorgeschritten ist, um seine eigene Bedingtheit einzusehen, zur Anerkennung der lebendigen Formen. Der Verstand ist kritisch und regulativ aber nicht produktiv, er kann und muss daher fordern, dass alle Lebensformen seinen Gesetzen entsprechen, nicht aber, dass sie ihnen entstammen. Nun könnte eingeworfen werden, dass eine solche allgemeine Anerkennung der lebendigen Formen durch den Verstand nichts nützt, da schon die notwendige Prüfung aller Lebensformen durch das Denken ihre naturhafte Sicherheit erschüttert, auf der doch allein ihre Wirkung beruht. Diesen Einwand entkräftet man leicht durch eine Überlegung des Ursprunges der lebendigen Formen. Wären diese Formen ein Erbteil, das dem Menschengeschlecht einmal ohne sein Zuthun zugefallen ist, so würde ihre Erschütterung durch den Verstand freilich einen unersetzlichen Verlust bedeuten. Aber davon kann keine Rede sein. Zwar die Grundlage einiger besonders wichtiger Formen, etwa der Familie und der Sprache, liegt jenseits aller selbstbewussten Thätigkeit. Aber der dauernde und das Leben beherrschende Zusammenhalt der Familie ist aus der Geschlechtsliebe, dem Muttertrieb und dem Schutzbedürfnis der Jungen erst durch unmerkliches Heraufarbeiten der Menschheit zu bewussteren Lebensformen entstanden. Ebenso hat sich die Sprache aus dem Naturlaut nur durch stete Arbeit des Geistes zu jenem lebendigen Wesen gebildet, als welches sie unser Denken und Fühlen ebenso sehr bestimmt und trägt, wie sie ihm dient. Darum konnten sich diese Formen auch neuen Bedürfnissen anpassen und sind aus allen Revolutionen in veränderter Gestalt, aber in alter Stärke hervorgegangen. So entspringt selbst bei diesen am meisten naturbedingten Organen der menschlichen Gesellschaft ihre Wirksamkeit dem Umstand, dass sie, wenn nicht geistgeboren, doch geisterzogen sind. Noch deutlicher wird dieser Zusammenhang bei anderen lebendigen Formen, z. B. bei denen des Staates und des religiösen Kultus. Hier können wir meist sogar die einzelnen Persönlichkeiten feststellen, die diesen Kulturgebieten mit Benutzung des überlieferten Gutes eine neue Gestalt gegeben haben. Also, um es allgemein zu sagen, die lebendigen Formen erfüllen ihre Aufgabe als Natur im Geist nur dadurch, dass sie wesentlich Natur gewordener Geist sind. Bei dem Prozesse ihrer Umbildung sind stets diejenigen Personen am meisten beteiligt, denen ihr Streben die volle Anschaulichkeit und Realität des Lebens gewinnt, d. h. die genialen Persönlichkeiten.

Es ist also prinzipiell einzusehen, dass der Verstand, wenn er nur sich selbst erkannt hat, die Erhaltung der lebendigen Formen fordern muss, und dass diese Formen selbst, als aus dem Geist entstanden, sich den berechtigten Forderungen des freien Verstandes anzupassen vermögen. Damit ist· im Prinzip die Lösbarkeit des grossen Kulturkonfliktes erwiesen. Man darf nun

IV. Kapitel: Der Streit d. Ästhetischen mit dem Ethischen u. Logischen. 281

aber nicht die Aussicht, den Streit in jedem Falle überwinden zu können, mit einer Beseitigung des Streites selbst verwechseln. Jede lebendige Form führt als solche ihr eigenes Leben und sucht sich zu erhalten. Andrerseits wechseln die Bedingungen der Kultur, und die Prüfung durch den Verstand schreitet unablässig fort. Aus jeder Schlichtung des Streites entstehen neue Beschränkungen und damit der Anlass zu neuen Kämpfen. Die Kultur besteht nur durch den Streit und erstarrt, wenn er aufhört.

Der Kampf um die Lebensformen ist zuerst Kampf um die Berechtigung eines ästhetischen Faktors auf nicht ästhetischem Gebiete. Aber er gewinnt dann auch für die reine Kunst entschiedene Bedeutung. Wo die Lebensformen zu voller Ausbildung gelangt sind und noch unerschüttert gelten, da ist eine Kunst möglich, die als höchste Blüte einer nationalen Kultur in voller Einigkeit mit dem Fühlen des Volkes sich wie von selbst entfaltet. Die Grenzen von Kunst und Leben sind nirgends scharf gezogen, sie brauchen es auch nicht zu sein, da dasselbe Leben beide erzeugt. Wenn sich aber die lebendigen Formen unter der Einwirkung der Kritik auflösen, dann wird diese schöne Natürlichkeit der Kunst verloren gehen. Die Kritik dringt auch in die Kunstwerke ein, wie das bei Euripides so deutlich zu erkennen ist. Oder der Künstler sucht für sich eine Welt zu schaffen, die dem Leben des Tages fremd gegenübersteht; leicht verliert er dann den innigen Zusammenhang mit dem Volke — seine Kunst droht allgemein und leer zu werden. Zwischen der prosaisch gewordenen Wirklichkeit und den Forderungen des Künstlers besteht ein Zwiespalt. Augenscheinlich ist das die Lage der Neuzeit, wie Goethe und Schiller sie vorfanden und auffassten. In dieser Lage erwachsen dem Künstler auch neue Aufgaben. Er muss den durch die Mannigfaltigkeit des Kulturlebens erzeugten Inhalt aufzunehmen, zu gestalten, zu verlebendigen suchen, oder er muss ein Asyl schaffen, in welches das Sehnen nach intensivem Leben sich zu flüchten vermag. Während die Kunst in einer Zeit, in der die Lebensformen als anerkannte Mächte herrschen, aus diesen Formen heraus entsteht, wird sie nun umgekehrt versuchen, die verfallenen Formen zu erneuern. Dass sie das in hohem Masse kann, haben wir Deutschen in der grossen Zeit unserer Dichtung erlebt. Eine solche Kunst wird, da sie nicht vom Boden der Wirklichkeit aus leicht aufstreben kann, vielmehr von der Idee ihres Zieles beherrscht sein; sie ist nicht Natur, aber sie sehnt sich nach der Natur und strebt, Natur zu werden[1]). Man könnte versucht sein, von hier aus eine philosophische Konstruktion der Kunstgeschichte zu wagen. Aber jede Bemühung dieser Art wird bald in der Mannigfaltigkeit des geschichtlichen Lebens die grössten Schwierigkeiten finden. Denn der Kampf um die Lebensformen wogt — in verschiedener Art und Stärke — immer hin und her, die Stadien dieses Kampfes schieben sich ineinander, es mischen sich ganz andere Verhältnisse klimatischer, politischer, socialer, technischer, religiöser Art hinein. Ein jedes Schema der Art ist eben eine allgemeine Formel, deren besondere Anwendung dann stets noch eine Fülle anderer Umstände zu berücksichtigen hat.

V. Kapitel.
Der Ausgleich der Wertgebiete im Ideal. (Das Ästhetische und das Religiöse.)

Wenn man die allgemeinste Formel für den Widerstreit der Wertgebiete aufstellen will, so kann man sagen, er rühre daher,

---

[1]) Jeder wird hier den Zusammenhang der obigen Ableitung mit Schillers Abhandlung „Über naive und sentimentalische Dichtung" bemerken, wiewohl der von mir gewählte Gesichtspunkt ein anderer ist. An den von Schiller gefundenen Gegensatz knüpfte die gesamte philosophische Kunstgeschichte bei Schelling, Hegel und ihren Nachfolgern an. — Der Wert von Schillers Begriffen ist aber nicht von der Gültigkeit dieser historischen Konstruktionen abhängig.

dass verschiedene Wertungsarten vorhanden sind, die nicht auf einander zurückgeführt werden können, und von denen jede eine Tendenz hat, sich absolut und ausschliesslich geltend zu machen. Diese Formel aber zeigt, dass der Keim des Konfliktes innerhalb der einzelnen Wertgebiete liegt. Denn man kann denselben Gedanken auch dadurch ausdrücken, dass man sagt, jede Wertungsart ist absolut berechtigt und trotzdem ergänzungsbedürftig. Das führt auf die Notwendigkeit, die einzelnen Wertungsarten nochmals gesondert zu untersuchen. Dabei können wir unmittelbar an die Überlegungen anknüpfen, welche uns die Bedeutung des Ästhetischen als einer notwendigen Ergänzung des Logischen und Ethischen klar machten.

Das Erkennen ist die fortschreitende Unterwerfung der Gegebenheit unter die Funktionen des Denkens. Da aber die Gegebenheit selbst sich niemals in Denkfunktionen auflösen lässt, so hat dieses Streben keine Aussicht, jemals erfüllt zu werden. Trotzdem ist der Gedanke dieser Erfüllung regulatives Prinzip für alle Wissenschaft. Der Rationalismus übersah die notwendige Schranke des Erkennens und glaubte daher, alles aus der Denkfunktion selbst begreifen zu können. Ich habe diese Richtung, die wiederholt auch auf das ästhetische Gebiet einwirkte, oft und grundsätzlich bekämpft. Ich schulde ihr jetzt die Anerkennung, dass sie aus keinem zufälligen Irrtum hervorgegangen ist, sondern ein notwendig sich darbietendes, aber ebenso notwendig unerreichbares Ziel als erreichbar setzte. Ein Ziel des menschlichen Strebens, welches sich mit innerer Notwendigkeit geltend macht, dabei aber niemals erreicht werden kann, kann man im Anschluss an Kants Sprachgebrauch ein Ideal nennen. Man kann daher sagen, die rationale Begreiflichkeit der Welt ist ein Ideal des Erkennens. Die Beschränktheit unseres Erkenntnisvermögens lässt sich auch durch die Sätze beschreiben, dass wir nur Schritt für Schritt im Erkennen vorgehen können, oder dass unser Denken diskursiv ist. Wir streben aber nach zusammenfassender Erkenntnis eines Ganzen. Das Mittel, dazu zu gelangen, ist das System; da aber das Erkennen nur schrittweise vorgeht, so bleibt das System notwendig unvollständig. Wir können daher auch das vollständige System als Ideal des Erkennens aufstellen. Ebenso, wie das diskursive Verfahren des Denkens mit seiner Angewiesenheit auf ein Gegebenes, fällt auch das Ideal des vollständigen Systems mit dem Ideal der rationalen Begreiflichkeit der Welt zusammen. Sie sind beide im Grunde dasselbe Ideal, nur von verschiedenen Seiten angesehen. Ein Verstand, der dieses Ideal erreichen kann, möge ein idealer Verstand heissen. Ein solcher wäre von keiner Gegebenheit abhängig, sondern erzeugte sich seinen Inhalt durch schöpferische Denkakte, er wäre also produktiver Intellekt. Zugleich wäre er auf keine Diskursion angewiesen, sondern erfasste in einem einzigen unmittelbaren Akte jedes beliebige Ganze. Sein Denken hätte also die unmittelbare Einheit der Anschauung: er wäre intuitiver Verstand. Alle diese Ideale sind Begriffe, die wir notwendig bilden, deren Inhalt uns aber ebenso notwendig unvollziehbar ist. Ja, im unendlichen Intellekt würde es in unserem Sinne gar kein Erkennen mehr geben, da alles Erkennbare hier in einem einzigen, unteilbaren Akte vorhanden wäre; man kann daher sagen, dass das vollendete Ideal des Erkennens das Erkennen selbst aufhebt.

Ganz analoge Verhältnisse bestehen auf dem Gebiete der Sittlichkeit. Sittlich ist der Wille, der dem Gebote seiner Pflicht folgt. Die Pflicht macht sich als solche kenntlich durch ihren Gegensatz gegen andere, nur als thatsächlich, nicht als gefordert erlebte Motive. Jede sittliche Handlung zielt nun dahin, den Charakter mit der Pflicht in Einstimmung zu setzen. Dieses Ziel ist unerreichbar, weil der Mensch das Auftreten zufälliger Motive nicht zu beherrschen vermag. Der vollkommen sittliche, oder wie man ihn auch nennt, heilige Wille, in welchem Pflicht und Neigung eine notwendige Einstimmigkeit haben, ist also ein Ideal. Die Erreichung dieses Ideals würde das Aufhören des

V. Kapitel: Der Ausgleich der Wertgebiete im Ideal.

sittlichen Kampfes und damit das Ende der Sittlichkeit in unserem Sinne einschliessen. Ganz entsprechend dieser auf die Form der Sittlichkeit gerichteten Betrachtung läuft eine Erwägung aus, die das inhaltliche Ziel des sittlichen Handelns betrifft. Äussere Bedingungen und Widerstände schränken unseren Willen überall ein. Unser Streben ist darauf gerichtet, unsere Umgebung zum Werkzeug unseres Willens zu machen und die Widerstände zu beseitigen. Ein Zustand der Welt, in dem dies erreicht wäre, kann ein vollkommen sittlicher Zustand heissen. Ein solcher liegt schon deshalb ausserhalb unseres Vermögens, weil nur ein sehr kleiner Teil unserer Lebensbedingungen durch unser Handeln bestimmt oder verändert werden kann. Nach Erreichung des sittlichen Zustandes würde das Sittliche von selbst geschehen, also die Sittlichkeit aufgehoben sein. Es ist klar, dass die beiden Ideale des heiligen Willens und des sittlichen Zustandes zusammenfallen. Denn nur in einem sittlichen Zustande ist ein Wille denkbar, der gar keinen Widerstand gegen die Erfüllung seiner Pflicht zu überwinden hat, und nur bei durchweg heiligem Willen ist ein sittlicher Zustand denkbar, weil sonst mögliche Willenskonflikte die Harmonie des Zustandes immer bedrohen würden. Beides aber wäre nur möglich, wenn das wollende Wesen alle Bedingungen seines Daseins beherrschte, d. h. zugleich produktiver Intellekt wäre. So fällt also schliesslich auch das intellektuelle und das sittliche Ideal zusammen.

In der Unvollendbarkeit, dem Charakter des Strebens, der dem Erkennen, wie dem sittlichen Handeln anhaftet, sahen wir die Notwendigkeit des Ästhetischen begründet. Das Ästhetische ist vollendet als Anschauung vorhanden, es gewährt Erfüllung, ist nicht mehr Verlangen, sondern Besitz. Dabei hebt es den Menschen über die Enge des eigenen Lebens hinaus, gewährt ihm unmittelbaren Anteil an den Dingen und beschäftigt die Kräfte seines Geistes so, als ob alle Schranken notwendige Bestimmungen des Geistes wären. In erster Linie gilt diese

Schilderung vom Schönen im engeren Sinne. Wir haben aber schon früher gesehen, dass hier der reine Kern des ästhetischen Gebietes liegt, während bei den übrigen Modifikationen eine ausserästhetische Bedingung hineinwirkt. Infolge der Beschränktheit des Menschen erkauft das Schöne sein Vorrecht nur um eine schwere Einbusse. Alles Ästhetische ist notwendig etwas Einzelnes, Isoliertes. Es erlangt seine Sicherheit durch Abscheidung, damit aber verzichtet es auf alle Wirksamkeit; es vermag weder an den Bedingungen des Daseins etwas zu ändern, noch eine Realität zu beweisen. So wenigstens ist es rein für sich betrachtet oder in seinem gesonderten Auftreten als reine Kunst. Wo das Ästhetische als lebendige Form in den Zusammenhang des Kulturlebens eingreift, da verliert es ebenso viel an unmittelbarer Sicherheit, als es an Wirksamkeit und Realität gewinnt. Ich habe nicht mehr nötig, diesen Satz hier zu erläutern oder zu beweisen, da der ganze Abschnitt über den Kampf des Verstandes und der lebendigen Form diesem Zwecke gewidmet war. Hält man die notwendige Partikularität des Ästhetischen mit dem Streben des Menschen nach Universalität zusammen, so ergiebt sich auch hier ein Ideal in dem früher erörterten Sinne. Dies Ideal ist die ästhetische Anschauung und Einrichtung des Universums. In diesem Ideale wäre das Ästhetische zugleich Erkenntnis und Wirken. Es ist klar, dass auch dies wieder nur dem produktiven Intellekt möglich wäre, und dass in der hier erreichten Einheit von Wollen und Vollbringen zugleich der heilige Charakter und der vollendet sittliche Zustand vorausgesetzt wird. Es fällt also auch diese Form des Ideals mit den beiden anderen zusammen. Die Wirklichkeit des ästhetischen Gebietes steht aber zu dem Ideale in einem wesentlich anderen Verhältnis, als die Wirklichkeit der beiden anderen Wertgebiete. Während Erkenntnis und Sittlichkeit für sich selbst die Richtung auf das Ideal haben, gewinnt das Schöne diese Richtung erst aus dem Zusammenhange des gesamten Lebens. Für sich selbst genommen

V. Kapitel: Der Ausgleich der Wertgebiete im Ideal.

würde es ja garnicht über sich selbst hinausweisen. Diese seine Abgeschlossenheit teilt es mit dem erfüllt gedachten Ideale. Wenn man daher Erkennen und Handeln als ein Streben nach dem Ideal ansehen kann, so darf man das Schöne seiner Form nach als ein Symbol des Ideals bezeichnen. Hier erst steht, wie mir scheint, die gebräuchliche Auffassung des Ästhetischen als eines Sinnbildes an ihrer Stelle. Nicht für sich betrachtet ist das Schöne Symbol, auch nicht als Symbol des Sittlichen darf es angesehen werden. Wohl aber ist es für den Menschen Symbol des Ideals, sobald sein Geist das Ideal erstrebt und seine Unerreichbarkeit fühlt.

Durch diese besondere Beziehung zum Ideal lässt sich nun auch das Verhältnis des Ästhetischen zur Religion verstehen. Religion ist ihrem echten und wesentlichen Kerne nach Glaube an das Ideal. Das Ideal ist notwendige Vollendung unseres Strebens und dabei doch schlechthin unerreichbar. Diesen Widerstreit überbrückt der Glaube. Er kann daher als die Erfüllung aller der unerfüllbaren Forderungen angesehen werden, welche die menschliche Lage stellt. Damit ist auch sein Verhältnis zu den drei anderen grossen Wertgebieten gegeben. Glauben ist kein Wissen, besitzt aber vom Wissen die Gewissheit. Glaube ist kein Gegenstand sittlichen Entschlusses, sondern eine Gnade, besitzt aber die lebendige Wirksamkeit des guten Willens. Glaube ist keine ästhetische Anschauung, sondern eine Ahnung, besitzt aber die Selbstgenügsamkeit und Erfülltheit des Schönen.

Die grosse Frage, wie sich die historischen Religionen zu diesem allgemeinen Begriff des Glaubens verhalten, kann natürlich an dieser Stelle nicht Gegenstand einer Untersuchung werden. Es müssen vielmehr einige Andeutungen genügen, die für den besonderen Zweck, die Stellung des Schönen und der Kunst zur Religion zu bestimmen, nötig erscheinen. Man wird vielleicht der hier gegebenen Erklärung des Glaubens Thatsachen entgegenhalten, die einen völlig anderen Ursprung der Religion zu beweisen scheinen.

Aus der Furcht und dem Wunsche, sagt man wohl, seien die Götter entstanden. Darauf wird sich zunächst erwidern lassen, dass es hier nicht auf den primitiven Ursprung der Religion, sondern auf ihre Wirklichkeit in den reinsten und höchsten religiösen Geistern ankommt. Immerhin aber wird eine Neigung bestehen bleiben, in den Anfängen irgendwie die Keime der Vollendung zu erkennen. Und es ist wohl möglich, dieser Neigung zu folgen, selbst wenn man jene niedrig klingenden Erklärungen anerkennt. Furcht und Wunsch entspringen der Beschränktheit unseres Daseins im Zusammenhang mit einem Streben, das diese Beschränktheit durchbrechen will. Wenn sich der Wunsch zunächst auch nur auf sinnliche Lust, die Furcht nur auf Bedrohung des Lebens richtet, so ist doch die Form dieser Leidenschaften derart, dass sie leicht einen höheren Inhalt aufnehmen können. Das ist nun in der That überall das Wesen des religiösen Fortschrittes. Die Naturgötter werden zu Kulturgottheiten, wenngleich sich in der Geschichte häufig genug der entgegengesetzte Vorgang als Degeneration höherer Religionen geltend macht.

Welche Bedeutung aber kann bei der Einheit des Ideals die Verschiedenheit sowohl der historischen Religionen als auch des inneren religiösen Gefühles bei überzeugten Anhängern derselben Religion haben? Man würde diese Verschiedenheiten nicht im geringsten erschöpfen, wenn man sie als verschiedene Stufen der Reinheit des religiösen Glaubens betrachtete. Wenn nämlich auch zuletzt alle Formen des Ideals zusammenfliessen, so macht es doch für das Erleben des Menschen einen grossen Unterschied, auf welchem der möglichen Wege er in erster Linie das Ideal erfasst. Das religiöse Gefühl erhält eine verschiedene Färbung, je nachdem das intellektuelle Bedürfnis nach der idealen Welteinheit oder das ethische in der Form der Heiligkeit oder in der des höchsten Gutes oder endlich die Anschauung einer vollendeten Harmonie in den Vordergrund tritt. Dabei sind mit solchen abstrakten Kategorieen die Unterschiede keineswegs erschöpft. Diese erzeugen vielmehr eine unabsehbare Fülle von Mischformen und nehmen ferner eine besondere Färbung, je nach dem besonderen Inhalt des Wissens, Handelns oder Anschauens an. Seinem Ziele nach ist der Glaube über alle Unterschiede des irdischen Lebens erhaben; als lebendige Wirklichkeit aber nimmt er die wesentlichen Eigentümlichkeiten des individuell bestimmten Lebens seiner Gläubigen in sich auf. Zu dem Allen kommt noch die Verschiedenheit der Art, in der die Herrschaft des Ideals als wirklich gedacht wird. Während einige Religionen das Wesen der Dinge selbst für das Ideal halten und die Unvollkommenheit, die wir fühlen, der Beschränktheit der menschlichen Fähigkeiten zuschieben, sehen andere in dem Ideal eine Macht, die sich fortwährend gegen aktive Gegenmächte oder gegen einen passiven Widerstand durchsetzen muss; ihnen erscheinen dann die recht handelnden, denkenden und fühlenden Menschen als Helfer des Ideales. Im vollsten Gegensatze dazu versetzen andere Religionen das Ideal ganz ausser diese irdische Welt. Es ist dann für den Menschen nur durch Abscheidung von allem ihrem Inhalte zu erreichen. Auch hier sollten nur einige extreme Formen gekennzeichnet werden, die sich in der historischen Wirklichkeit auf das Mannigfaltigste mischen und verbinden.

Der besonders gefärbte Glaube an das Ideal tritt nun stets in einer besonderen historischen Form auf. Er knüpft an bestimmte Überlieferungen an, hat seine religiösen Heroen, deren Erlebnisse vorbildlich werden, und schafft sich besondere Formen des Kultus und der Lebensführung. Religion ist ja immer zugleich eine Art des gesellschaftlichen Zusammenhanges, die Seelen ihrer Anhänger treffen sich in ihrem Ideal. Dazu aber wird eine besondere lebendige Form des Religiösen notwendig. Nur durch Aufnahme von Elementen, die historisch und dem Ideal gegenüber zufällig sind, gewinnt die Religion Einfluss auf das Leben des Menschen. Aber durch alle diese Elemente wird sie auch in die Kämpfe des Kulturlebens verstrickt. Diese besonderen Inhalte des religiösen Erlebens waren nun von jeher Gegenstand künstlerischer Darstellung. Die Kunst nimmt diese Inhalte in sich auf, und sie kann dies, weil das Schöne seiner Form nach ein Symbol des Ideals, das Erhabene aber ein Symbol des Strebens nach dem Ideale darstellt. In der Unmittelbarkeit ästhetischer Anschauung bleiben religiöse Inhalte historischer Art Vielen zugänglich, denen sie sonst von der Kritik des Verstandes erschüttert worden sind. Freilich verliert, wo sich das Ästhetische absondert, die Religion auch wieder ihre volle Wirksamkeit. Beispiele für die Verbindung der Kunst und der Religion anzuführen, dürfte überflüssig sein. Wie sich die hier angedeuteten Verhältnisse innerhalb der einzelnen historischen Religionen gestalten, kann nicht weiter verfolgt werden, da religions-philosophische und religions-geschichtliche Untersuchungen vorangehen müssten. Nur daran sei zum Schluss noch erinnert, dass die ästhetische Anschauung manchem einen Abglanz der religiösen Gewissheit gewährte, die zu erreichen ihm nicht beschieden war.

Sachregister.

Ästhetisch = schön im weiteren Sinne 5.
Allegorie 161.
Allgemeinheit 38 f.
Anfänge der Kunst 108 f.
Angenehmes 37, 62 f., 169 f.
Angewandte Künste 93.
Anlage des Künstlers 137—142.
Anmut 207.
Anschauung 18 f., 75 f.
Arbeit, künstlerische 147—154.
Arbeitsteilung 241.
Architektur 97 f., 104 f.
Ausdruck 48—74.

Bäume 128, 172 f.
Befreiung durch den Ausdruck 229 f.
Begriffsrealismus 250.
Bergformen 172.
Blinde 95.
Blumenbinderei 98.
Böse, das, in der Kunst 66 f.
Büste 81 f.

Consecutiv 23, 226 f.

Deutlichkeit 88 ff.
Dorf 61.
Drama 102 ff., 118, 204 f.
Drollig 208, 214, 221.

Einheit, Formungsprinzip 83—88, 131—133.
— des Ausdrucks u. der Gestaltung 123—166.

Einsamkeit grosser Künstler 229 f.
Epos 82 f., 102.
Erhaben 67 f., 179—189.
Erkenntniskritische Analyse 234—237.
Erziehung, ästhetische 239.
Ethischer Wert 28 ff., 237, 238, 254—258, 263—265, 270—273, 284 f.
Experimentelles Verfahren des Künstlers 151 f.

Farbe 59, 88.
Forderungscharakter 37—48.
Formung 79 f.
Fortschritt in Kunst u. Wissenschaft 27 f.

Gartenbau 98.
Gedächtnis des Künstlers 139.
Genie 137—142, 260 f., 280.
Geruch der Blumen 62.
— und Kunst 94.
Geschichte 12, 28, 259 f.
Gestaltung 74—123.
Glauben 287.
Goldener Schnitt 85.
Grössenschätzung 179 f.

Hässlich 188 f.
Halbästhetische Werte 221 ff., 224, 259.
Harmonie 87 f.
Heiliger Wille 284 f.
Humor 215—223.

Ideal 282—290.
Idealismus, ästhetischer 250 f.
Idee bei Hegel 162.
Immanent 27.
Inhalt 49 f.
Inspiration 142—147.
Intensiv 23, rein intensiv 27, 65 f., 231.
Interesselosigkeit des Schönen 30.
Intuitiver Verstand 284.
Ironie 221.
Isolation 35 f., 80 f.

Klarheit 88 ff.
Kleines in der Ästhetik 206 ff.
Komisches 206—223.
Konfliktlose und -haltige Modifikationen 167.
Konkrete Sittlichkeit 264.
Konsequenz, tragische 193 f., 201 f.
Konvention 73 f.
Kritik 46, 262 f.
Künstler, vorwissenschaftlich 3.
— Schaffen des K. 135—155, 262.
Kultformen 243.
Kunst, Bedeutung 34, 69.
— Stellung zum Naturgenuss 114.
— Unterscheidung der Künste 90—104, 130 f.
Kunstgeschichte 9, 12 ff.
— Philosophie der 154 f., 282.
Kunstpolitik 265.

Lebensform (lebendige Form) 242—246, 274—282.
Leiden, tragisches 191 f.
Liebe und Kunst 228.
Linie, ästhetische Auffassung der 58 f., 171 f.
Logischer Wert 25 ff., 238, 283 f.
— Selbstgarantie 40 f., 234.
— Faktoren des 125, 235 ff.
— Beziehungen zum Ästhetischen 247—253, 258—263, 266—269.

Lücke im Beweis alogischer Forderungswerte 41 ff.
Lyrik 102.

Malerei 97 ff.
Mathematische Schönheit 19 f.
Mechanische Schönheit 19 f.
Menschliche Schönheit 177 ff.
Metaphysik 8 f.
Mildernde Momente (im Tragischen) 196 f.
Mimik 50—53.
Mitteilung 228.
Modifikationen des Schönen 5, 166—223.
Musik 99 f., 105.

Nachahmungstheorie 104—114.
Nachschaffende Künste 93.
Naiv (im Sinne Schillers) 282.
Naiv-Komisches 212 ff.
Naiv-Wahrhaftiges 214 f., 221.
Naturalismus 70 f., 115, 250.
Naturbeseelung 56—60.
Niedlich 207.
Norm 7.
Notwendigkeit 39.

Objektivierung 79 f.
Organisch 227.

Physiognomik 53—55.
Plastik 95 f., 97 ff.
Poesie 100 ff.
Portrait 145 f.
Psychologie 9 ff.

Reim 87.
rein 224 f.
Relativismus 40.
Religiöse Stoffe in der Kunst 146.
Religion 282—290.
Rhythmus 86 f.
Romantik 275—278.

Sachregister.

Satire 221 ff.
Schein, ästhetischer 33.
Schmuck 60.
Schön 2 f.
— Erweiterung des Begriffes 5.
— im engeren Sinne 67 f., 168—179.
Schuld, tragische 197—204.
Sentimentalisch 282.
Simultanes 97.
Sittliche Weltordnung 199 f.
Sittlicher Zustand 285.
Sittlichkeit vgl. ethischer Wert.
Skizze 153 f.
Sociologie 11 f.
Spiel 31.
Sprache 100 f., 242.
Stil 114—123, 133 ff.
Successives 97.
Symbol 156—166, 256—257, 287, 290.
Symmetrie 84 ff., 132 f.
System der Künste 91 f.
— der Werte 224—228.

Tastsinn und Kunst 94—96.
Tiere 173—177.
Ton 87 f.
Tragisches 189—205.
Tragödie 204 f.

Transgredient 27, 238.
Typus 174—178.

Überlegenheit und Komik 209 f.
Übersetzen 120, 127.
Unbewusste Selbsttäuschung 110 ff.
Unendlichkeit 181.
Unlust im Gefühl des Erhabenen 185 f.
— im Gefühl des Tragischen 195 f.
Urteil, ästhetisches 16 f.

Verflechtung der Wertgebiete 224 ff., 240.
Verständnis von Kunstwerken 46, 63 f.
Vogelgesang 62.
Vollständigkeit 81 ff.

Wahrheit 69—74.
Weltanschauung in der Kunst 220 f., 250—253.
Wertgebiet 7.
Widerspruch und Komik 209.
Wiederholung als Mittel der Einheit 86 f.
Wissenschaft 25 ff., 248—253, 258—263, 266—269.
Witz 211 f.

Zusammenwirken der Künste 99, 102 ff.
Zwischenwerte 225.

www.ingramcontent.com/pod-product-compliance
Lightning Source LLC
Chambersburg PA
CBHW021347300426
44114CB00012B/1110